Bibliothèque de Philosophie scientifique

EDMOND PERRIER
Membre de l'Institut
Directeur du Museum

A Travers
le
Monde vivant

PARIS
ERNEST FLAMMARION, ÉDITEUR
26, RUE RACINE, 26

Bibliothèque de Philosophie scientifique
DIRIGÉE PAR LE Dr GUSTAVE LE BON

SCIENCES PHYSIQUES ET NATURELLES

BACHELIER (Louis), Docteur ès sciences. **Le Jeu, la Chance et le Hasard.**

BELLET (Daniel), prof. à l'École des Sciences politiques. **L'Évolution de l'Industrie.**

BERGET (A.), professeur à l'Institut océanographique. **La Vie et la Mort du Globe** (6e m.).

BERGET (A.). **Les problèmes de l'Atmosphère** (27 figures).

BERTIN (L.-E.), de l'Institut. **La Marine moderne** (66 figures) (5e mille).

BIGOURDAN, de l'Institut. **L'Astronomie** (50 figures) (5e mille).

BLARINGHEM (L.). **Les Transformations brusques des êtres vivants** (49 figures). (5e mille).

BOINET (Dr), profr de Clinique médicale. **Les Doctrines médicales** (6e mille).

BONNIER (Gaston), de l'Institut. **Le Monde végétal** (230 figures) (10e mille).

BONNIER (Dr Pierre), **Défense organique et Centres nerveux.**

BOUTY (E.), de l'Institut. **La Vérité scientifique, sa poursuite** (5e mille).

BRUNHES (B.), professeur de physique. **La Dégradation de l'Énergie** (8e mille).

BURNET (Dr Etienne), de l'Institut Pasteur. **Microbes et Toxines** (71 fig.) (6e mille).

CAULLERY (Maurice), professeur à la Sorbonne. **Les Problèmes de la Sexualité.**

COLSON (Albert), professeur à l'École Polytechnique. **L'Essor de la Chimie** (5e m.)

COMBARIEU (J.), chargé de cours au collège de France. **La Musique** (10e mille).

DASTRE (Dr A.), de l'Institut, professeur à la Sorbonne. **La Vie et la Mort** (11e mille).

DELAGE (Y.), de l'Institut et GOLDSMITH (M.). **Les Théories de l'Évolution** (7e mille).

DELAGE (Y.), de l'Institut et GOLDSMITH (M.), **La Parthénogenèse.**

DELBET (P.), professeur à la Fté de Médecine de Paris. **La Science et la Réalité.**

DEPÉRET (C.), de l'Institut. **Les Transformations du Monde animal** (7e mille).

ENRIQUES (F.). **Les Concepts fondamentaux de la Science.**

GUIART (Dr). **Les Parasites inoculateurs de maladies** (107 figures) (5e mille).

HÉRICOURT (Dr J.). **Les Frontières de la Maladie** (9e mille).

HÉRICOURT (Dr J.). **L'Hygiène moderne** (12e mille).

HOUSSAY (F.), professeur à la Sorbonne. **Nature et Sciences naturelles** (7e mille).

JOUBIN (Dr L.), professeur au Muséum. **La Vie dans les Océans** (45 figures) (5e mille).

LAUNAY (L. de), de l'Institut. **L'Histoire de la Terre** (11e mille).

LAUNAY (L. de), de l'Institut. **La Conquête minérale** (5e mille).

LE BON (Dr Gustave). **L'Évolution de la Matière**, avec 63 figures (27e mille).

LE BON (Dr Gustave). **L'Évolution des Forces** (42 figures) (15e mille).

LECLERC DU SABLON (M.). **Les Incertitudes de la Biologie** (21 figures).

LE DANTEC (F.). **Les Influences Ancestrales** (12e mille).

LE DANTEC (F.). **La Lutte universelle** (10e m.)

LE DANTEC (F.). **De l'Homme à la Science** (8e mille).

MARTEL, directeur de *La Nature*. **L'Évolution souterraine** (80 figures) (6e mille).

MEUNIER (S.), professeur au Muséum. **Les Convulsions de la Terre** (35 fig.) (5e m.).

OSTWALD (W.). **L'Évolution d'une Science, la Chimie** (8e mille).

PERRIER (Edm.), membre de l'Institut, directeur du Muséum. **A Travers le Monde vivant.**

PICARD (Émile), de l'Institut, professeur à la Sorbonne. **La Science moderne** (11e mille).

POINCARÉ (H.), de l'Institut, profr à la Sorbonne. **La Science et l'Hypothèse** (20e mille).

POINCARÉ (H.). **La Valeur de la Science** (21e mille).

POINCARÉ (H.). **Science et Méthode** (13e m.)

POINCARÉ (H.). **Dernières Pensées** (8e mil.)

POINCARÉ (Lucien), dr au Mre de l'Instruction publique. **La Physique moderne** (15e m.).

POINCARÉ (Lucien), **L'Électricité** (11e mille).

RENARD (Ct). **L'Aéronautique** (68 figures) (6e mille).

RENARD (Ct). **Le Vol mécanique. Les Aéroplanes** (121 figures).

ZOLLA (Daniel), professeur à l'École de Grignon. **L'Agriculture moderne.**

PSYCHOLOGIE, PHILOSOPHIE ET HISTOIRE
Voir la liste des ouvrages page 3 de la couverture.

A Travers le Monde vivant

DU MÊME AUTEUR

FRANCE ET ALLEMAGNE.
Un volume in-18 (Payot, édit.) Prix. . . . . 3 fr. 50

Bibliothèque de Philosophie scientifique.

EDMOND PERRIER
MEMBRE DE L'INSTITUT
DIRECTEUR DU MUSÉUM

A Travers
LE
Monde vivant

PARIS
ERNEST FLAMMARION, ÉDITEUR
26, RUE RACINE, 26
—
1916
Tous droits de traduction, d'adaptation et de reproduction réservés
pour tous les pays.

Droits de traduction et de reproduction réservés,
pour tous les pays.
Copyright 1916
by ERNEST FLAMMARION.

A la Mémoire

d'ADRIEN HÉBRARD

AVANT-PROPOS

Au xviiie siècle, on ne savait rien sur le monde en dehors de l'astronomie. Quel était le passé de la Terre? Buffon avait, dans un effort de son puissant génie, essayé de le deviner; il avait dû faire amende honorable devant les docteurs de Sorbonne. D'où venaient les plantes, d'où venaient les animaux, comment l'homme avait-il été institué le roi de la création? A cette triple question aucune observation précise n'avait cherché une réponse. Qu'était-ce que la vie? Un fluide, pensait-on, qui animait le monde, comme d'autres y versaient la chaleur et la lumière, orientaient les boussoles ou provoquaient dans le ciel les convulsions des orages et les éclats de la foudre. Les voyageurs avaient bien conté qu'il y avait des hommes blancs, des hommes jaunes, des hommes rouges et des hommes noirs. C'étaient, pensait-on, les descendants de Sem, de Cham et de Japhet; mais personne ne s'était avisé d'étudier ces hommes de près, de scruter leur mentalité, de déterminer d'une façon précise en quoi, même physiquement, en dehors de leur couleur, ils différaient les uns des autres.

Cependant des « philosophes », sur toutes ces ignorances, avaient construit des systèmes, proclamé des principes encore réputés irréductibles et qui gouvernent toute notre politique. Peut-être ses oscillations, ses soubresauts, ses défaillances n'ont-elles d'autre origine que le désaccord flagrant entre les idées sur lesquelles elle s'appuie et la réalité. A bien y regarder même, pourrait-on penser que la dépopulation dont souffre notre pays de France a des causes autrement profondes que celles dont on parle; une organisation sociale où les enfants peuvent être considérés comme une gêne, où la famille se détend, où les femmes, mécontentes de leur sort, s'insurgent contre l'exploitation des hommes qui ne les protègent plus suffisamment, où la bataille des intérêts, de quelque nom que se voilent les appétits rivaux qui la suscitent, couvre de ses clameurs tous les autres bruits, est-elle bien conforme aux lois naturelles?

Depuis le xviiie siècle, qui nous domine encore, la science tout entière a été créée. La physique et la chimie ont renouvelé le monde et nous ont permis de remonter jusqu'à l'origine des astres. La géologie nous a révélé le passé de la Terre; à quelques milliers d'années près, nous savons son âge prodigieux; une étude patiente de ses flancs nous a fait connaître comment, à des époques différentes, se sont dressées à sa surface des chaines de montagnes, aujourd'hui arasées, dont nous avons pu établir la carte et mesurer la hauteur; nous savons que sur leurs flancs coulaient des glaciers dont les moraines, datant parfois de quarante millions d'années, ont été retrouvées. Nous avons exhumé les restes des plantes qui couvraient de forêts leurs pentes assaillies et dégradées sans cesse par les eaux, ou qui balançaient leurs rameaux touffus dans les plaines et le long des rivières. Nous savons aussi quel monde d'animaux étranges se développait soit à leur ombre, soit dans la mer, préparant par une lente évolution la venue des créatures qui sont nos compagnes actuelles. Les abris sous lesquels venaient se réfugier et mourir, il y a vingt ou trente mille ans, nos ancêtres nous ont livré les squelettes de leurs hôtes; nous avons pu reconstituer leur figure et ramasser, en quantités innombrables, leurs armes et leurs outils de pierre. Dans des galeries souterraines sans fin, nous avons retrouvé de véritables musées de leurs œuvres artistiques gravées, peintes ou sculptées. D'autre part, la Terre a été parcourue en tous sens; les blancs sont en train de la conquérir; ils se sont trouvés, dans cette œuvre d'envahissement, en contact avec toutes les races d'hommes; ils ont pu les étudier de près, noter les traits essentiels de leur mentalité, sans toutefois se dégager complètement à cet égard de toute idée préconçue; et une science, l'anthropologie, est née de ce contact. Enfin la biologie, la science de la vie, tout entière contemporaine, a déterminé la place de l'homme dans la nature et les liens qui l'unissent à toutes les forces, à toutes les substances, qui enchaînent la liberté que rêve son esprit, liens qu'il ne saurait toujours dominer, mais qu'il peut suffisamment connaître pour éviter d'en être trop meurtri.

De tout cela aucun savant, aucun philosophe, aucun législateur n'a su faire une synthèse, ni déduire une ligne de conduite pour les particuliers, des principes de gouvernement pour un peuple. Peut-être cette synthèse est-elle au-dessus des forces d'un seul esprit; en attendant, les plus avancés d'entre nous, ceux qui prétendent détenir les vérités intangibles, guider les hommes dans la voie du progrès et imposer leur autorité en son nom, vivent sur des idées vieilles de deux siècles, qu'ils n'ont jamais approfondies et qui sont écloses dans des cerveaux puissants, sans doute, mais parfaitement étrangers à toutes les réalités dont un travail obstiné, une patiente et habile observation qui ne laisse échapper aucun des tressaillements de ce qui existe, ont lentement constitué la Science moderne.

Nous n'avons pas la prétention de faire ici une synthèse quelconque. Mais nous avons groupé dans ce livre, en essayant d'en montrer le lien, quelques-unes des questions qui préoccupent la Science moderne, qui sont d'un intérêt général et que nous avons traitées au jour le jour dans le feuilleton du *Temps* intitulé *Le Monde vivant*. Ce sont des matériaux amenés, pour ainsi dire, à pied d'œuvre. Puissent-ils être jugés dignes, par quelques-uns de nos lecteurs, de servir de base à leurs méditations et leur permettre de mesurer la distance qui sépare les données précises d'une science dont la puissance de pénétration s'accroît chaque jour des creuses songeries que l'on considérait naguère comme la quintessence des choses.

A travers le Monde vivant

CHAPITRE I

La planète Mars et le Paradis perdu

Résumé. — Les mésaventures des canaux de Mars. — L'auto-suggestion et l'observation. — Les conditions de la vie dans Mars. — Les habitants de Mars. — Les lois biologiques et la reconstitution des Martiens. — La période secondaire ; contours des continents et des mers à cette époque. — La vie durant la période secondaire. — Analogie de cette époque avec la phase que traverse actuellement la planète Vénus.

Le plus olympien des astronomes, Le Verrier, entamait un jour à l'Académie des sciences une de ces discussions cinglantes et ardues où il semblait pulvériser ses adversaires. Voyant plusieurs de ses confrères se lever pour partir, il leur lança cette apostrophe : « Restez, Messieurs ; je m'exprimerai de façon à être compris même des botanistes. » Plus récemment, dans l'ode que composa Sully Prudhomme à l'occasion du centenaire de l'Institut de France, l'illustre poète donnait pour limites extrêmes au domaine de la science « la fière astronomie et l'humble botanique ». La botanique, science des herbes et des fleurs, et les sciences naturelles, en général, semblaient à ces grands esprits de simples sciences d'agrément, propres à occuper les gens tranquilles ou à délasser les cerveaux tumultueux comme celui de Jean-Jacques Rousseau ; combien modestes et vacillantes elles paraissaient parmi ces vertigineuses conceptions relatives à l'origine des mondes que l'astronomie maniait avec tant d'aisance et de confiance en soi !

Certaines aventures, comme celles qui se sont produites au sujet des canaux de Mars sont bien faites cependant pour ramener à la modestie les savants qui ont cru faire la conquête définitive du ciel. La singulière histoire de ces « canaux » a été contée avec un admirable sens critique par Charles André qui dirigea longtemps l'Observatoire de Lyon, dans son beau livre, les *Planètes et leur origine*[1]. En 1877, l'astronome Schiaparelli, de Milan, annonça avoir découvert à la surface de la planète Mars un réseau de lignes droites sombres qui reliaient les mers les unes aux autres à travers les continents, et qui ne pouvaient guère être que d'immenses canaux construits par des êtres intelligents. Presque en même temps, les astronomes Burton et Dreyer, sans connaître les observations de Schiaparelli, annonçaient une découverte analogue. Une telle coïncidence ne laissait guère de doute sur la réalité des faits. Schiaparelli poursuivit ses observations avec ardeur; de nombreux astronomes : Christie, Perrotin, Proctor, Lowell, Douglas, Pickering, Flammarion, etc., se mirent à observer Mars avec passion et on dressa des cartes soigneusement repérées de la surface de la planète : les canaux se multiplièrent au point d'atteindre le nombre de 420 ; on crut les voir s'emplir en été, se vider en hiver; quelques-uns se dédoublaient pour former deux canaux parallèles; des canaux nouveaux naissaient, d'autres s'évanouissaient temporairement ou d'une façon définitive; ces changements d'aspect paraissaient liés, en partie du moins, au cours des saisons. Il semblait qu'une activité vigilante modifiât sans cesse la surface de la planète

---

[1]. Gauthier-Villars, 55, quai des Grands-Augustins, 1909.

et l'adaptât aux besoins d'êtres mystérieux, dont l'intelligence, étant données leurs œuvres, devait dépasser la nôtre de beaucoup. Camille Flammarion a publié sur ce sujet deux magnifiques volumes admirablement illustrés. C'était la démonstration des hypothèses de Fontenelle sur la *Pluralité des mondes habités*, si éloquemment reprises par Camille Flammarion lui-même dans le beau livre qui consacra sa réputation.

Lowell a donné à ce rêve sa dernière forme. La planète Mars, a comme la Terre, pense-t-il, deux pôles couverts par des calottes de glace ; elle a aussi des continents et des mers ; les continents sont couverts d'une végétation qui se développe au cours de l'été, modifie sans cesse leur aspect et s'endort, comme la nôtre, pendant l'hiver.

Les canaux auraient été construits par des ingénieurs prodigieux, à l'aide de machines merveilleuses que notre industrie ne soupçonne pas, pour distribuer l'eau équitablement aux terres cultivables, comme l'ont fait les Egyptiens pour l'eau du Nil ; mais l'eau captée par les Martiens serait celle qui résulte de la fonte des neiges d'hiver et des glaces polaires. En pénétrant dans les canaux à partir des pôles pour se diriger vers l'équateur, elle ranime partout la végétation ; sur son passage, les forêts se couvrent de feuilles et de fleurs, les prairies reverdissent, et c'est non pas les canaux eux-mêmes, mais toute cette végétation luxuriante qui apparaît dans les lunettes astronomiques.

Là où des canaux se croisent, se forment de vastes oasis ; les oasis — peut-être d'énormes cités — persistent, lorsque les canaux disparaissent temporairement ; mais toutes, au cours de la belle saison, sont reliées par ces fleuves artificiels ; on n'en compte pas moins de 172. Les régions que fertilisent ainsi les eaux ont une largeur qui varie de 50 à 300 kilomètres sur une longueur qui peut atteindre 6.000 kilomètres. Au printemps, elles revêtent la brillante teinte verte des jèunes pousses de nos plantes (W. H. Pickering) ; le vert s'assombrit et se nuance de bleu vers le solstice d'été (Lowell) ; il passe finalement à la fin de la belle saison à un gris monotone (W. H. Pickering). N'est-ce pas l'image exacte des changements que doit présenter notre Terre aux observateurs qui résident sur la planète Mars, s'il y en a? Ici la fière astronomie et l'humble botanique travaillent ensemble à enchanter et à séduire notre imagination.

Malheureusement, voici que les chiffres montent à l'assaut de ce brillant édifice.

On peut calculer facilement la largeur minimum que doit présenter un canal pour être visible, mesurer sa longueur et avoir ainsi les éléments nécessaires pour évaluer sa surface. En additionnant les résultats ainsi obtenus, on trouve que la surface totale des canaux représentés sur les cartes de Mars serait supérieure à celle de la planète. Voilà de quoi donner à réfléchir ; un tel résultat suppose que les figures désignées sous le nom de canaux se rapportent en réalité à des objets discontinus qui ne nous paraissent confondus qu'en raison du grossissement trop faible de nos lunettes. Effectivement, l'emploi de puissants instruments fait disparaître toute la régularité géométrique des canaux. En usant de l'équatorial de vingt-quatre centimètres et du télescope de 0 m. 216 de l'Observatoire Flammarion à Juvisy, M. Antoniadi, directeur de la section de Mars de la *Bristish astronomical association*, a vu les prétendus canaux se diffuser, s'estomper, se festonner, se déchiqueter sur leurs bords, se segmenter de mille façons ; d'accord avec lui, MM. Cerulli, directeur de l'Observatoire de Tieramo, et Comas Sola, directeur de l'Observatoire Fabra, déclarent que les canaux de Schiaparelli et de Lowell ne sont pas autre chose, comme l'écrivait déjà en 1894 l'astronome anglais E. W. Maunder, que des séries de lacs n'offrant même dans leur disposition aucune régularité. Suivant le mot de Charles André, ce sont des *canaux instrumentaux* créés non par de surnaturels ingénieurs, mais par nos lunettes, nos yeux imparfaits et aussi notre imagination.

La plupart des savants se défendent comme d'une faiblesse de laisser à leur imagination un rôle quelconque dans l'exposé de leurs travaux. On s'est donc demandé comment tant d'habiles astronomes ont pu se laisser prendre à des apparences, et de curieuses expériences ont mis en relief un singulier côté de notre psychologie. Nous ne supportons qu'avec peine la discontinuité et le désordre. Quand des objets nombreux et similaires se présentent à nous, nous cherchons involontairement à les relier par un arrangement régulier.

Laissez vos yeux errer distraitement sur les écussons ou les fleurs du papier peint qui tapisse une chambre : les mêmes dessins, suivant vos dispositions du moment, vous paraîtront tour à tour groupés en lignes horizontales, verticales ou obliques qui vous sembleront courir parallèlement entre elles ou se croiser de diverses façons.

Les canaux de Mars, tout au moins une partie, ont été créés par une opération mentale de ce genre. Maunder et Evans en ont fait la preuve expérimentale. Ils ont donné à dessiner de loin à des groupes d'enfants des figures irrégulières, rappelant grossièrement les taches que l'on voit sur Mars ; plusieurs de ces jeunes dessinateurs, qui ignoraient totalement le but de l'expérience, ont reproduit avec une étonnante fidélité les parties les plus caractéristiques des dessins géométriques de Schiaparelli. N'est-ce pas d'ailleurs sur cette tendance de notre esprit à tout arranger que comptent les *impressionnistes* pour compléter les indications auxquelles se bornent leurs imparfaites peintures ? Comme nous sommes généralement enchantés de nos œuvres, ils font ainsi de nous tout à la fois des collaborateurs inconscients et des admirateurs.

Tout cela veut-il dire qu'il n'y ait pas d'habitants dans la planète Mars? Mars est certainement habité; l'effondrement du monde féerique construit par des imaginations ardentes sur la donnée des canaux de Schiaparelli supprime seulement les admirables ingénieurs dont Wells nous a fait, dans sa *Guerre des mondes*, une si fantastique et si captivante description.

La planète Mars a, en effet, traversé les mêmes phases d'évolution que la Terre, et lui ressemble encore beaucoup. Elle est enveloppée d'une atmosphère semblable à la nôtre, mais un peu moins dense et plus riche en oxygène; des nuages s'élèvent dans cette atmosphère et masquent tour à tour les détails de la surface; les glaces et les neiges s'accumulent en hiver aux deux pôles, fondent irrégulièrement en été, marquant, par leur persistance en certains points, des régions de haute altitude, de puissants massifs de montagnes qui se dressent, comme sur notre Terre, au pôle austral. La quantité de glace fondue pendant l'été semble indiquer une température moyenne voisine de la nôtre, environ 9°. Comme chez nous, les nuages formés sur les mers se résolvent sur les continents en pluies dont le ruissellement donne naissance à des lacs d'eau douce et à des fleuves par lesquels revient à la mer l'eau que l'évaporation lui a enlevée. La densité de la planète, très peu inférieure à celle de la Terre, indique une constitution chimique à peu près identique. Les conditions qui ont déterminé l'apparition de la vie sur la Terre se sont donc retrouvées sur Mars et ont nécessairement produit les mêmes effets : les êtres vivants très simples qui ont apparu les premiers et d'où tous les autres sont descendus ont présenté les mêmes caractères, les mêmes propriétés, les mêmes aptitudes que chez nous. Or, sur la Terre, l'évolution de la vie n'a pas été livrée au hasard. Le monde n'est pas l'œuvre d'un être capricieux qui essaye ses méthodes de travail, les perfectionne quand il les juge insuffisantes ou les rejette, à sa volonté, quand elles ont cessé de plaire ; il est régi par des lois éternelles qui contiennent en elles tout l'avenir de ses transformations, comme elles ont dominé toute son histoire. Les êtres vivants n'échappent pas à ces lois. Leurs formes variées ne sont ni l'effet d'accidents, ni la réalisation d'un plan mystérieux, impénétrable à notre intelligence. On aperçoit nettement aujourd'hui leur raison d'être ; on sait qu'elles ne pouvaient pas être autrement qu'elles ne sont, que tout ce qui était possible a été successivement réalisé ; on devine comment se sont édifiés les végétaux et les animaux ; on connaît les causes inéluctables qui ont déterminé la formation des grands types entre lesquels ils se répartissent. Ces causes ont fonctionné sur Mars comme sur la Terre ; il y a sur notre voisine des algues et des champignons comme chez nous, des herbes et des arbres, des fleurs colorées et odorantes comme les nôtres et de même forme ; des récifs de coraux bordent les continents, dont les côtes sont peuplées de vers, d'étoiles de mer, de coquillages et de poissons ; sur les continents eux-mêmes rampent des reptiles ; des oiseaux poursuivent dans l'air des papillons et des mammifères peuplent les forêts et les pâturages. Mais tous ces êtres diffèrent des nôtres par des détails qui peuvent être dans une certaine mesure précisés [1].

Mars est plus éloigné que nous du Soleil : 227 millions de kilomètres en moyenne au lieu de 149 millions ; il y fait donc un peu plus froid, d'autant plus que la chaleur centrale y est moindre, puisque le

---

1. EDMOND PERRIER. *La Vie dans les Planètes.* Librairie de *la Revue.*

diamètre de la planète est seulement de 6.735 kilomètres au lieu de 12.756. Les jours martiens ont à peu près la même durée que les nôtres; mais l'axe de la planète étant plus incliné sur le plan de l'orbite d'environ quatre degrés, les régions polaires où le Soleil demeure plus d'un jour au-dessus ou au-dessous de l'horizon sont plus étendues, ainsi que la zone torride où le Soleil passe au zénith chaque année. L'inégalité des jours et des nuits, à latitude égale, est plus grande sur Mars que sur la Terre; à la latitude de 45°, qui est à peu près celle de l'Auvergne, notre jour le plus court est de 8 h. 43 m., le plus long de 15 h. 38 m.; ces jours ont sur Mars respectivement 7 h. 56 m. et 17 h. 58 m. de durée; la différence de longueur entre les jours d'été et les jours d'hiver est donc plus grande de 3 heures environ sur Mars. La durée de l'année est presque double; 668 jours 1/3, au lieu de 365 1/4; l'orbite parcourue est une ellipse assez allongée au lieu d'être presque un cercle comme la nôtre; il y a donc plus de différence entre les saisons tant au point de vue de la durée qu'au point de vue de la température, et l'hémisphère nord, favorisé d'un long été, est plus chaud que l'hémisphère sud.

Sur la planète Mars, tout est donc extrême au point de vue des climats et des variations de température. Protégés par la lenteur des variations de température de l'eau, les animaux marins, les poissons notamment, diffèrent sans doute assez peu des nôtres, mais il en est tout autrement des animaux aériens. Les animaux à température intérieure constante ont été infiniment plus favorisés que chez nous. Ils ont dû apparaître plus tôt et écraser plus vite les grands reptiles, qui sont éteints depuis plus longtemps. Au contraire, le plumage des oiseaux et le pelage des mammifères, qui garantissent ces animaux contre les variations de température, ont dû se développer d'une manière luxuriante ; l'un et l'autre ont sans doute atteint une splendide variété ; ils muent et se modifient profondément chaque année avec les saisons.

Les écarts de température de l'hiver et de l'été ont rendu plus complète encore que chez nous la disparition hivernale des insectes avec toutes ses conséquences : les métamorphoses brusques des larves, la substitution de l'instinct à l'intelligence ; mais la longue durée du printemps et de l'été, surtout dans l'hémisphère nord, a permis aux larves d'atteindre une taille plus considérable ; les insectes de Mars sont donc plus gros et plus beaux que les nôtres. Ces animaux délicats avaient cependant un moyen d'échapper aux rigueurs des hivers, celui qu'ont employé chez nous les termites, les abeilles, les guêpes et les fourmis : se construire des habitations où ils pouvaient vivre en nombreuses sociétés, en y accumulant des provisions. La longue durée des saisons leur a singulièrement facilité cette besogne. Mars est donc sans doute, mieux encore que l'Hymette, le vrai pays du miel. Il est probable que le monde des insectes sociaux offrirait de formidables surprises à un entomologiste tel que notre illustre Fabre, si quelque événement pareil à celui qui ouvrit la *Guerre des mondes* le lançait dans ce pays.

La pesanteur sur Mars est notablement moins intense que sur la Terre. Elle a joué chez nous le plus grand rôle dans l'évolution des formes vivantes. Elle a aplati la face ventrale des vers, créé la bosse dorsale que les mollusques abritent dans leur coquille et qui les gêne au point qu'ils ont dû la tordre en hélice pour en atténuer le plus possible les inconvénients ; elle a aussi affaissé les reptiles entre leurs pattes, retenu au sol les mammifères, et rendu nécessaire une musculature puissante afin d'empêcher les diverses parties de leur corps de fléchir les unes sur les autres. Il est donc probable que les vers de Mars sont moins aplatis et plus agiles, les coquillages moins contournés, les mammifères infiniment plus sveltes et plus gracieux ; un plus grand nombre d'entre eux ont dû, comme les chauves-souris, disputer aux oiseaux le domaine de l'air et donner la chasse avec eux à tout un peuple de magnifiques insectes. L'air a été le véritable théâtre de la lutte pour la vie. Sa richesse en oxygène, permettant une plus grande activité des combustions organiques, tout ce monde doit être, malgré la tiédeur des rayons solaires, singulièrement remuant ; d'autant plus que la chute du jour amène nécessairement un calme et, par conséquent, un repos complet.

Les nuits de Mars sont, en effet, profondément obscures. Deux tout petits astres, *Phobos* et *Deimos*, tournent autour de lui plus vite qu'il ne tourne sur lui-même ; ils parcourent rapidement le ciel sans l'éclairer. Donc pas de clair de lune, pas de marée, pas de mois lunaire : suppression complète de ce rythme hebdomadaire qui semble avoir affecté sur la Terre tant de phénomènes biologiques et surtout les phénomènes de reproduction.

Il semble impossible que dans ce monde si actif, l'intelligence n'ait pas progressé comme chez nous. Si l'on remarque que les animaux terrestres dont le cerveau est plus fréquemment mis en action par les excitations répétées que provoquent en lui les frottements ou les chocs incessants que leur corps éprouve de la part du sol, sont ceux où l'intelligence a le plus de chance de se développer, une forme analogue à la forme humaine doit être sur Mars comme sur la Terre la forme supérieure ; il est peu probable qu'elle ait acquis des ailes ; il lui aurait fallu perdre ses mains, organes essentiels de contrôle, sans lesquelles aucun renseignement certain n'aurait pu lui être fourni par les autres organes des sens.

Tout ceci est invérifiable ; mais on ne saurait

reprocher à la biologie d'essayer de compléter les données de l'astronomie par des raisonnements basés, comme les siens, sur la constance des lois naturelles. Seulement la planète Mars est plus vieille que nous, elle a dépassé depuis longtemps la phase de la vie des astres que nous traversons en ce moment et ce n'est que par une interpolation hypothétique que nous pouvons soupçonner ce qui se passe actuellement à sa surface. Il n'en est pas ainsi de Vénus, qui est plus jeune, qui en est à une phase que la Terre a déjà traversée et que les recherches des géologues permettent de reconstituer.

A ce moment la Terre était un paradis. Elle n'avait pas la même figure qu'aujourd'hui ; les hommes n'y avaient pas encore introduit, sous prétexte de se civiliser les uns les autres, le meurtre et le carnage. Tout y vivait en paix. La géographie était alors fort simple ; les continents se réduisaient à trois ; le premier occupait l'emplacement de notre océan Pacifique ; les deux autres se partageaient le monde actuellement émergé ; l'un était boréal, l'autre austral ; ils étaient séparés par une vaste mer équatoriale, la *Téthys*. Entre le 130ᵉ degré de longitude est et le 130ᵉ degré de longitude ouest, une mer arctique, amorce du futur océan Pacifique, coupait la ceinture que formait autour du pôle le continent boréal ; elle servait de trait d'union entre la Téthys et une mer circulaire qui entourait de toutes parts le continent Pacifique. Celui-ci se logeait à la fois dans la partie méridionale de la coupure du continent boréal et dans une coupure correspondante du continent austral ou continent de Gondwana des géologues. Ce dernier unissait en un seul bloc l'Amérique du Sud, l'Afrique, l'Inde et l'Australie. Un peu plus tard, un bras de mer divisa le continent boréal en deux autres : le continent nord-atlantique et le continent sino-sibérien, tandis qu'un autre bras de mer situé presque en face, comme s'ils étaient résultés tous deux d'une même cassure de l'écorce terrestre suivant un méridien, découpa dans le continent de Gondwana un continent australo-indo-malgache et un continent africano-brésilien. L'Atlantique n'était alors représenté que par la portion de la Téthys qui, dans la région tropicale, courait de l'isthme de Panama, où elle se détachait du bord occidental de l'océan Circumpacifique, jusqu'au détroit de Gibraltar, très large à cette époque. La Téthys se continuant ensuite sur l'emplacement actuel de la Méditerranée puis à travers l'Asie Mineure et le nord de l'Inde, allait rejoindre l'océan Circumpacifique par son bord oriental, au voisinage de l'équateur ; en route, à peu près à la place de la Perse actuelle, elle envoyait vers le Nord et vers le Sud les deux bras de mer d'une largeur presque égale à la sienne qui séparaient d'une part le continent nord-atlantique du continent sino-sibérien et d'autre part le continent africano-brésilien du continent australo-indo-malgache. Il se pourrait qu'avant la fin de la période le continent Nord atlantique ait subi une nouvelle brisure entre l'Irlande et la Norvège.

Cet état de choses dura quatre millions d'années depuis la fin du soulèvement des montagnes Hercyniennes dont le Plateau Central de la France n'est qu'un reste très amoindri, jusqu'au soulèvement des plus puissantes chaînes de notre époque : les Pyrénées, les Alpes, l'Himalaya, etc., etc. Durant tout ce long espace de temps, que les géologues nomment *l'ère secondaire*, un calme quasi absolu régna sur le Globe ; il n'y eut presque pas d'éruptions volcaniques ni de tremblements de terre. Le sol n'était pourtant pas immobile. Comme il le fait encore de nos jours, même sur nos côtes, dans la baie de Douarnenez, par exemple, ou sur les côtes de la Saintonge, il s'abaissait ou s'élevait lentement par places, de sorte que la mer envahissait une certaine étendue de côtes, formait des golfes, pénétrait même au cœur des parties basses de certains continents qu'elle couvrait d'une faible épaisseur d'eau ; ou bien, elle se retirait, laissant derrière elle des lagunes qui se desséchaient, marquant leur place par les dépôts de sel qu'elles abandonnaient, tandis que des sommets surgissant au-dessus des flots formaient des îles et des archipels. Tout cela n'était que de faible importance et ne troublait en rien le calme universel. Le climat à cette époque était très doux ; la Téthys, sans cesse réchauffée par un double apport d'eaux venant de la zone torride, entretenait sur ses deux rives une température à peu près constante, bien supérieure à celle de la Côte d'Azur; les deux bras entre lesquels elle enserrait le continent nord-atlantique que deux autres bras dirigés dans le sens des méridiens avaient fini par découper en trois, adoucissaient son climat, et les autres continents étaient aussi bien partagés : tous étaient enveloppés d'une sorte de gulf-stream. Les madrépores élevaient leurs constructions tout le long des côtes presque jusqu'à la latitude de l'Ecosse ; c'étaient des madrépores très voisins de ceux qui forment actuellement les *récifs-frangeants*, les *récifs-barrières* et les *atolls* de nos mers tropicales, et l'on sait que ces polypes cessent d'édifier dans les eaux dont la température est susceptible de s'abaisser au-dessous de 25°. Il y avait bien des saisons dans les régions voisines des pôles ; les troncs de conifères recueillis à la Terre du Roi-Georges présentent, en effet, sur leur tranche, des cercles concentriques annuels, semblables à ceux qui indiquent le passage de la belle saison à la saison hivernale sur celle des arbres de nos

2.

pays; mais partout ailleurs la température demeurait pratiquement uniforme; il n'y avait pas de gelées d'hiver capables d'entraver l'activité de la vie, pas de saison d'engourdissement ou de mort. Ce fut le moment où la puissance créatrice se manifesta avec le plus d'éclat, élabora les plus monstrueuses comme les plus délicates des formes vivantes et suscita chez des êtres dont l'infimité nous étonne, des facultés intellectuelles dont les restes héréditaires sont si longtemps demeurés pour les naturalistes la plus troublante énigme. Ce fut l'époque de l'élaboration de ces instincts prodigieux des insectes, de qui l'on peut dire qu'ils sont de l'intelligence figée, sinon fossilisée.

Les conditions géographiques caractéristiques de cette époque lui sont malheureusement demeurées spéciales : il en est résulté que des organismes dont elles ont permis la réalisation, un très grand nombre ont disparu, et ces disparus sont tels que sans eux nous n'aurions jamais pu mesurer les ressources de la vie, ni la grandeur des résultats qu'elle est capable de réaliser.

Dans les mers encerclées de madrépores, s'ébattait tout un monde d'invertébrés nouveaux qui se laissaient emporter par les vagues, couvraient les rochers d'une brillante floraison animale, faite de polypes et de lis de mer, ou traînaient parmi les récifs leur coquille et leur carapace multicolores; mais cette multitude bigarrée était dominée par d'innombrables mollusques nageurs : les bélemnites intermédiaires entre nos seiches et nos calmars, dont quelques-unes ont été si bien conservées qu'on a pu, en délayant dans l'eau leur encre solidifiée, faire avec cette encre des dessins au lavis, et surtout les ammonites, voguant parmi les flots, assises, pour ainsi dire, dans des coquilles enroulées en spirale, comme les cornes de Jupiter Ammon, divisées en loges par des cloisons transversales, capricieusement plissées sur leurs bords, la dernière loge étant seule occupée par l'animal. Pourquoi ces rois des mollusques, dont les coquilles pouvaient dépasser un mètre de diamètre, ont-ils complètement cessé de vivre à la fin de l'ère secondaire, après que leur coquille géante se fût déroulée d'étrange façon, comme si l'animal n'avait plus la force d'en serrer les tours ? Le problème est demeuré sans solution. Peut-être la disparition de ces êtres robustes fut-elle la conséquence des progrès que firent à ce moment les grands reptiles nageurs, Ichthyosaures et Plésiosaures, et surtout les poissons.

Nous sommes, en effet, à l'époque où les poissons à squelette osseux viennent s'ajouter à ceux dont le squelette, tel celui des requins, n'est encore fait que de cartilages. Ces nouveaux venus [1] ne s'élèvent guère, à la vérité, au-dessus de nos harengs et de nos sardines ; mais ils sont innombrables. Les vrais poissons doués pour la nage, ceux dont la robuste queue a refoulé les nageoires ventrales jusque sous la gorge, les morues, les bars, les maquereaux, les thons, etc., n'apparaîtront que plus tard.

Durant l'ère primaire troublée par le soulèvement des hautes chaînes de montagnes calédoniennes et hercyniennes, ou par des éruptions volcaniques puissantes, dans une atmosphère tiède, nuageuse et sans doute sujette à de violents orages, une sombre végétation de plantes sans fleurs et d'un vert sans éclat couvrait seule le flanc des montagnes dont les plus hautes, couronnées de neiges éternelles, étaient labourées sur leurs flancs par de vastes glaciers; désormais les campagnes s'égayent de toutes les nuances des feuillages naissants et de l'éclat des fleurs. Nos arbres dressent d'abord timidement leurs troncs capricieusement branchus parmi les baliveaux

---

1. *Leptolepis* et autres poissons physostomes.

sévères des antiques conifères ; mais ils finissent par les refouler hors des plaines. Les peupliers, les saules, les bouleaux, les hêtres, les chênes, les noyers, les érables, les platanes se préparent à couvrir le sol de vastes forêts et si nous ne pouvons ajouter à cette liste une longue série de plantes à fleurs brillantes, c'est sans doute que les belles fleurs ne poussent guère sur les grands arbres et que les tiges délicates des arbrisseaux ou des plantes herbacées qui les portent se fossilisent mal. La présence des viornes, des cornouillers, des lauriers et des lauriers-roses est une indication que le bouquet n'est qu'amorcé.

Toute cette végétation nouvelle devait avoir un retentissement sur le monde gracieux et agile des insectes qui en vit. La période primaire n'avait connu que les termites, les blattes, les éphémères, les voraces libellules, les phasmes aux allures lentes et spectrales que chassaient à peine quelques lézards. Mais les prairies nouvelles avec leurs floraisons, les futaies avec leur tendre feuillage vont fournir au monde des insectes mille occasions sans pareilles jusque-là d'exercer son activité. De la miellée va perler sur les feuilles, du nectar s'élaborer au fond des corolles ; c'est une nourriture délicate et presque divine pour des créatures aériennes. Les mandibules tranchantes, les mâchoires armées de mors comme des pinces sont inutiles pour humer une pareille ambroisie ; elles vont s'allonger, s'amollir, s'affiner ; elles deviendront la trompe des papillons, les lames de soutien de la langue flexible des abeilles ou de la pompe aspirante des mouches. Aux lourds insectes de l'ère primaire vont s'annexer des êtres délicats au vol rapide, parmi lesquels quelques-uns, par l'éclat de leurs couleurs, éclipseront les fleurs sur lesquelles ils iront butiner. Les insectes n'acquièrent des ailes qu'au moment de se reproduire ; une fois accompli cet acte imposé comme une loi sacrée à tout ce qui vit et qu'une doctrine impie, inspirée par le plus vil égoïsme, a pu seule oser battre en brèche pour l'homme, l'insecte meurt, tué par le froid de l'hiver dans les régions tempérées, par les pluies estivales dans les régions tropicales ; il est éminemment saisonnier ; toutefois les larves, quand elles sont abritées, soit dans le sol, soit dans les troncs d'arbres, soit même dans les eaux qui ne gèlent pas, peuvent allonger leur existence jusqu'à trois ans dans nos pays. Elle arrive même jusqu'à dix-sept pour une cigale d'Amérique que l'on qualifie avec raison par ce nombre exceptionnel ; c'est la « Cigale dix-sept » (*Cicada septemdecim*). Les insectes sociaux qui savent se garantir contre la rigueur des hivers en construisant une habitation commune partagent seuls ce privilège. La mauvaise saison isolant chaque génération de la suivante, les parents ne connaissent jamais leur progéniture ; ils devraient, en conséquence, s'en désintéresser complètement. On voit, au contraire, nombre d'entre eux prendre les précautions les plus minutieuses et se donner un mal inouï pour assurer à leurs descendants un abri inviolable, une abondante provision d'aliments grâce à laquelle ils seront dispensés de courir les risques de la chasse. C'est principalement chez les insectes apparentés aux abeilles, aux guêpes et aux fourmis que se manifestent ces touchantes préoccupations qui ont inspiré tant de pages éloquentes au grand et solitaire observateur de Sérignan, Jean-Henri Fabre. Tout cela est incompréhensible dans la Nature actuelle ; c'est pourquoi Fabre ne se rallia jamais à la doctrine de l'évolution, bien qu'il professât pour Darwin une réelle admiration. Mais la difficulté n'existe que pour notre époque. Aux temps secondaires, les saisons étaient à peine marquées ; aucune rigueur hivernale n'abrégeait la vie des insectes ; ils pouvaient vivre assez longtemps pour acquérir de l'expérience et soigner leur progéniture en connaissance de cause. Comme leur activité se limitait d'ailleurs à un petit nombre d'actes toujours les mêmes, inspirés par les mêmes circonstances, ces actes finissaient par devenir automatiques, comme les habitudes, comme ceux que l'on accomplit inconsciemment dans l'état de sommeil; le cerveau s'organisait en conséquence, et cette organisation se transmettait par hérédité; les actes qui l'avaient jadis provoquée passaient à l'état d'actes réflexes, s'accomplissant spontanément à des époques déterminées. Lorsque les hivers sont arrivés, ils ont séparé les générations successives, mais ils n'ont pas aboli les organisations acquises au cours de quatre millions d'années; les insectes ont continué à agir comme autrefois, comme s'ils savaient, en naissant, ce qu'ils n'avaient pu apprendre, et c'est ce qui a paru miraculeux. Leurs actes automatiques n'ont fait que répéter les actes jadis conscients, accomplis par leurs ancêtres dans d'autres conditions de climat et dont l'enchaînement s'était lentement fixé dans leur cerveau. Et c'est avec raison que Cuvier et les anciens auteurs ont comparé ces actes à ceux des somnambules, aux habitudes des maniaques ou même aux mouvements des machines.

Le calme était du reste tel, durant cette merveilleuse ère secondaire, que certains animaux y ont pu dépasser quarante mètres de long, ce qui suppose une prodigieuse longévité, car il faut du temps pour grandir ainsi; c'étaient les vrais Mathusalem. Le royaume de la Terre appartenait alors aux reptiles et, sans compter qu'ils ont donné naissance aux oiseaux, ces animaux ont joué à cette époque, et en les dépassant de beaucoup, tous les rôles qu'ont repris après eux les mammifères. Ces derniers les ont, pourrait-on dire, servilement et petitement copiés; mais ils ne pouvaient faire autrement. Qu'il soit reptile ou mammifère, selon le mode d'articulation de sa mâchoire inférieure, le nombre des condyles de son crâne, la contexture de sa peau et le degré de complication de ses poumons, un animal ne peut user de ses dents et de ses quatre membres que d'un nombre déterminé de façons, et les reptiles des temps secondaires ayant usé de toutes, les mammifères qui leur ont succédé aux temps tertiaires ne pouvaient que les répéter. C'est ainsi que l'on a trouvé fossiles au cap de Bonne-Espérance toute une série de grands reptiles, *Lycosaurus*, *Cynodraco*, *Galesaurus*, etc., dont les noms signifient lézard-loup, dragon-chien, lézard-civette, qui, au lieu d'avoir des dents toutes pareilles comme celles de nos lézards et de nos crocodiles, avaient comme nos mammifères carnassiers des incisives, des canines et des molaires. Il en existait même, les *Dicynodon*, qui avaient des défenses comme les morses ou le fameux *Machærodus*, le tigre à dents en forme de cimeterre de la fin de l'ère tertiaire dont les canines tranchantes et dentelées étaient si longues, que l'animal ne pouvait user de ses autres dents pour mordre et devait se contenter de boire le sang de ses victimes. Ce régime était trop dispendieux pour durer longtemps. Le *Machærodus* et son pendant américain, le *Smilodon*, n'ont eu qu'une durée éphémère. Le *Dicynodon* n'avait, pour toutes dents, que ses défenses. L'*Oudenodon*, en qui on a voulu voir la femelle du précédent, n'en avait même pas; elles étaient remplacées par une sorte de bec; ce singulier animal préparait peut-être l'avènement des tortues.

Ailleurs, c'est non plus par les dents, mais par l'attitude et par la conformation des membres que d'autres reptiles ont été les précurseurs des mammifères. Au lieu de demeurer affaissés entre leurs pattes, ils se sont dressés sur elles, les bras et les cuisses se mouvant non plus dans un plan horizontal, mais dans un plan vertical. Les atlantosaures, les brontosaures, les morosaures qui vivaient dans les mêmes parages que le célèbre *Diplodocus* étaient d'énormes plantigrades herbivores; il y en avait de plus grands à Madagascar. Des formes analogues, mais digitigrades et carnassières vivaient à la même époque en Europe et surtout aux États-Unis; c'est un animal de ce groupe, mais petit, le *Compsognathus*, qui semble avoir donné naissance aux oiseaux. Mais déjà la forme si spéciale du bassin de ceux-ci, très prolongé en arrière et ouvert en avant, avait été réalisée par les stégosaures et les scélidosaures, étranges animaux dont l'épine dorsale portait une série longitudinale de grandes plaques triangulaires et qui marchaient à quatre pattes, le dos voûté, tandis que les iguanodons de dix-huit mètres de long marchaient debout sur leurs pattes postérieures.

L'air et l'eau offraient de vastes domaines à l'exploitation de ces premiers possesseurs de la Terre. Le premier a été conquis par les ptérosauriens qui avaient des ailes de chauves-souris, mais soutenues seulement sur leur bord antérieur par un seul doigt démesuré. La seconde a été envahie une première fois par les plésiosaures qui ressemblaient à des cygnes dont les quatre membres auraient fait place à des nageoires; une deuxième fois par les ichthyosaures dont l'allure était celle de nos marsouins, mais qui avaient quatre nageoires au lieu de deux. Tous ces géants, sans protection contre le froid, incapables de lutter contre lui en raison de l'imperfection de leurs poumons, ont été détruits par les hivers, et la Nature a recommencé son œuvre à l'aide des mammifères.

Il est bien probable que Vénus, dont les éléments astronomiques sont si voisins de la Terre, mais qui est issue du Soleil bien après elle, en est actuellement à ce règne des Reptiles.

C'est seulement dans quelques millions d'années

qu'elle ressemblera tout à fait à notre Terre, dont tant de parties sont demeurées si longtemps mystérieuses, mais que, grâce à des efforts continus, nous commençons à connaître depuis l'équateur, que son climat torride défendait, jusqu'aux pôles, rendus inabordables par un rempart de glace. Il est intéressant de dire ce qui a été fait pour cela.

CHAPITRE II

La conquête des pôles.

Résumé. — Le différend Cook et Peary, et le pôle Nord. — Les conquérants du pôle antarctique. — Amundsen et Scott. — Antithèse des deux pôles. — Le tétraèdre terrestre. — Les anciens explorateurs des régions antarctiques. — Les expéditions du Dr Jean Charcot. — Les espèces bipolaires. — Les pingouins et les manchots; leur disparition prochaine. — L'exploration méthodique des régions antarctiques. — Le sort du *Pourquoi-Pas?*

Les pôles, ces deux points singuliers qui seuls demeurent immobiles sur le Globe, quand tous les autres tournent rapidement autour de l'axe qui les joint, ont depuis longtemps exercé sur les explorateurs une fascination particulière. En trois ans, de 1910 à 1913, tous deux, après de nombreuses et infructueuses tentatives, ont été conquis. Vers la fin de l'année 1910, deux navigateurs américains, Cook et le capitaine Peary annonçaient, presque en même temps, qu'ils étaient arrivés au pôle Nord. Le pôle étant un point, on s'étonna que les deux explorateurs rivaux n'eussent pas retrouvé de traces l'un de l'autre, si bien qu'au banquet organisé par la Chambre de commerce anglaise de Paris pour fêter le passage du lieutenant de vaisseau Shackleton, retour des régions antarctiques, le ministre des postes du Canada annonçait que son gouvernement avait autorisé un officier de la marine de son pays à aller vérifier sur place les dires de Cook et de Peary. Avoir éprouvé tant de fatigues, avoir couru tant de dangers, être allé si loin, n'avoir vu au demeurant que de la brume, de la glace, des jours démesurés, d'interminables nuits coupées seulement d'aurores boréales, et s'entendre dire au retour : « Êtes-vous bien sûr de n'avoir pas rêvé ? » il y a de quoi tempérer toutes les curiosités qu'a un moment suscitées le pôle Nord. La question paraît aujourd'hui réglée en faveur de Peary, que le gouvernement américain a nommé contre-amiral; mais Cook a protesté de sa bonne foi, et l'aventure est plutôt décourageante pour les explorateurs des régions arctiques.

L'enthousiasme avec lequel quatre ou cinq mille spectateurs applaudirent au mois de novembre 1910, dans le grand amphithéâtre de la Sorbonne, le lieutenant Shackleton, témoigna que le pôle Sud n'avait alors rien perdu de son prestige. Là aussi deux explorateurs sont arrivés presque en même temps, le Norvégien Roald Amundsen et le capitaine Scott, de la marine anglaise. Le premier à bord du *Fram*, le second à bord de la *Terra-Nova*, avaient gagné simultanément la mer de Ross et étaient partis le premier de la baie des Baleines, le second des parages de l'île de Ross, dans la direction du pôle, d'une façon tout à fait indépendante. Amundsen eut la gloire de planter sur le point convoité le premier drapeau européen. Scott comptait bien trouver le pôle vierge quand il y arriverait avec l'étendard de la Grande-Bretagne. Ce fut une grosse déception pour lui d'avoir été devancé. Il ne put en revenir. Des tourmentes incessantes lui barrèrent la route. Ses trois compagnons et lui sont morts de froid et de faim, ensevelis dans un linceul de neige. Scott eut le courage d'écrire son journal jusqu'à la dernière minute pour rendre hommage au courage de ses compagnons « morts en *gentlemen* anglais ».

Les deux pôles sont loin de présenter la ressemblance étroite que semblerait impliquer leur position symétrique aux deux extrémités de l'axe terrestre. Sans doute ils ont en commun les terribles conditions climatériques qui les ont rendus si longtemps inaccessibles. Ils sont défendus par d'effroyables barrières de glace; de brusques ouragans, des *blizzards*, faisant tourbillonner d'invraisemblables masses de neige changent instantanément l'aspect du paysage et menacent d'ensevelir les hommes et les choses qui se laissent surprendre ; durant six mois le soleil tourne en hélice en se rapprochant graduellement de l'horizon sans jamais se coucher, projetant autour des objets une ombre toujours égale au cours d'une même révolution, tandis que partout ailleurs les ombres se raccourcissent à mesure que l'on approche de l'heure de midi et s'allongent ensuite; l'aiguille aimantée, de plus en plus instable à mesure que l'on se rapproche de chaque pôle, finit par ne plus s'orienter du tout, indiquant ainsi la place des *pôles magnétiques*, qui ne coïncident pas exactement d'ailleurs avec les *pôles astronomiques*, éternellement immobiles; mais déjà ces ressemblances comportent de remarquables oppositions : la nuit polaire arctique correspond au jour antarctique, et réciproquement; des deux extrémités de l'aiguille aimantée, l'une, toujours la même, se tourne vers le Nord, l'autre vers le Sud, ce qui suppose un état magnétique et, par conséquent, un état électrique différent des deux pôles; c'est peut-être pourquoi les aurores polaires australes ne semblent pas avoir l'éclat des magnifiques aurores boréales qui s'étalent dans le ciel au cours des nuits arctiques comme de flamboyantes draperies aux couleurs diaprées et changeantes, harmonieusement agitées par quelque mystérieuse Loïe Fuller[1].

1. *La Géographie*, 15 mars 1914. — *L'Expédition anglaise au Pôle Sud (1910-1913)*.

Il résulte de tout ce que l'on sait aujourd'hui qu'il y a entre les deux pôles une opposition plus grande encore: tandis que la région polaire arctique est couverte par un océan sur lequel flottent, incessamment mobiles, d'énormes montagnes de glace, le pôle antarctique est situé sur un continent de vaste étendue, en partie envahi, sans doute, par des glaces et des neiges éternelles, mais parfaitement solide. Cette différence n'est pas un simple accident; on lui a attribué une cause profonde : le refroidissement de la Terre entraînant la diminution graduelle de son volume. S'il est vrai que notre globe soit constitué par un noyau central en pleine fusion entouré d'une écorce solide relativement mince, par cela même qu'elle est solide la surface de cette écorce garde à peu près la même étendue, pendant que le noyau liquide, sur lequel la pesanteur l'appuie de toutes parts, diminue de volume. A mesure que le refroidissement s'accentue, l'écorce terrestre doit donc satisfaire à cette double condition : garder l'étendue de sa surface et diminuer sa capacité intérieure. C'est un problème de géométrie depuis longtemps résolu par les mathématiciens : ils savent que la capacité d'un sac sera aussi grande que possible si on souffle à son intérieur de manière à lui donner une forme sphérique, et qu'elle sera aussi petite que possible si on lui donne la forme d'une pyramide à quatre faces égales, c'est-à-dire d'un *tétraèdre*, sauf bien entendu le cas où on plisserait le sac comme une bourse. L'écorce terrestre, pour suivre le retrait du noyau liquide, se rapproche par conséquent peu à peu de la forme tétraédrique. Les eaux de l'Océan gardant au contraire la forme d'une sphère dont le centre serait le même que celui de la pyramide, les quatre pointes de celle-ci font saillie au-dessus d'elles; ces quatre saillies constituent les continents européano-africain, australo-asiatique, américain et antarctique. A la base de la pyramide correspond l'océan Arctique, avec ses glaces flottant à la dérive, ne permettant aucune installation de quelque durée, se refusant à porter le moindre témoignage certain en faveur de ceux qui ont essayé de violer leur secret, échappant à toute réponse, soit en fondant aux feux de l'été, soit en disparaissant dans les longues ténèbres de la nuit polaire. C'est un héroïque sport que de s'aventurer dans de tels parages, mais c'est un sport, et il est fort peu probable que la science tire jamais un grand profit des observations fatalement imprécises qu'on rapportera de régions aussi décevantes.

Tout autres sont les espérances que font naître les explorations dont la région antarctique a déjà été l'objet. Depuis les vieilles croisières de Cook l'ancien, de Dumont d'Urville, de Biscoë, celles de Dallmann, de nombreux marins avaient successivement reconnu des terres dans les régions antarctiques, mais aucune expédition scientifique n'avait relié ces résultats épars. En 1901, quatre expéditions furent organisées dans ce but : une anglaise, celle de la *Discovery* commandée par Scott, qui avait pénétré à l'intérieur du 80° parallèle ; une allemande, celle du *Gauss*, commandée par le Dr Drygalski, qui s'était arrêté au cercle polaire ; une suédoise, celle de l'*Antarctica*, commandée par le Dr Otto Nordenskjöld ; une écossaise, celle de la *Scotia*, commandée par le Dr Bruce, parvenue à 75° de latitude. Scott avait reconnu les côtes de la Terre Victoria; Drygalski, la Terre de l'Empereur-Guillaume, plus à l'Ouest; Bruce, la Terre Coats, presque symétrique de la Terre Victoria de l'autre côté du pôle. En 1903, l'expédition Charcot, si brillamment conduite, renouvela de son côté la reconnaissance de la Terre de Graham, que le commandant de Gerlache avait atteinte à bord de la *Belgica* et où il avait découvert le détroit qui porte son nom. Ainsi peuvent être aujourd'hui portés sur nos cartes avec certitude des rubans de côtes assez étendus. Mais dans quelle mesure ces côtes sont-elles unies entre elles ou demeurent-elles indépendantes ? Dans sa dernière expédition, le Dr Jean Charcot a eu la bonne fortune de rattacher entre eux quelques fragments de ces lignes par trop brisées.

Il a abordé les régions antarctiques en partant de la pointe sud de l'Amérique, qu'il avait quittée le 22 décembre 1908. Dans son expédition de reconnaissance, le lieutenant Shackleton était parti de Port-Lyttelton, c'est-à-dire de la Nouvelle-Zélande, qui est presque à l'opposé. Il avait gagné la Terre du Roi-Edouard-VII, puis tournant à l'Ouest, longeant la grande barrière de glace découverte par Ross, il avait atteint la Terre Victoria et s'était établi avec quatorze de ses compagnons sur l'île Ross. Là, l'expédition s'était partagée en trois escouades : la première explorait le bassin du glacier Ferrar ; la seconde s'était engagée dans la Terre Victoria et avait atteint ce point neutre où l'aiguille aimantée cesse de s'orienter, c'est-à-dire le pôle magnétique austral ; la troisième, commandée par Shackleton lui-même, avait visité le vaste cratère du fameux volcan Erebus découvert par Ross et qui n'a pas moins de 4.063 mètres d'altitude, puis piquant vers le Sud, avait dépassé la grande barrière, traversé un glacier de 60 kilomètres de large, atteint un plateau élevé de 3.000 mètres, s'étendant à perte de vue, et était arrivée enfin à 178 kilomètres du pôle Sud, situé quelque part sur ce plateau glacé où la température tombe quelquefois à 38° au-dessous de zéro. L'escouade qui avait accompli cet exploit ne comprenait que trois hommes ; elle était accompagnée de quatre poneys mandchous, qui étaient destinés à haler des traîneaux et à fournir aussi de la viande fraîche ; un seul revint au campement.

Cette vaste région glacée est aujourd'hui déserte. Mais il n'en a pas été toujours ainsi. Au cours de son expédition, le lieutenant Shackleton y a découvert des gisements de charbon de terre et des troncs fossiles d'arbres analogues à nos sapins. Une végétation s'est donc développée jadis sur les terres antarctiques; comme le pôle Nord, le pôle Sud a joui d'un climat tempéré, et si nous arrivons jamais à fouiller ce sol demeuré vierge, nul ne peut prévoir quelles découvertes il nous ménage. L'espérance d'en extraire les restes de quelque créature tout à fait inattendue serait sans doute chimérique; les formes des animaux, même les plus bizarres en apparence ne sont pas l'œuvre d'une imagination capricieuse, s'abandonnant à des fantaisies illimitées; elles se sont produites sous l'action de forces agissant suivant des règles précises; il ne leur a pas été permis de s'écarter de certains plans déterminés. Si ce plan a été infiniment varié dans le détail, c'est que les conditions secondaires au sein desquelles il a été réalisé présentent elles-mêmes dans les différentes régions du Globe une diversité infinie. Du sol des pampas de l'Amérique du Sud, on a exhumé les restes d'une foule de mammifères présentant des formes ou des combinaisons d'organes inusitées chez leurs frères de l'Ancien Monde.

La vie a donc évolué à sa façon dans les régions australes de l'Ancien et du Nouveau Monde et les fossiles des terres polaires antarctiques combleront peut-être des lacunes qui semblaient devoir toujours demeurer béantes dans l'histoire de la vie. Mais l'existence même de la vie sur les terres des régions polaires que la glace rend aujourd'hui inhabitables suppose qu'autrefois elles ont joui d'un climat infiniment plus doux, presque tempéré. Il semble même qu'elles en jouissaient encore il n'y a pas bien longtemps. Le sol de certaines contrées septentrionales du Canada et de la Sibérie contient, à peine enfouies, d'innombrables défenses d'éléphants à fourrure, de mammouths qui ont été contemporains d'hommes suffisamment artistes déjà pour les dessiner avec tous leurs attributs. Ce serait donc depuis l'apparition de l'homme sur la Terre que les pôles se seraient refroidis. Pourquoi ? La Terre, depuis cette époque, n'a pu perdre une quantité suffisante de sa chaleur interne pour amener un tel phénomène, et le Soleil s'est encore moins modifié. Il faudrait donc admettre qu'il s'agit soit d'un déplacement de l'axe terrestre, soit d'une diminution de son inclinaison sur le plan de l'orbite de la Terre, soit d'un changement de forme de cette orbite. Les variations d'inclinaison de l'axe terrestre sur l'orbite, les déformations de cette dernière sont périodiques et les astronomes ont calculé leur rythme. Peut-être, quand la géologie aura plus nettement posé le problème, aurons-nous là un moyen de mesurer rigoureusement la durée des grandes périodes de l'histoire de la Terre.

Dans la mer, les choses semblent s'être passées autrement que sur la terre. Tous les naturalistes qui ont étudié en détail les animaux des mers arctiques et ceux des mers antarctiques ont été frappés des ressemblances qu'ils présentent entre eux. D'assez nombreuses espèces d'étoiles de mer, de vers, de coquillages, de crustacés, de poissons se retrouvent aux deux pôles, et il est presque impossible de distinguer parfois les individus des deux provenances. Comme ces mêmes espèces font défaut dans les mers tempérées et dans les mers tropicales actuelles, on s'est demandé si elles n'avaient pas été cosmopolites à une époque où les climats étaient plus uniformes, et si elles n'avaient pas disparu des mers chaudes parce que de nouvelles formes leur avaient fait une trop grande concurrence. On retrouve, en effet, quelques-unes de ces espèces polaires — *bipolaires*, pourrait-on dire — dans les régions les plus profondes de l'Océan où la température ne s'élève guère au-dessus de 1°.

D'autre part, les rigueurs climatériques des régions polaires ne peuvent être tolérées que par un certain nombre d'animaux ; des animaux capables de les supporter et mal organisés pour se défendre ailleurs ont pu y trouver un refuge que leurs concurrents ou leurs ennemis ne sont pas venus leur disputer. C'est ce qui est arrivé aux oiseaux incapables de voler, mais nageant habilement avec leurs courtes ailes, auxquels on donne la dénomination commune de *pingouins*. Les vrais pingouins étaient propres aux régions arctiques ; les pingouins des régions antarctiques sont, en réalité, des manchots bien différents par la forme de leur bec et la qualité de leur plumage, semblable à celui des grèbes. Malheureusement, depuis que les voyages se sont multipliés l'espèce type de la région du pôle Nord, le grand pingouin, a été entièrement exterminé. Son dernier représentant a été tué en 1844 à Eldey, en Islande. Pour peu que les voyages dans les mers antarctiques se multiplient, c'est certainement le sort qui attend avant peu d'années les manchots au milieu desquels le cinématographe des explorateurs nous a souvent fait vivre. Il serait vraiment dommage que des oiseaux si confiants, si dociles, si humains dans leurs attitudes, fussent victimes de tant de bonnes qualités.

**
* **

La dernière campagne du Dr Charcot dans l'Antarctique s'est terminée en 1910. Il a ramené sains et saufs son bateau désormais historique, le *Pourquoi-Pas?*, tous ses compagnons, tous ses hommes, ce qui est le plus grand éloge que l'on puisse faire de l'habile organisation d'une expédition commencée le 25 août 1908, et qui comprenait, par conséquent, treize mois de séjour dans les régions glacées du cercle polaire antarctique. Il a fallu lutter contre les vents souvent déchaînés en tempêtes terribles, contre le brouillard, contre le froid, contre les glaces flottantes. Le 8 janvier 1909, à l'île Petermann-Lunch, le navire s'échoua sur une roche noyée et cachée sous les glaces ; il fallut vingt-quatre heures de travail pour le remettre à flot ; il avait perdu 6 mètres de sa fausse quille et une partie de sa quille avant. Le 20, dans les parages de l'île Adélaïde découverte par Biscoë, il faillit être écrasé par une de ces montagnes de glace flottantes qu'on nomme des *icebergs*, et parmi lesquelles il lui fallait sans cesse naviguer. Le 15 juin, deux énormes blocs de glace vinrent la nuit buter contre le gouvernail et le brisèrent ; il ne put être réparé qu'au mois de septembre suivant. Incessamment des blocs semblables battaient les flancs du navire, rompaient les amarres et le mettaient en péril. Une ingéniosité toujours en éveil, un courage à toute épreuve, une bonne humeur éminemment française — on jouait la comédie les jours de fête — sont venus à bout de tous les obstacles, ont surmonté tous les dangers, et ont vaincu l'anémie polaire, la myocardite dont quelques membres de la mission furent atteints, le scorbut même qui fit son apparition au cours de ce mois de juin, mais ne résista pas au régime de la viande de phoque fraîche et des œufs de pingouin. En janvier 1910, on mettait enfin le cap sur le Nord ; on arrivait le 11 février à Punta-Arenas, à la pointe sud de l'Amérique, et le 5 juin, le *Pourquoi-Pas ?* solidement réparé à Montevideo, tout battant neuf, portant tout son équipage en magnifique santé, revenait en France triomphant.

L'expédition Charcot ne s'était nullement donné pour mission d'établir, comme on dit aujourd'hui, un record, en essayant d'atteindre le pôle Sud. Il y a bien d'autres choses à tirer d'un voyage dans les régions antarctiques que le plaisir tout sportif d'avoir planté le drapeau de son pays sur un quartier de roc presque toujours couvert de glace, et ce sont ces autres choses que sur un programme détaillé, élaboré par l'Académie des sciences, les membres de l'expédition Charcot ont essayé de tirer au clair. Outre le commandant, l'état-major scientifique comprenait : un hydrographe, M. Bongrain, enseigne de vaisseau; un océanographe, M. Godfroy; un météorologiste, M. Rouch; un physicien, M. Senouque; un géologue, M. Gourdon; deux naturalistes, MM. Gain et Jacques Liouville. Chacun de ces savants, dont le nom ne s'effacera pas, a rapporté son ample moisson.

Avec un esprit de suite dont il faut le louer, M. Charcot est revenu dans les régions qu'il avait parcourues lors de la campagne du *Français* et qui sont les terres antarctiques les plus voisines de l'extrémité australe de l'Amérique, du cap Horn; il a cherché à pousser le plus loin possible, en les reprenant où il les avait laissées, ses précédentes explorations de la Terre de Graham et des terres qui la touchent.

L'enseigne de vaisseau Bongrain a dressé jusqu'au 70° degré de latitude la carte des côtes tout entaillées de ces golfes profonds et étroits, de ces fjords que seuls savent sculpter et conserver les glaciers, et qui donnent aux côtes si richement découpées de la Norvège leur capricieux et pittoresque aspect.

Les découvertes dans cette région sont nombreuses. Une vaste baie, la baie Marguerite, relie la Terre de Graham à la Terre Alexandre-Ier que prolonge vers le Sud tout un groupe d'îles, suivi lui-même de l'immense banquise abrupte qui défend l'accès du continent antarctique; l'île Adélaïde, à qui Biscoë attribuait sept milles de long, s'étend sur plus de cent quarante kilomètres. A partir de l'île Petermann, où eut lieu l'hivernage, une grande longueur de côte a pu être explorée dans la direction du Sud et de l'Ouest ; l'île Bridgeman a été visitée en détail ; la carte hydrographique de la baie de l'Amirauté a été dressée ; des terres dont la banquise empêche d'approcher ont été vues, par 70° de latitude et 77° de longitude ouest ; la muraille de la banquise a été suivie jusqu'au 126e degré de longitude ; au total 2.000 milles marins de terres nouvelles ont été ajoutés à nos connaissances géographiques.

Outre la charge de l'hydrographie, M. Bongrain avait celle des observations relatives à l'intensité de la pesanteur aux diverses stations, à l'enregistrement des tremblements de terre, et il a eu la surprise, à l'île Déception, de trouver la terre en frémissement perpétuel. Qu'est-ce que cela nous cache ? En véritable officier de marine, M. Bongrain était prêt à toutes les tâches ; il a observé nombre d'occultations d'étoiles par la lune et même, à l'île Déception le dernier contact dans l'éclipse de soleil du 23 décembre 1908. Les observations magnétiques étaient confiées à M. Senouque.

On peut dire que pendant toute la campagne, M. Rouch n'a pas laissé passer un seul des mouvements grands ou petits de l'atmosphère, une seule de ses modifications électriques sans en prendre note. Peut-être la combinaison de ses observations avec celles des observatoires de Punta-Arenas, d'Ushuaïa, de l'île des Etats et des Orcades donnera-t-elle la clef des formidables coups de vent qui ajoutent de l'horreur à la désolation de ces déserts glacés. En revanche, il faudra renoncer aux théories qui attribuèrent une forte radioactivité à la neige et à la glace antarctiques ; ces neiges ne diffèrent pas plus de la neige ordinaire que la fameuse « neige de l'Est » qui eut tant de succès, il y a quelques années, auprès des Parisiens, en raison de sa prétendue résistance à fondre au contact du sel municipal.

La mer, surtout en une région voisine d'un point comme le pôle, par rapport auquel il semblerait que tout doit sur notre globe se distribuer symétriquement, n'est pas moins intéressante à étudier que la terre. Elle a d'irréguliers soubresauts qui semblent échapper à toute loi, comme ce raz de marée de cause inconnue qui dans la nuit du 29 juin vint secouer le *Pourquoi-Pas?* Mais elle a aussi des mouvements réguliers, dus à l'attraction de la Lune, à celle du Soleil et aux variations de la pression de l'air à sa surface. M. Godfroy s'est attaché à suivre régulièrement ces trois actions, à en démêler les effets ; il a eu la satisfaction de constater que les ondes des marées dues à l'attraction de la Lune étaient exactement conformes à la théorie de lord Kelvin, et qu'elles étaient relativement faibles au regard de celles que provoque l'attraction du Soleil.

Le sol des régions visitées par l'expédition est essentiellement formé de roches cristallines ; ce sont des roches anciennes, comme le granit, ou des roches volcaniques. Les îles Shetland du Sud, les îles Argentina, Jenny, Bridgeman sont principalement formées de laves, ainsi que les côtes de la baie de l'Amirauté. Elles ne peuvent apprendre grand'chose sur le passé de cette région ; en revanche, un géologue trouverait d'amples satisfactions dans l'exploration des chaînes de montagnes, sortes d'Alpes antarctiques, qui se dressent sur la Terre Alexandre et sur les terres nouvellement découvertes au sud-ouest de cette dernière. Là, on peut espérer saisir dans quelque vieux dépôt marin, des traces de ce qu'a pu être la vie dans ces régions, qui n'ont pas été toujours couvertes de glaces, où il y a eu certainement des forêts, puisque Shackleton a trouvé de la houille à des latitudes analogues, où la vie a peut-être commencé et évolué plus tôt qu'ailleurs, s'il est vrai que la croûte terrestre ait dû passer, en se refroidissant, comme nous l'avons expliqué tout à l'heure, de la forme sphérique à celle d'un tétraèdre dont un sommet pointerait au pôle Sud. En tout cas, l'activité humaine n'est, à aucun moment, venue troubler l'arrangement des fossiles dans ces régions que nous n'abordons encore qu'à grand'peine ; leur série est peut-être plus complète, et, partant, plus instructive que partout ailleurs. Il existe, on le sait, des fossiles à l'île Joinville, qui est dans ces parages ; malheureusement elle est demeurée peu abordable. La vie dans l'hémisphère austral s'étant développée d'une façon tout à fait indépendante, les savants attendent impatiemment que les terres antarctiques livrent leur secret. On le leur arrachera.

MM. Gain et Jacques Liouville nous ont fait connaître, en attendant, les animaux et les plantes de la nature actuelle qui nous ont précédés dans ces parages ; leurs précieuses collections, préparées avec un soin méticuleux, sont riches en nouveautés.

M. Liouville s'est attaché particulièrement à l'étude des baleines et des autres cétacés qui sont, de la part des Norvégiens dans la région des Shetland dont il a écrit l'histoire, l'objet d'une pêche active[1].

Les régions antarctiques ne rivalisent pas avec les pays à fourrure des terres arctiques. Il faut renoncer à y découvrir des concurrents aux renards bleus, aux zibelines, aux hermines, aux petits-gris, à la loutre marine ou même aux ours polaires. Des phoques, des oiseaux animent seuls les rivages antarctiques. Parmi les oiseaux, dominent les manchots aux ailes transformées en nageoires, aux gestes presque humains, et qui semblent de loin des personnages assis, en habit noir et gilet blanc ; on peut vivre avec eux en toute familiarité et visiter, sans les effaroucher, les villages que forment leurs nids de pierres autour desquels ils

1. J. LIOUVILLE. *Les Cétacés de l'Antarctique.* 1913. Masson éditeur.

aiment à s'assembler. Des cormorans, des mouettes, des goëlands, des sternes planent, comme sur nos côtes, au-dessus de la mer, en quête des poissons sur lesquels ils fondent brusquement. Quelques-uns (*Thalassoeca*), se contentent même de simples méduses qui sont, sans aucun doute, ce qu'on pourrait appeler le comble d'un maigre repas. Tous ces oiseaux émigrent pendant l'hiver; mais ils reviennent chaque année au même village, au même nid. Ils sont, tout comme les oiseaux de nos pays, infestés de parasites qui courent parmi leurs plumes ou se logent dans leur intestin et ont fourni d'intéressantes nouveautés. Des mouches (*Belgica antarctica*), quelques insectes sans ailes, des araignées sont les seuls animaux que les entomologistes trouvent à glaner. On rencontre jusqu'au 63e degré de latitude une graminée (*Aria antarctica*) et l'on y peut cueillir les fleurs du *Colobanthus crassifoliis*; mais la terre appartient aux lichens, aux hépatiques, aux mousses. Dailleurs la vie cherche à s'installer partout, et l'œil peut contempler, non sans stupeur, des champs de neige rouge ou verte, colorés par des algues analogues à celles qui habillent d'un manteau vert le tronc humide de nos vieux arbres.

La mer est infiniment plus riche, surtout à quelque distance de la surface. Les filets Richard, dont se sert le prince de Monaco pour capturer les animaux qui vivent entre deux eaux, ont ramené des poissons inconnus. Les coquillages, les vers agiles et brillants, ceux qui s'enfoncent dans la vase, les étoiles, les anémones de mer et les éponges revêtent dans ces mers froides des formes étranges.

Il sera intéressant de savoir si tous ces êtres nouveaux ont conservé les mœurs familiales que pratiquent les animaux marins de la pointe sud de l'Amérique, où l'on voit jusqu'aux étoiles de mer couver leurs petits.

Le *Pourquoi-Pas?* a bien mérité de la patrie, comme disaient nos pères. Pouvait-on permettre que ce glorieux petit navire devînt un simple « morutier » ? Pouvait-on débarquer, détruire, ou laisser inutilisé, fût-ce dans un musée, l'admirable outillage scientifique que le Dr Charcot avait su y rassembler ? C'eût été lui faire également injure. Le *Pourquoi-Pas?* avait accompli trop noble besogne, il avait abrité dans sa robuste coque trop de science, pour qu'on le laissât déchoir aux tâches vulgaires. Cette humiliation lui a été épargnée. Après avoir fait, sous l'impulsion d'Henri et d'Alphonse Milne-Edwards, l'effort célèbre des campagnes du *Travailleur* et du *Talisman*, qui ont tiré du fond des mers tant d'êtres insoupçonnés, notre pays s'est reposé pendant vingt ans. Non seulement il a renoncé à l'œuvre si bien commencée et que S. A. S. le prince de Monaco a reprise avec tant de succès; mais il a abandonné toutes les recherches d'océanographie et il ne prend même qu'une part infime aux travaux de l'Association internationale officiellement organisée par la Hollande, la Norvège, la Suède, l'Allemagne, la Belgique et l'Angleterre pour l'étude de la mer du Nord. Le puissant outil qu'a su créer le Dr Charcot et qui a fait si brillamment ses preuves permettra à la France de rentrer dans l'arène, et de reprendre cette étude de la mer qu'il a contribué à inaugurer.

Le comité qui avait organisé l'expédition Charcot a offert le *Pourquoi-Pas?* à notre Muséum national d'histoire naturelle pour la continuation de l'exploration de la mer. Le *Pourquoi-Pas?* actuellement tout neuf, est ainsi devenu un laboratoire flottant, toujours prêt à entreprendre les recherches que demande encore la connaissance de l'Océan, à étudier les nombreux problèmes qu'il pose. Tous les savants que ces problèmes intéressent peuvent s'y embarquer; le Dr Charcot en a gardé, par dévouement scientifique, le commandement, et avec un pareil chef on irait vite aux solutions.

Les bateaux de l'Etat, ceux de l'industrie ne sont pas aménagés pour une œuvre scientifique. Le robuste navire sur léquel on a fait une si belle dépense de science et de courage continue à porter les couleurs de la science française et continuera à scruter les mystères de la Nature.

CHAPITRE III

Les mystères de l'Antiquité : le Ciel; la Libye et la Mer.

Résumé. — La chimie des étoiles; l'unité matérielle de l'Univers. — La faune de l'Afrique centrale. — Les madrépores africains. — Splendeur des îles de corail. — Les animaux immortels. — Les Polypes qui ne mangent pas. — Alexandre Agassiz. — Fin de la légende de l'affaissement du Pacifique. — Les récifs de la Floride et la durée de la période géologique actuelle.

Le monde présentait pour les Anciens, que les pôles ne préoccupaient guère, trois régions mystérieuses : le Ciel, la Libye et la Mer. Le ciel, ils l'avaient peuplé, à leur gré, d'êtres invisibles, chargés tout spécialement de veiller à leurs plaisirs, s'amusant prodigieusement entre eux et ne se privant pas de venir, de temps en temps, chercher parmi les hommes quelque distraction supplémentaire. La Libye, notre Afrique centrale, les effrayait avec ses lions, ses panthères, ses hippopotames, ses girafes, ses énormes serpents; Aristote lui-même en avait peur, et l'accusait de vomir toujours sur la terre quelque monstre nouveau.

Quant à la mer, elle avait également ses monstres et ses dieux, mais c'était surtout la génératrice universelle, le vaste laboratoire où se formaient les êtres nouveaux. Vénus, la grande Vénus de Lucrèce, symbole radieux de la vie et de la fécondité, en était sortie pour donner à la terre les plantes, les animaux et les hommes; mais l'Océan avait gardé la plus grande part de la puissance créatrice; des germes venus de partout y dormaient, attendant le moment de former entre eux, au hasard des rencontres, des assemblages capables de se développer en créatures splendides et puissantes, en monstres redoutables ou ridicules, comme ce petit hippocampe où semblent s'être bizarrement associés une tête et un cou de cheval avec une queue de serpent.

Le Ciel, la Libye et la Mer ont longtemps gardé leur secret. Contre toute attente, le ciel s'est le premier ouvert à la science; le cours des astres, leur nature, leur composition chimique même nous ont été révélés; et nous pouvons faire, on l'a vu, des hypothèses très vraisemblables sur la présence ou l'absence de la vie, et même sur l'aspect que doivent présenter ses œuvres à la surface des planètes où elle a pu s'établir. Le seul étonnement que nous aient apporté les astronomes est que tout se passe dans le ciel à peu près comme chez nous. On avait, à un certain moment, cru découvrir dans le Soleil une substance nouvelle, lui appartenant en propre, qu'on avait, pour cette raison, nommée *hélium*. On a reconnu aujourd'hui que l'hélium était simplement demeuré inaperçu sur la Terre où il est journellement fabriqué par le radium et qu'il fait même partie des gaz de l'atmosphère. Les étoiles ne nous ont pas offert davantage de substances nouvelles; elles sont plus chaudes ou plus froides que le Soleil mais présentent la même composition chimique, qui est celle de notre planète elle-même. Seules les nébuleuses contiendraient deux corps jusqu'ici spéciaux, l'*archonium* et le *nébulium*, le poids atomique de ce dernier est triple de celui de l'hydrogène. Alors apparait, comme conclusion de toutes les recherches d'astronomie physique, la grande idée de l'unité matérielle de l'univers.

Le second mystère des Anciens, l'Afrique centrale, n'a été pénétré que plus récemment. Mais il a été rapidement percé; l'Afrique a été parcourue en tous sens par d'innombrables voyageurs et sur l'immense blanc des cartes sur lesquelles on étudiait sa géographie, il y cinquante ans, se pressent aujourd'hui des noms de villes et de villages, courent en méandres capricieux les lignes noires qui indiquent le cours des fleuves et des rivières et se dessinent les contours sinueux de lacs immenses. Après la période des conquêtes et des grandes reconnaissances scientifiques, nous en sommes à la période de l'organisation administrative, de l'exploitation commerciale, de l'exploration de détail, des sports cynégétiques.

Il faut bien le reconnaître, l'Afrique n'a pas donné non plus ce que nos imaginations en attendaient. Qu'allait-on trouver dans ces lacs aux eaux troublantes, grands comme des mers : le Tanganyika, le Victoria-Nyanza, les lacs Albert, Rodolphe, Bangouelo, Moreo, ou dans ce Tchad aux bords fuyants près desquels le lac de Genève apparait comme un verre d'eau auprès d'un vaste bassin? Que recélaient encore les forêts du Gabon, du Congo, de la Côte-d'Ivoire où vivent les intelligents chimpanzés, les redoutables gorilles et les hommes-nains rencontrés déjà par Livingstone? N'était-ce point là que prospéraient encore les étranges reptiles disparus de la période secondaire, les ptérodactyles au vol de chauves-souris, les plésiosaures au cou de cygne, les iguanodons à l'allure de kangaroos, hauts comme des maisons, les gigantesques mosasaures allongeant sur 20 ou 30 mètres leur corps de lézard, etc.

L'Afrique ne nourrit rien de tout cela. La grande découverte sensationnelle a été celle de l'okapi, girafe par ses pattes, ses cornes et ses dents, antilope par la forme générale de son corps, reproduction fidèle d'un animal qui vivait autrefois en Grèce, que l'on croyait disparu et auquel, après l'avoir reconstitué à l'aide d'ossements trouvés à Pikermi, près d'Athènes, Albert Gaudry avait donné le nom d'*Helladotcrium*. C'est le seul animal des temps passés qui ait été retrouvé en Afrique; un hippopotame nain des rivières de Liberia, peut-être un petit éléphant, encore énigmatique, et qui vivrait dans l'eau; voilà tout ce que les mammifères ont fourni d'intéressant, et il faut se rabattre sur les petits animaux pour trouver du nouveau. D'innombrables insectes, des vers de terre qui semblent être les ancêtres des sangsues, des méduses d'eau douce pêchées dans les lacs Tanganyika et Victoria-Nyanza; c'est là le bilan des principales nouveautés. Il faut y ajouter les trypanosomes, infusoires parasites du sang, dont la maladie du sommeil, le nagana, la dourine et les autres maladies qui affectent dans ces régions l'homme et les animaux domestiques, nous ont révélé l'importance. Si l'industrie et le commerce peuvent tout espérer de notre établissement en Afrique, si la science peut y faire encore d'incalculables découvertes de détail, elle n'a plus à en attendre, ou pour mieux dire, elle n'en espère plus guère de surprise capable de la révolutionner.

Le continent noir a été effectivement parcouru en tous sens non seulement par nos soldats, mais par une jeunesse hardie, savante et éprise de nouveautés. Si l'on a pu, à un certain moment, définir le Français un homme qui ne sait pas la géographie, la définition perd aujourd'hui singulièrement de l'exactitude qu'elle a pu avoir. Nos jeunes gens s'embarquent volontiers pour les colonies, où ils comptent s'établir et faire une carrière; ils s'embarquent aussi uniquement pour voir du pays, pour apprendre à mieux connaître notre Globe. Quelques-uns, comme du

Bourg de Bozas ou le malheureux François Geay, meurent à la peine[1]; la plupart, après avoir supporté vaillamment toutes les intempéries, toutes les fatigues, reviennent avec des documents relatifs au monde vivant, présentant presque tous le plus haut intérêt. C'est Charcot et son équipe courageuse de physiciens, de géographes, de naturalistes, qui s'en vont saisir la vie parmi les icebergs du pôle austral; c'est le baron Maurice Rothschild et son fidèle compagnon Henri Neuville, qui reviennent d'Abyssinie avec les dépouilles de tout un troupeau de monstrueuses girafes, d'antilopes, de zèbres, de lions, de panthères que les Parisiens pourront admirer quand on aura donné au Muséum d'histoire naturelle la place nécessaire pour les exposer; c'est Alluaud, qui, seul ou en compagnie de Mme Alluaud et du Dr Jeannel, après avoir parcouru la région des lacs, escalade le Kilimandjaro, le Keniya et le Ruwenzori, les seules montagnes d'Afrique dont les sommets, qui atteignent 6.000 mètres, soient couverts de neiges éternelles; c'est Diguet, qui rapporte du Mexique de triomphantes orchidées et la plus rébarbative collection de cactus épineux qui se puisse voir; c'est Auguste Chevalier, qui parcourt toute la forêt vierge africaine, en prépare l'exploitation, offre à l'ébénisterie une étonnante série de bois plus beaux et plus variés que les fameux bois des îles, et crée à Dalaba un jardin botanique modèle d'où partiront, après acclimatation, nos plantes cultivées pour enrichir notre colonie et où seront étudiées les plantes africaines susceptibles d'orner nos jardins et de varier nos plantations; c'est Louis Gruvel, organisant la pêche dans la baie du Lévrier, au banc d'Arguin, et créant à Port-Etienne toute une industrie qui sera, si on persévère, le pen-

---

1. François Geay, qui avait exploré l'Amérique centrale, Madagascar et l'Australie, vient de mourir à Sydney.

dant dans le pays du soleil, de celle que les Anglais ont créée, avec l'aide de nos marins, dans les brumes de Terre-Neuve; c'est Brumpt le compagnon de du Bourg de Bozas; c'est Roubaud, et avec lui les docteurs Gustave Martin, Lebœuf et Ringenbach, bravant les piqûres des mouches terribles du Gabon et du Congo pour étudier sur place la meurtrière maladie du sommeil. C'est Lecomte parcourant avec Achille Finet l'Indochine pour en récolter les plantes.

Parmi ces vaillants, un jeune naturaliste dont la carrière a été des plus méritantes, M. Charles Gravier, s'est laissé attirer par les mers tropicales; il est allé d'abord s'établir dans la baie de Tadjoura, entre Obock et Djibouti, en face d'Aden, un peu au sud du point où l'Arabie se rapproche de l'Afrique pour former le détroit de Bab-el-Mandeb; l'année suivante il a gagné l'île de San-Tomé, de l'autre côté de l'Afrique, en plein Atlantique, et de ces deux stations il a rapporté d'admirables documents sur la population animale des mers tropicales[1]. La côte occidentale de l'Atlantique passait pour être dépourvue de ces puissantes constructions que les Polypes élèvent dans les mers tropicales; M. Gravier en a pu examiner d'importantes autour de l'île de San-Tomé. Elles se montrent dans toute leur splendeur, surtout à l'entrée de la mer Rouge, entre Obock, Aden, Madagascar et la pointe sud de l'Inde.

C'est seulement dans ces récifs madréporiques que l'on peut prendre une idée des merveilles que la vie sait produire lorsqu'elle collabore avec une mer limpide et les rayons du soleil. Tous ceux qui les ont visités : Ehrenberg, Alexandre Agassiz, Hæckel, Saville Kent, en ont gardé comme un éblouissement. Les mots leur semblent insuffisants pour dépeindre ce qu'ils ont vu. Un récif de coraux, c'est un gigantes-

[1]. *Annales de l'Institut océanographique*, t. II, fascicule 3, 1911.

que écrin, d'où jaillissent en tous sens les feux étincelants des gemmes les plus précieuses. Sous l'azur profond et mouvant des eaux merveilleusement transparentes qui se balancent ou frissonnent au-dessus de cet amoncellement de joyaux, scintillent les rayons de miraculeuses étoiles. Ce sont les fleurs animées et délicates de la mer. Ces fleurs translucides, plus somptueuses que les corolles écloses dans nos jardins au tiède souffle du printemps, et tellement sensibles qu'elles se rétractent au moindre frôlement, tellement éthérées qu'elles semblent prêtes à s'évanouir au moindre contact et à se dissoudre dans le bain de fluide saphir où flottent leurs pétales, ces fleurs faites de reflets construisent de puissants récifs, capables de briser des navires. Elles s'étendent comme un léger voile de gelée tremblante à la surface de l'édifice de pierre dont elles ont secrété les molécules une à une, et ces êtres vaporeux sont immortels! Dans les régions calmes où vivent beaucoup d'entre eux, si nul accident ne vient à les détruire, ils dureront indéfiniment. C'est le privilège des organismes simples : il y a aussi des arbres immortels. Dans la célèbre vallée d'Orotava, sur la côte de l'île de Ténériffe, des dragonniers paraissent remonter à l'époque où la Bible place la création d'Adam, et des Wellingtonia, peut-être contemporains des derniers mammouths, vivent encore dans les forêts de conifères de la Californie.

Longtemps ces fleurs de mer sont demeurées méconnues. On considérait leurs constructions comme des pierres végétantes qui croissaient au fond de la mer, de même que dans des solutions appropriées croissent les « arbres de Diane » ou de « Saturne » que les pharmaciens, pour retenir les curieux, exposent dans leurs vitrines, auprès des globes emplis de solutions colorées qui leur servent d'enseignes. Le corail des bijoutiers était encore pour

Linné une de ces pierres à demi vivantes. Plus tard l'abbé Marsigli crut avoir trouvé la preuve de sa nature végétale lorsqu'il vit des fleurs blanches, à huit pétales élégamment dentelés étoiler la pourpre d'un pied de corail fraîchement pêché qu'il venait de replacer dans de l'eau de mer bien pure. Seulement les pétales s'étalaient, se rétractaient, se recourbaient sur eux-mêmes, se dérobaient au moindre attouchement. Nulle fleur n'est capable de se mouvoir ainsi. Un jeune médecin de Marseille, Peyssonel, répétant l'observation de Marsigli, conclut que ces prétendues fleurs étaient, en réalité, des animaux analogues aux anémones de mer si communes sur nos côtes et qu'on appelait autrefois des *orties*, parce qu'elles brûlent, comme les feuilles de cette plante, les mains de ceux qui les manient imprudemment. Peyssonel ne put convaincre l'Académie des sciences. « Ce jeune homme, disait Réaumur, ne me fera jamais croire que des orties puissent construire des coraux, de quelque façon qu'on s'y prenne pour les faire travailler. » C'est seulement bien plus tard que, pressée par des découvertes nouvelles, une commission de l'Académie des sciences composée de Guettard, Bory de Saint-Vincent et de Jussieu se rendit à Lion-sur-Mer pour résoudre la question, et proclama que Peyssonel avait peut-être bien raison. Par une ironie singulière du dieu qui veille sur les académiciens, c'est en étudiant des animaux qui n'ont aucun rapport avec les coraux que les trois savants établirent leur conviction.

Comment se produisent les fleurs de mer? Comment peuvent-elles arriver à construire les puissantes formations qui, dans les mers tropicales, sont si redoutées des navigateurs? Elles appartiennent à un monde bien différent de celui des animaux ordinaires, et dans lequel le corps, fixé comme celui des plantes, partage avec lui la faculté de croître en se ramifiant.

Tous les rameaux sont d'abord semblables entre eux ; chacun d'eux se termine par une bouche entourée de fins tentacules, armés d'une infinité de petits hameçons venimeux ; ce sont autant de lignes de pêche très dangereuses pour les menues proies qui passent à leur portée. Chaque rameau peut ainsi pêcher et manger pour son propre compte ; rien ne s'oppose à ce qu'il se détache et vive isolé ; c'est alors un « polype » ; on en trouve dans les eaux douces. Mais en général, le corps ramifié des polypes marins ne se désagrège pas ainsi. Tous les polypes vivent en commun, se prêtent un mutuel appui et se partagent même la besogne nécessaire à la prospérité de la Société : il y a ainsi des polypes pêcheurs, des polypes nourriciers, des polypes reproducteurs, etc. Chacun finit par prendre une figure appropriée à son emploi. En général, les polypes pêcheurs et les polypes reproducteurs perdent leur bouche et leurs tentacules. Ne pouvant plus manger pour leur compte, ils viennent se grouper au voisinage des polypes nourriciers, au profit desquels ils pêchent et de qui ils reçoivent leur part de provende toute digérée. Le plus souvent ils se rangent en cercle autour d'eux, et forment alors les fleurs animales qui constituent les madrépores, comme les feuilles des végétaux se groupent pour former leurs fleurs. Ils peuvent aussi se disposer en doubles rangées sinueuses, dans lesquelles sont disséminés les polypes nourriciers, comme chez les Méandrines, qui tirent leur nom de cette particularité. Tout cet ensemble forme un seul corps vivant, qui ne cesse de croître en surface, et qui conserve, dans ses diverses parties, l'arrangement que nous venons de décrire. A sa surface inférieure, ce corps ne cesse de sécréter du calcaire qui, lui aussi, reproduit exactement son arrangement, le conserve en s'étendant en surface, en s'épaississant peu à peu, et finit par former l'énorme masse rocheuse du récif. Il a fallu, pour constituer cette masse, un temps prodigieux; mais, nous l'avons dit, les polypes, dans les conditions normales, sont immortels, et quand par hasard la vaste surface qu'ils forment vient à être déchirée, par suite d'un accident entraînant la destruction de quelques polypes, la blessure est vite réparée par ceux qui restent. La mer Rouge et la région océanique qui s'étend entre le golfe d'Aden, où a travaillé M. Gravier, la pointe nord de Madagascar et la pointe sud de l'Inde ont été étudiées récemment avec le plus grand soin par des naturalistes tels que Crossland, J. Stanley, Jousseaume, Krempf et M. Gravier lui-même. Les récifs y revêtent la forme typique qui avait frappé l'imagination de Darwin; ils devraient être enveloppés dans sa conclusion : la mer Rouge, l'océan Indien devraient être compris dans la région d'effondrement du Pacifique. Bien loin de là, presque partout, dans cette région, on trouve, au contraire, la preuve évidente de soulèvements puissants.

En des points nombreux de la côte, d'anciens récifs qui ont conservé tous leurs caractères sont incorporés au continent et s'élèvent bien au-dessus de la mer qui s'est retirée; en pleine mer, des plateaux uniquement formés de coraux, rongés de tous côtés à la base par le flot, s'élèvent bien au-dessus des vagues, et leurs bords arrondis, découpés et noircis par toutes sortes d'apports, dessinent ces pittoresques « têtes de nègre » remarquées par tant de voyageurs. En fait, toute la côte orientale d'Afrique est formée par un récif de coraux qui a été soulevé de 250 pieds au-dessus du niveau de la mer et dont faisait partie l'île de Zanzibar.

Les coraux variés qui forment les récifs ne peuvent pas vivre à plus de quarante mètres de profondeur; mais partout où le relief du sol s'approche jusqu'à cette distance de la surface, ils s'établissent. Loin d'indiquer une région d'affaissement du sol, les îles de corail indiqueraient donc plutôt une région d'exhaussement. Mais bien des conditions diverses peuvent leur fournir une base à la hauteur qui leur convient; beaucoup d'îles madréporiques sont établies au sommet de volcans sous-marins; les belles études de J. Stanley Gardner ont montré que les Laquedives et les Maldives reposent sur un plateau situé à environ 200 brasses de profondeur, entouré de talus à pentes rapides, découpé en tronçons par les courants sousmarins et qui reliait jadis Madagascar à Ceylan. Ailleurs ce sont des algues calcaires et des madrépores aptes à vivre dans les grands fonds[1] qui fournissent le soubassement du récif, ou des dépôts tombés de la surface comme ceux que sème le long de la côte de Floride le grand courant d'eau chaude, le Gulf-Stream, qui se dirige de l'équateur vers les pôles et que peuple une infinité d'organismes amis de la chaleur.

Les coraux ne sont pas d'ailleurs les seuls ouvriers des récifs. Les polypiers produits par les divers polypes croissent inégalement et peuvent être brisés par mille accidents, de telle façon que la surface du récif est anfractueuse; des éponges souvent brillamment colorées, toutes sortes de menus animaux, et surtout des algues, des corallines elles aussi incrustées de calcaire, viennent se loger dans les anfractuosités, combler les vides, cimenter toutes les parties, en attendant qu'elles soient elles-mêmes recouvertes par la membrane vivante qui émane des polypes et qui les ensevelit, à leur tour, sous un revêtement calcaire. Ainsi le récif se consolide sous le commun effort d'organismes divers. D'autres, au contraire, tendent à le détruire ou au moins à retarder sa croissance. Si ténue et peu nourrissante que soit la chair

---

1. Les *Lophohelia*.

presque liquide des polypes, elle a ses amateurs. Des mollusques revêtus de brillants coquillages la déchirent incessamment de leur langue raboteuse et semblent en faire leurs délices; des étoiles de mer pourprées viennent partager leur repas, quand elles ne préfèrent pas s'attaquer au mollusque lui-même.

Des vers empanachés et colorés de mille façons, ondulant comme de menus serpents, des crevettes agiles, aux fines pattes, des crabes à la lourde allure s'agitent dans les parterres fleuris de la surface du récif, non sans dommage pour sa floraison; sur tout ce peuple grouillant et sautillant, de magnifiques poissons, étranges de forme, mais splendidement parés de couleurs nacrées, devant lesquelles pâliraient celles des oiseaux de paradis et des papillons, prélèvent de lourds impôts : quelques-uns sont armés de dents assez puissantes pour briser les coquillages et broyer les polypiers. Ceux-ci sont eux-mêmes minés de toutes façons; de menues moisissures marines, de minuscules algues enfoncent lentement leurs filaments dans le calcaire qu'ils dissolvent; des éponges voisines de celles qui criblent de trous les coquilles de nos huîtres, s'y enfoncent; des vers devenus anachorètes s'y creusent de tortueuses retraites; des mollusques bivalves les taraudent, et parmi eux ces gigantesques tridacnes, dont les vastes coquilles servent à faire des bénitiers, tels que ceux de l'église Saint-Sulpice; ces tridacnes demeurent constamment couchés sur le dos dans la loge où ils se sont établis. Pacifiques et résignés, les coraux se bornent à se protéger contre tous ces indiscrets en sécrétant une lame de calcaire qui les isole et qui consolide leur habitation. Le récif n'en finit pas moins par être miné de toutes parts et sera ébréché à la première tempête.

L'événement est de peu d'importance, et la blessure bien vite réparée. D'autre part, si quelques centaines de polypes sont emportés avec le fragment de récif que la vague va rouler, pour peu que ce fragment s'arrête sur un fond propice, les polypes continueront à vivre et à prospérer à sa surface ; un nouveau récif va commencer à s'édifier.

Les coraux, si délicats en apparence, résistent d'ailleurs merveilleusement à certaines influences. Ils redoutent le froid, les impuretés en suspension dans l'eau, l'obscurité et le manque d'oxygène ; mais ils supportent facilement la chaleur et même la sécheresse. M. Charles Gravier en a vu à San-Tomé supporter à sec, pendant toute la durée de la basse mer, les rayons directs du soleil tropical ; il n'est pas rare que dans les flaques d'eau où s'épanouissent quelques-uns d'entre eux, la température s'élève à 56° centigrades.

En général, le corps formé par les polypes provenant du bourgeonnement et de la ramification d'un même parent a une forme déterminée. Mais de même que le port d'un arbre se modifie suivant les circonstances qu'il subit, l'assemblage formé par les polypes change d'aspect suivant les conditions dans lesquelles il se développe. Telle espèce qui se dressera et se divisera en puissants rameaux, si elle vit dans une eau calme, se ramassera, au contraire, en une colonne épaisse ou une plaque encroûtante lorsqu'elle poussera dans une mer agitée ; les vagues rabattront, étaleront et souderont ses rameaux de manière à la rendre méconnaissable. Quelle que soit l'allure de la mer, une forme déjà établie se conservera ; mais si un polypier ramifié, édifié dans une mer tranquille, vient à être brisé, alors que les eaux sont devenues agitées, le polypier se reconstituera avec la forme massive qui convient à ces nouvelles conditions. C'est une forme de défense.

Le fait le plus étonnant de l'histoire des coraux, c'est que ces puissants constructeurs ne mangent pas.

Les anémones de mer qui vivent sur nos côtes sont carnassières; M. Gravier n'a jamais rien trouvé dans l'estomac des polypes constructeurs de récifs. Le fait, déjà signalé, avait paru invraisemblable. En revanche, leurs tissus sont bourrés d'algues minuscules, diversement colorées, auxquelles ils doivent leurs teintes variées. Ce sont probablement les liquides sucrés, excrétés par ces algues, qui leur servent d'aliment. Or, les algues ne forment des substances sucrées que sous l'action du soleil, dont les rayons ne produisent guère d'effet utile au-dessous de 40 mètres de profondeur; c'est pourquoi la plupart des madrépores constructeurs de récifs ne s'implantent pas plus bas. En réalité, c'est le soleil qui les fait vivre, c'est lui qui construit les récifs et qui allonge les continents, lorsque ceux-ci viennent, comme en' Afrique et en Floride, se souder à la côte.

M. Charles Gravier a, par cette découverte, ajouté un beau chapitre à l'histoire des Madrépores.

Tout ce qui touche aux autres questions relatives à la construction des récifs, a été éclairé par Alexandre Agassiz, qui a consacré à cette étude près de la moitié d'une existence que l'on peut considérer comme le type de la carrière du savant américain *modern style*. Son père, Louis Agassiz, avait été le dernier, le plus fidèle et peut-être le plus brillant disciple de Cuvier. Né en 1807 à Orbe, canton de Vaud, professeur dès 1832 à l'université de Neufchâtel, Louis Agassiz s'illustra rapidement par les grandes conceptions qu'il sut tirer de ses observations précises. De l'étude des poissons fossiles, il avait conclu que les poissons des temps passés n'étaient que des ébauches imparfaites, dans lesquelles la nature s'essayait à construire les formes actuelles, et qu'elle détruisait pour les remplacer par d'autres mieux conçues; idée un peu enfantine, mais qui s'acheminait cependant vers la puissante doctrine de l'évolution. De l'étude des traces laissées sur leur passage par les glaciers, il avait conclu qu'un immense manteau de glace avait jadis couvert la plus grande partie des régions tempérées du Globe, et il s'est trouvé depuis que cette *période glaciaire*, durant laquelle la glace était cependant plus localisée qu'il ne le pensait, est justement celle où l'on commence à trouver des traces de l'homme. En 1846, Louis Agassiz partit pour les Etats-Unis. Eloquent, ardent, d'une infatigable activité, il organisa l'enseignement des sciences naturelles au collège Harvard, annexé à l'université de Cambridge, y créa un admirable musée zoologique, dirigea l'exploration méthodique des côtes maritimes de l'Amérique du Sud, et se fit bientôt dans le Nouveau-Monde une telle situation que malgré les sollicitations de Napoléon III, il refusa de revenir à Paris comme sénateur de l'Empire et directeur du Muséum d'histoire naturelle.

Il était malgré cela toujours à court d'argent pour ses vastes entreprises. « Mon père, me disait un jour Alexandre Agassiz, a passé sa vie à quêter; peut-être cette obligation m'aurait-elle détourné de la science si j'étais demeuré en Europe; mais j'étais en Amérique, dans le pays des fortunes rapides; les mines de cuivre étaient pleines de promesses; je résolus, avant de me consacrer tout entier à la science, d'amasser assez de capitaux pour assurer le succès et l'indépendance de mes recherches. » Il y avait réussi au delà de toutes espérances, et il put dès lors réaliser la grande entreprise qu'il a poursuivie jusqu'à la fin de sa vie.

La mer des Antilles, l'océan Pacifique sont la terre promise des madrépores constructeurs de récifs. Nulle part ces récifs ne sont plus variés.

Tantôt ils sont étroitement attachés à la terre; tantôt, comme sur la côte nord-ouest de l'Australie, ils la suivent à distance, laissant entre eux et la terre un chenal de faible profondeur; tantôt, comme aux Fidji, ils s'étendent partiellement autour d'un archipel, comme pour le défendre contre les assauts de la haute mer. Souvent ils dessinent à la surface de la mer des anneaux réguliers dont le centre est occupé par un lac tranquille, tandis que les vagues déferlent sur tout son pourtour; c'est ce qu'on nomme les *atolls*. Les Maldives sont ainsi des groupes d'atolls présentant les combinaisons les plus diverses. Le lac central de ces atolls est l'habitat de prédilection des huîtres perlières. Des mollusques, des oursins, des étoiles de mer, des poissons aux formes étranges, plus vivement colorés que les plus beaux oiseaux, que les plus beaux papillons transforment ces récifs en un brillant parterre dont les fleurs se meuvent et dont Saville Kent a représenté les splendeurs dans un des plus luxueux ouvrages d'histoire naturelle qui existent.

Darwin, nous y avons fait allusion tout à l'heure, avait cru que l'arrangement de ces formations madréporiques était dominé par le phénomène grandiose de l'affaissement de tout le fond de l'océan Pacifique, et cet affaissement expliquait la présence des nombreux volcans qui semblent entourer d'un « cercle de feu » la plus vaste étendue d'eau de notre globe.

L'idée était digne du rénovateur de la doctrine de l'évolution. Elle n'était malheureusement appuyée que sur un petit nombre de données, dont quelques-unes étaient déjà contestées au moment où Darwin émit son hypothèse, et dont la plus sérieuse succomba devant les sondages précis, opérés autour de l'île de Tahiti par des savants de la grande expédition anglaise autour du monde du *Challenger*. Louis Agassiz, soutenu par Semper, par John Murray, s'éleva d'abord contre la conclusion de Darwin. Le problème valait la peine d'être repris dans toute son ampleur. Krams au Samoa; Stanley, Gardner à Fonafuti, à Rosonna, aux Laquedives, aux Maldives; F. V. Johnes à l'atoll Keeling; T. Weyland Vaughan au laboratoire Carnegie de Dry Tortugas (Floride) s'y employèrent; mais ce fut Alexandre Agassiz qui l'attaqua dans toute son ampleur. Fort de l'expérience qu'il avait acquise par ses magnifiques explorations de la mer des Antilles, Alexandre Agassiz s'y consacra tout entier. A bord d'un navire frété par lui, il visita une à une toutes les formations madréporiques, effectuant partout de rigoureux sondages, recueillant des matériaux de toutes sortes, des collections splendides, et devant ses précisions, le drame océanique édifié par Darwin s'est évanoui.

Le Pacifique ne creuse pas incessamment ses abimes; il couvre, comme l'Atlantique, un sol qui s'élève en certains points, s'affaisse sur d'autres, et les formations madréporiques s'arrangent comme elles peuvent de ces mouvements. Partout où le sol arrive à moins de 40 mètres au-dessous du niveau de la mer, elles s'installent, si la température ne descend pas au-dessous de 20°. Leur base est souvent un cône volcanique, la crète d'une chaîne de collines submergées, où même un faite sous-marin créé par la sédimentation.

Le long de la côte de Floride, coule au large un bras du Gulf-Stream, qui en épouse la forme. Dans ce vaste courant d'eau chaude, la vie présente une intensité extraordinaire. C'est une longue route très fréquentée, le long de laquelle les animaux sèment leurs cadavres qui s'accumulent sur le fond. Celui-ci s'élève donc peu à peu; les madrépores y poussent, forment un banc qui se tient d'abord à distance de la côte, mais finit par s'y souder. Depuis le début de la période actuelle, quatre bancs se sont ainsi rattachés successivement à la côte primitive. Chacun de ces bancs a exigé près de douze mille ans pour sa formation; il a donc fallu environ quarante-huit mille ans pour constituer le récif total. Mais la Floride elle-même n'est qu'un ensemble de récifs semblables soudés à la terre; cet appareil imposant n'a pu exiger moins de deux cent mille ans pour se constituer. C'est la durée minimum de la période qui a vu apparaître les premières traces de l'activité humaine.

CHAPITRE IV

La Mer.

Résumé. — Les divinités de la mer. — Le Plancton, le Soleil et le Parlement. — Le bleu des animaux de haute mer. — Le rouge, le violet et le noir des abîmes. — Les animaux lumineux. — Le roman de Lili Villepreux. — L'Argonaute. — Les explorations sous-marines. — L'Institut océanographique du prince de Monaco. — La migration vers les abîmes.

Le mystère de la mer ne réside pas sur des côtes comme celles que bordent les bancs de coraux; la mer du large demeurée si longtemps inexplorée, ses profondeurs réputées insondables, ont été, jusque vers la seconde moitié du xix° siècle, le refuge de tout ce que l'imagination des Anciens a pu rêver de plus fantastique. On y rencontre encore, à la vérité, des sirènes et des tritons; on y peut contempler Amphitrite entourée d'un brillant cortège de divinités ou d'héroïnes formant sa cour, Néréis, Marphyse, Eunice, Hésione, Lysidice, Hermione, Syllis, etc.; les Gorgones, et la première d'entre elles Méduse; Vénus sous ses formes diverses : Aphrodite, Astarté, Cythérée; Nautilus même et les Argonautes; mais tous ces noms prestigieux ne servent plus à désigner, pour la plupart, que d'humbles coquillages ou des vers souvent luxueusement parés, d'ordinaire très délicats, qui abritent leur fragilité parmi les frondes des algues ou dans les fentes des rochers. Le nombre de ces êtres réels dépasse de beaucoup celui des êtres mythologiques de jadis, même en y ajoutant les dieux scandinaves tels qu'Odin et Freya; il s'accroît rapidement à mesure que les chaluts, les dragues et les sondes labourent le fond des océans, que de menus filets filtrent les eaux à toute distance de la surface et que des pièges tendus sur leur route ténébreuse nous ramènent quelqu'un de ces animaux craintifs que leur prudence maintient éternellement entre deux eaux.

Certains rampent sur le fond des abîmes, l'effleurent de leurs nageoires rapides, ou s'enfoncent dans la vase qui lentement s'y dépose, y meurent, et leurs restes y demeurent cachés, attendant le jour où le sol édifié par elle sera peu à peu soulevé par des forces irrésistibles, nées de la contraction du Globe, et porté vers le ciel pour former, sous un éternel manteau de neige, la crête d'une nouvelle chaîne de montagne.

D'autres organismes vivent loin des côtes où ils n'apparaissent que lorsque quelque tempête y a violemment poussé les eaux du large, se laissent, presque sans mouvement, balancer par les vagues ou nagent dans les régions à la profondeur desquelles les agitations les plus violentes de la surface se font seulement sentir sous la forme de caressantes ondulations qui finissent par s'éteindre tout à fait. Ces animaux constituent ce que Haeckel a désigné sous le nom devenu populaire, même parmi les pêcheurs, de *plancton*.

Il y a de tout dans ce plancton, qui est, par excellence, la manne nourricière des poissons. On y trouve d'abord une variété infinie d'algues microscopiques, de diatomées, qui vivent solitaires ou en petites sociétés et qui sont en nombre prodigieux; il y en a cinq milliards par mètre cube dans les eaux de l'Islande. M. L. Mangin a eu la patience de déterminer et d'énumérer celles qui vivent sur nos côtes [1]. Presque seules elles sont capables, sous l'action bienfaisante des rayons solaires, de former avec les eaux de la mer et l'acide carbonique qu'elles tiennent en dissolution des combinaisons analogues à l'amidon, au sucre, au papier qui se transforment elles-mêmes, par des réactions nouvelles, en ces substances azotées dont est formée toute matière vivante. D'infimes animaux microscopiques se nourrissent de ces algues, d'autres cohabitent avec elles et vivent de leur superflu, de petits crustacés, des copépodes, avalent pêle-mêle tout ce fretin et constituent, à leur tour, une proie plus substantielle dont se contentent une foule d'animaux, notamment les anchois, sardines, harengs et maquereaux, manne bénie des pêcheurs. Des poissons carnassiers, les morues, les thons se ruent sur les bandes innombrables de ces modestes mangeurs; des cohortes sans fin de calmars accourent à la curée, et dans tout ce monde d'affamés, les requins, les marsouins, les orques, les dauphins, les cachalots viennent faire de sombres trouées. Quand les diatomées abondent et flottent près de la surface, toute cette vie évolue à fleur d'eau, à portée des filets des pêcheurs; le poisson arrive abondant sur les marchés; un vrai peuple d'ouvriers et d'ouvrières, occupé à assurer sa conservation, se presse dans les usines du littoral; l'aisance se répand jusque dans les plus humbles demeures. Mais que les diatomées fuient la surface: elles entraînent avec elles leur luxuriante clientèle dans des profondeurs pas bien grandes, mais cependant hors de la portée des filets; la pêche fait faillite, les usines aussi; les populations maritimes s'agitent, réclament des subsides qu'il n'est pas toujours possible de leur donner, organisent des

[1]. L. Manoin: *Les Algues du plancton. Revue générale des sciences*, t. XIX.

meetings et des grèves; les députés interpellent les ministres; des complots sont ourdis dans les couloirs à la faveur du mécontentement général, et les cabinets s'écroulent. Tout cela est la faute du Soleil. C'est en effet lui qui règle l'alimentation des diatomées, l'active et favorise leur multiplication quand il est brillant, la laisse languir quand il se voile. C'est également lui qui soulève les vents, leur donne la puissance nécessaire pour creuser les vagues, les projeter contre les côtes, qu'elles désagrègent et dont elles emportent les débris. Les rayons du soleil ne pénètrent plus les eaux ainsi troublées, les diatomées meurent ou s'enfoncent dans les régions tranquilles avec tout leur cortège, et les filets trop courts reviennent vides à bord des bateaux.

Tous les hommes de science qui s'intéressent à ce qui se passe dans l'Océan se sont donc mis avec ardeur à l'étude de ce plancton duquel dépendent l'aisance de si nombreuses populations et la tranquillité des hommes politiques. On a inventé pour cette étude une longue série d'appareils qui ont eu pour origine l'humble filet dont se servait, il y a trois quarts de siècle, le physiologiste allemand Johannes Müller pour pêcher des embryons dans la mer. Le filet à plancton actuel est tout simplement un grand filet à papillons fixé au bout d'un long manche et qu'on plonge dans l'eau en laissant l'embarcation à bord de laquelle on se trouve, aller à la dérive. Le filet est fait avec l'étamine de soie qu'on emploie pour les blutoirs à tamiser la farine. Cette étamine est tissée plus ou moins serré; on en fabrique dont les mailles ont un millimètre carré, d'autres où dans ce minime espace on peut compter soixante mailles et qui ne laissent échapper, en conséquence, que de très petits organismes; mais on est allé, pour ne rien perdre, jusqu'à fabriquer des filets de satin. Les collaborateurs du prince de Monaco, MM. Richard et

Bourée, ont perfectionné cet instrument primitif de telle façon qu'il peut pêcher à toutes les profondeurs et sonder l'Océan à tous ses étages, soit successivement, soit simultanément, plusieurs filets pouvant être suspendus à un même câble immergé verticalement. Avec ces appareils, on a réussi à se faire une idée de l'abondance des organismes dans l'eau de mer la plus pure en apparence. De la baie des Poissons (Fish Bay) au cap de Bonne-Espérance, le filtrage d'un mètre cube d'eau de mer a fourni un tiers de litre de matière vivante ; ce tiers de litre contenait huit mille millions de diatomées et treize cents œufs de poissons. Rien qu'en ce qui concerne les poissons, on a calculé que la baie entière, qui a deux cents kilomètres carrés de surface, contient cent soixante-six mille six cents millions d'œufs et cent dix-sept mille millions de poissons venant d'éclore.

Au voisinage des côtes, le plancton est particulièrement riche ; beaucoup d'animaux qui, à l'état adulte, vivent sur le fond ont, quand ils viennent d'éclore, une forme toute différente de leur forme définitive ; ce sont alors de très habiles nageurs, mais si frêles que le moindre frôlement leur serait fatal ; c'est le cas, par exemple, pour les crevettes, les soles et les langoustes. Bien différentes en cela des homards, les langoustes, à leur naissance, et assez longtemps après, ont la forme d'une sorte de feuille transparente comme du cristal, et qui serait munie de longues et grêles pattes bifurquées ; les crevettes sont tout aussi méconnaissables, et les soles sont de petits poissons, transparents eux aussi, et ventrus, dont les deux yeux, bien symétriques, n'ont pas encore passé sur le même côté de la tête, comme chez l'adulte. Les éponges, les polypes, les étoiles de mer, les oursins, les balanes, si désagréables pour les baigneurs, la plupart des vers marins, des coquillages qui sont fixés au fond de la mer ou rampent péniblement sur ce fond ont aussi des larves nageuses. Ces larves se mêlent aux organismes destinés à flotter ou à nager toute leur vie et augmentent d'autant le plancton côtier.

Le plancton du large est plus pauvre, mais en revanche il est formé d'animaux plus étranges ; il se recrute d'ailleurs à toutes les profondeurs, car des espèces qui vivent habituellement loin de la surface y sont souvent ramenées par les tempêtes ou d'autres accidents. Il en est même qui remontent périodiquement, chaque jour, du fond vers la surface. Ces organismes du plancton appartiennent à toutes les classes du règne animal, sauf celle des éponges, et ils peuvent atteindre toutes les tailles. Vivant dans des eaux tranquilles, de température presque constante, à peine pourchassés, ils atteignent souvent une taille bien plus grande qu'au voisinage des côtes. On trouve, par exemple, dans la Méditerranée, et même sur les rives de la Manche, des beroës, des callianyres, des cestes semblables respectivement à des dés à coudre, à des mitres d'évêque, à de larges ceintures ondulantes, d'une transparence absolue, qui nagent au moyen de longues rangées de délicates palettes irisées, déchiquetées en forme de peigne, et semblent emportés dans l'eau bleue par des bandelettes d'arc-en-ciel. Sous les tropiques, à bord du *Talisman*, j'ai vu se balancer mollement près des flancs du navire des callianyres qui avaient certainement 2 mètres de long; personne n'a jamais revu, je crois, de semblables merveilles; ils ont, près des côtes, quelques centimètres de hauteur. On recueille assez souvent, près de nos côtes, des pyrosomes, sortes de manchons cristallins dans lesquels semblent enchâssés des rubis et qui s'illuminent la nuit, au moindre contact, des plus vives lueurs. Ce sont les pyrosomes, dont le nom signifie corps de feu ; le pyrosome géant de la Méditerranée a 15 centimètres de long ; des régions tropicales j'en ai rapporté un, actuellement exposé au Muséum, qui avait, lorsqu'il était vivant, plus de 2 mètres de haut. J'ai cru pouvoir le nommer *Pyrosoma excelsior*. On en a trouvé depuis qui atteignaient 4 mètres.

Ces animaux pélagiques ont de remarquables caractères communs. Ils sont d'une telle légèreté qu'ils se maintiennent naturellement entre deux eaux ; très souvent leur forme est globuleuse, comme s'ils étaient gonflés par le liquide dont ils ont la transparence ; les uns sont incolores comme du diamant, d'autres d'un bleu de saphir ; c'est le bleu même de l'eau de mer pure, aussi bien dans l'Océan, loin des côtes, que dans la Méditerranée à qui l'on attribue à tort ce privilège. Dans la mer tout ce qui est bleu est invisible. Les poissons de haute mer qui vivent près de la surface : les sardines, les maquereaux, les thons, les espadons et beaucoup d'autres ont de même le dos teinté de bleu et le ventre argenté.

Les animaux qui habitent plus profondément ne sont plus bleus, mais rouges, violets ou noirs. Plus d'une fois, à bord du *Talisman*, nous avons vu les chaluts revenir remplis de milliers de crustacés semblables à des crevettes, mais d'un rouge éclatant ou d'un brillant violet améthyste, et nous nous rappelions involontairement la fameuse définition de l'écrevisse : petit poisson rouge, etc. Beaucoup de poissons pélagiques revêtent aussi ces couleurs voyantes ; elles n'ont pour eux aucun inconvénient dès qu'ils plongent. Les objets rouges nous paraissent tels parce qu'ils réfléchissent les rayons rouges de la lumière solaire en plus grande quantité que les autres ; or l'eau absorbe ces rayons, et c'est pourquoi elle paraît bleue. Aucun rayon rouge n'arrivant à une certaine profondeur, il est évident que les animaux rouges ou violets ne sauraient en réfléchir ; ils paraissent donc bleus ou noirs, et se confondent, par suite, avec le milieu qui les entoure.

Ce milieu, hâtons-nous de le dire, n'est pas aussi sombre qu'on serait tenté de le croire. A la surface du sol, bien peu d'animaux sont lumineux; à peine pouvons-nous citer, aux environs de Paris, le modeste ver luisant auquel s'ajoute dans le Midi la magie de ces étincelles volantes qu'on appelle les lucioles. En mer, c'est tout autre chose. A certains jours, sur de vastes étendues, l'eau paraît laiteuse, tant elle contient de petits êtres semblables à des grains de mil : ce sont des noctiluques. Cette abondance des noctiluques s'explique : chacune d'elles donne régulièrement naissance, d'un seul coup, à 512 embryons. La nuit par les temps orageux, quand la mer est houleuse, tous ces petits êtres s'illuminent, les crêtes des vagues deviennent phosphorescentes aussi loin que la vue puisse s'étendre.

D'autres organismes de surface des Infusoires, des larves de Crustacés peuvent aussi rendre la mer lumineuse; mais la propriété de produire de la lumière devient presque générale chez les animaux des grands fonds. En certaines régions, les rochers sous-marins sont couverts d'arbrisseaux flexibles, construits par des animaux semblables à ceux du corail : ce sont des gorgones. Le marquis de Folin a vu le chalut du *Travailleur* remonter tout plein de ces gorgones; elles étaient tellement lumineuses « qu'elles firent pâlir les vingt fanaux qui devaient éclairer les recherches; ils cessèrent, pour ainsi dire, de luire aussitôt que les polypiers se trouvèrent en leur présence. Cet effet inattendu produisit d'abord une stupéfaction générale; puis on porta quelques spécimens dans le laboratoire, où les lumières furent éteintes. Ce fut un instant de magie; de tous les points des tiges principales et des branches des polypiers, s'élançaient, par jets, des faisceaux de feu dont les éclats s'atténuaient, puis se ravivaient pour passer du violet au pourpre, du rouge à l'orangé, du bleuâtre aux différents tons du vert, parfois au blanc du fer surchauffé. Tout cela était bien autrement beau que la plus belle pièce d'artifice ». Beaucoup d'autres polypes, des méduses telles que la pélagie noctiluque, de grandes étoiles de mer, des vers très nombreux, des mollusques tels que les cléodores, qui voyagent en mer par bancs innombrables, ou les pholades qui perforent les roches calcaires, des requins même sont ainsi capables de briller d'une phosphorescence générale. Mais bien plus singuliers sont certaines crevettes, certains poissons et certaines pieuvres, pourvus de véritables appareils d'éclairage qui présentent souvent une structure rappelant celle des yeux; les yeux de certains petits crustacés remplissent même cette double fonction d'illuminer et de voir. Ces yeux de feu, qui ne laisseraient pas d'être quelque peu effrayants s'il s'agissait d'animaux de grande taille, ces lanternes vivantes peuvent avoir la complication d'un phare. M. L. Joubin les a étudiés chez une espèce de pieuvre qu'il a découverte[1]. L'organe producteur de lumière est ici accompagné de tout un jeu déconcertant de lentilles concentrant cette lumière, de miroirs servant de projecteurs, d'écrans réglant sa direction. Quelle a pu être l'origine d'organes aussi compliqués?

Le professeur Chun, qui a décrit dans un magnifique ouvrage les innombrables pieuvres nageuses[2] de haute mer, a eu l'occasion d'admirer un de ces poulpes dont la tête portait toute une couronne de ces organes lumineux. « On pouvait croire, dit-il, que l'animal était orné d'un diadème de gemmes brillantes d'un bleu d'outremer entre les yeux, semblables à des perles sur les côtés, lançant des feux d'un rouge rubis au-dessous du front, d'un blanc de

---

[1]. L. Joubin. *Le Monde de la Mer*. Flammarion, éditeur.
[2]. Expédition de la *Valdivia*.

neige au-dessus, avec sur le milieu une étoile bleu de ciel; c'était un merveilleux spectacle. »

Les ténèbres des régions profondes de la mer sont bien des ténèbres puisque la lumière du soleil n'y pénètre pas ; mais ce sont les ténèbres étoilées des nuits de nos grandes villes, illuminées de mille façons. On ne sera donc pas étonné que certains animaux aient perdu leurs yeux dans cette obscurité, et que d'autres les aient perfectionnés. J'avais déjà fait remarquer autrefois[1] que les crustacés nageurs, analogues aux crevettes, se rangent dans la deuxième catégorie; les crustacés de fond, qui marchent comme les crabes et les écrevisses, dans la première. Il est bien évident qu'un animal à natation rapide, incapable de se renseigner de loin sur ce qui l'entoure, s'écraserait contre tous les obstacles et serait dans des conditions très inférieures à celles d'un prudent marcheur qui s'avancerait à tâtons; le mode de répartition des yeux entre les deux groupes de crustacés est donc une nécessité. Il est clair d'autre part que les animaux nageurs sont, pour ainsi dire, tombés rapidement de la surface dans les régions obscures, tandis que les animaux marcheurs les ont lentement gagnées par le fond ; cela suffit à expliquer que les premiers, susceptibles d'ailleurs de remonter, aient conservé leurs yeux, et que les seconds les aient perdus peu à peu, sans qu'il soit besoin d'avoir recours, comme Dœflein, à la structure de leurs larves, structure que celles-ci ne peuvent d'ailleurs tenir que de leurs parents.

*
* *

Ce n'est pas d'hier que le monde de la mer a exercé sa fascination sur les imaginations. Cette fascination nous a valu une histoire qui ressemble à un conte

[1]. E. PERRIER : *Les Explorations sous-marines*, Hachette, éditeur.

de fées bien que son dénouement ne remonte pas au delà de quarante ans.

Comme les contes de fées, elle est emplie, en effet, de choses merveilleuses ; elle commence comme beaucoup d'entre eux : « Il était un jour une bergère... » Et la bergère, tout comme Peau d'Ane, est découverte par un prince Charmant qui en fait mieux qu'une reine, une femme exquise, de la plus haute distinction, partout aimée, partout recherchée, partout adulée, parlant toutes les langues, à l'aise dans toutes les sociétés scientifiques, qui se la disputent — elle faisait partie de quinze d'entre elles, — observatrice de premier ordre, auteur de nombreuses découvertes en histoire naturelle, n'ayant rien cependant des femmes savantes de Molière ni des princesses de science d'aujourd'hui, jolie à énamourer les anges et demeurée charitable jusqu'à la fin de sa vie, qui se termina dans un modeste bourg de la Corrèze, presque au moment de la capitulation de Paris, le 25 janvier 1871. Elle était née dans ce même bourg de Juillac soixante-dix-sept ans auparavant, le 28 septembre 1794. Son existence tout entière s'était écoulée entre les deux plus grandes révolutions qui aient secoué notre pays.

Son père, Pierre Villepreux, était agent salpêtrier, et les soins qu'exigeait une nombreuse famille dépassaient les forces de sa mère, Jeanne Nicaud.

Dès que la fillette qui s'appelait aussi Jeanne sur les registres de l'état civil et gentiment Lili dans l'intimité, fut en état de servir, on en fit une bergère, qui gardait vaches et moutons chez un propriétaire voisin. Certes, la jeune fille n'avait jamais entrevu dans ses rêves les houlettes enrubannées des bergères de Trianon, et elle n'avait pas davantage entendu parler des Estelle de M. de Florian. C'est peut-être pour cela que, simple et naïve, elle fit une telle impression sur le cœur du fils de la maison que les parents s'émurent et congédièrent sans pitié la douce bergerette.

« A seize ans, comment faire pour défendre son cœur? », chantent à l'Opéra-Comique les compagnes de la victime de *Zampa*. La tendre Lili n'avait pu défendre le sien. La rupture forcée lui fit un tel chagrin qu'elle prit la résolution d'aller le cacher, peut-être le guérir à Paris, qui fascinait déjà les jeunes filles, et où on lui offrait un emploi. Le trajet était long; un cousin, marchand de bœufs, faisait justement le voyage; on lui confia la pauvrette. Avec un pareil rustre, l'intimité de la diligence n'était pas sans danger. Le cousin se montra entreprenant; mais Lili n'était pas Manon. A Orléans, elle se plaça délibérément sous la protection du « magistrat de la police ». Celui-ci, sous prétexte de caution, commença par la délester du plus clair de son avoir, exigea qu'elle écrivît au pays pour avoir de son père un consentement formel à la continuation de son voyage, et la retint en attendant quasiment prisonnière. M. Louis de Nussac a retrouvé, à la mairie de Juillac, la lettre écrite d'une main tout à fait enfantine, où elle sollicite ce consentement. Enfin elle put partir, voiturée charitablement en surcharge, par des rouliers qui se rendaient à Paris; mais tous ces retards avaient impatienté ses futurs maîtres, et, quand elle arriva, la place qu'on lui avait offerte était prise.

Il fallait se mettre en quête d'une autre situation, et Lili, le cœur bien gros, dut se résigner à battre à l'aventure les rues de Paris. Les larmes qui emplissaient les yeux de l'infortunée ne l'empêchaient pas d'admirer, tandis qu'elle errait ainsi, la bourse et l'estomac aussi vides l'un que l'autre, les fastueux étalages que ne connaissait pas Juillac. On n'est pas jeune et jolie pour rien. Les vitrines des modistes avaient pour elle un attrait bien pardonnable. Un jour, tandis qu'elle contemplait les capotes fleuries et pomponnées où s'engouffrait la tête de nos grand'-mères, la bonne faiseuse qui présidait à leur confection vint, comme on dit, sur le pas de la porte. Touchée de la mine tout à la fois candide, soucieuse et émerveillée de la jeune promeneuse, elle la questionna, fut enjôlée par ses réponses et incontinent la prit en apprentissage. C'était le salut. Lili fut une apprentie modèle. Brûlant les étapes, elle était en 1816 première dans le magasin qui s'était agrandi, travaillait maintenant pour les cours étrangères, et avait ajouté l'article « robes et manteaux » à l'article « capotes et chapeaux ». C'est ici qu'apparait la princesse, indispensable dans tout conte de fées bien ourdi, en la personne de Marie-Caroline-Ferdinande-Louise de Bourbon, fille de Ferdinand Ier, roi de Naples; elle allait épouser le malheureux duc de Berry, fils de Charles X. Pour les fêtes du mariage, la princesse avait commandé une robe de cérémonie que Lili, devenue Jeannette, avait couverte de magnifiques broderies. Suivant l'usage, la robe terminée avait été mise à l'étalage; un riche Irlandais de passage à Paris, James Power, esquire, s'arrête devant elle, l'admire, demande à voir l'artiste qui a créé une semblable merveille. L'artiste ne le séduit pas moins par son esprit et sa beauté que par la merveille sortie de ses doigts de fée. Quelques mois après — les Irlandais vont vite — Jeannette Villepreux, qui avait failli pleurer, comme Mignon, dans les roulottes, partait comme elle au pays de l'oranger, et, dûment instruite au préalable, devenue mistress James Power, s'établissait à Messine.

La petite bergère qui, en 1812, gribouillait l'informe demande par laquelle elle sollicitait de son père la permission de continuer son voyage vers Paris parle maintenant et écrit couramment plusieurs langues, éblouit par sa beauté et son esprit l'aristocratie napolitaine, est présentée à la cour, se lie avec de grandes dames comme la duchesse de Belviso, avec des savants comme le professeur Maravigna, de Catane, et entreprend une exploration archéologique, artistique et scientifique de la Sicile. Ses recherches personnelles aboutissent en 1842 à la publication d'un *Guide en Sicile* admirablement documenté; mais ce qui l'attire par-dessus tout, c'est l'observation des animaux marins. Le détroit de Messine est célèbre parmi les naturalistes. Les plus merveilleux hôtes des mers s'y donnent rendez-vous; c'est là que Delle Chiaje, Milne-Edwards, de Quatrefages, Blanchard, Hæckel, Hermann Fol et bien d'autres ont rencontré les êtres déconcertants qu'ils se sont appliqués à décrire, et notamment ces étonnants siphonophores, pareils à des lustres vivants, formés par l'assemblage de polypes et de méduses multicolores et chatoyantes, laissant flotter au gré des flots les pendeloques tout à la fois étincelantes et venimeuses au moyen desquelles elles capturent les poissons.

Pour étudier tout ce monde nouveau pour elle, Jeanne Power, dont le mari est devenu directeur des télégraphes sous-marins anglo-italiens, crée un véritable laboratoire maritime muni d'aquariums, de cages flottantes, permettant de conserver en pleine mer les animaux pélagiques à qui l'eau pure est indispensable et de les observer cependant à loisir, tandis que tout un attirail d'embarcations, de dragues et de filets est organisé pour les capturer. Jeanne Power fut ainsi la véritable initiatrice de ces laboratoires qu'ont développés plus tard Henri de Lacaze-Duthiers à Roscoff et à Banyuls-sur-Mer, Anton Dohrn à Naples, le prince Albert Ier à Monaco, et qui s'échelonnent aujourd'hui sur toutes les côtes, tant en Europe qu'en Amérique.

Dans ses bacs, dans ses aquariums, dans ses cages flottantes, mistress Power élève des poissons, des poulpes, des coquillages, des crustacés, les nourrit, fait sur eux une foule d'observations nouvelles qu'elle communique aux sociétés savantes dont elle est membre assidu et qui la mettent en rapport avec Richard Owen, de Blainville, Sander Rang, Sowerby, etc. Elle éclaire en particulier le mystère qui depuis la plus haute antiquité planait sur l'argonaute.

L'argonaute se rencontre assez souvent au large, dans la Méditerranée et dans les mers chaudes. Il se tient le jour caché dans la profondeur des eaux et remonte seulement par les nuits calmes à la surface, où des miliers d'individus naviguent, dit-on, de conserve. Il mène ainsi une existence doublement dissimulée par le voile impénétrable à l'œil, des vagues et par l'obscurité de la nuit. Aristote le connaissait déjà cependant, et l'appelait nautile ou pompyle.

C'est une sorte de poulpe logé dans une gracieuse coquille semblable à un esquif pourvu d'une vaste proue recourbée en crosse, fait d'une mince lame flexible, à demi transparente comme de la fine porcelaine, orné tout le long de sa carène d'une double rangée de tubercules, et sur ses flancs de côtes mollement onduleuses, convergeant vers le sommet de la proue. L'animal apparaît lui-même comme un véritable bijou d'argent poli, brunissant légèrement sur sa face inférieure, se teintant de vert sur la face opposée, rehaussé dans son éclat métallique par une multitude de points brillants, disséminés sur toute sa surface comme une poussière à reflets changeants de saphirs et de rubis.

L'argonaute ne diffère d'ailleurs des poulpes ordinaires que parce que deux des huit bras qui entourent sa tête s'élargissent à leur extrémité en une mince et large palette de forme ovale. Que fait-il de ces deux bras? Aristote contait que le pompyle avait enseigné aux compagnons de Jason allant conquérir la toison d'or, l'art de la navigation à la voile. Sa coquille, dans laquelle il est simplement posé, sans attache d'aucune sorte, qu'il peut quitter et réintégrer à volonté, n'était pour lui, disait-il, qu'une nacelle lui permettant de flotter à la surface de la mer par les temps calmes ; il élevait alors ses deux bras palmés au-dessus des eaux, et se laissait doucement pousser par la brise. Les navigateurs de l'antiquité vénéraient ce précurseur dont la rencontre était pour eux un présage d'heureuse traversée.

Longtemps les naturalistes adoptèrent la poétique légende qu'ils consacrèrent même en échangeant le nom de nautile ou de pompyle attribué à un autre animal, contre celui d'argonaute. L'argonaute d'ailleurs demeurait en bien des points mystérieux. Sa nacelle, à laquelle rien ne l'attachait, était-elle bien sa propriété ? Ne la volait-il pas comme fait le bernard-l'ermite à quelque autre mollusque au préalable dévoré ? S'il la fabriquait réellement, comment s'y prenait-il ?

D'autre part on ne rencontrait jamais que des argonautes femelles. La conception virginale était-elle donc la règle chez ces singuliers animaux, et s'il existait des mâles, vivaient-ils à part, à des profondeurs inconnues d'où les femelles remontaient à certaines époques, ou bien étaient-ils, comme cela arrive chez d'autres animaux, tellement différents des femelles qu'on les méconnaissait ?

Jeannette Power eut la chance de voir les argonautes sinon faire de toutes pièces, du moins réparer leur nacelle ; elle était donc bien à eux. Elle s'assura que la palmure de leurs bras n'est pas une voile, mais plutôt une façon de truelle qui tout à la fois produit, étale et distribue la délicate porcelaine flexible, si l'on peut dire, dont est construit ce frêle esquif ; l'argonaute use d'ailleurs de ses bras pour maintenir celui-ci et nage comme les autres poulpes à reculons, en projetant violemment loin de lui l'eau contenue dans la poche respiratoire, située sur sa face ventrale.

La légende d'Aristote était morte désormais ; un premier mystère était éclairci. Restait à dévoiler celui de la reproduction.

Les pêcheurs trouvent parfois dans leurs filets un gros ver bien vivant, pourvu de si nombreuses ventouses que Cuvier l'avait baptisé du nom d'*hectocotyle*, qui signifie en grec « ver aux cent ventouses », comme on appelle vulgairement les scolopendres « bêtes à cent pieds » ou même « bêtes à mille pieds » bien qu'elles n'aient, en général, qu'une cinquantaine de pattes. Il donne ce ver comme un parasite de certains poulpes, notamment de l'argonaute, et comme pénétrant parfois jusque dans leur chair. Il s'étonne d'ailleurs de sa frappante ressemblance avec un bras de poulpe, et prévient que cette ressemblance donnera lieu sans doute à quelques-unes de ces divagations philosophiques pour lesquelles il professait peu de tendresse.

Il ne se trompait qu'à demi. J'avais un jour disposé sur une planchette de mon cabinet toute une série d'hectocotyles, lorsque je reçus la visite d'un illustre anatomiste allemand, Albert von Kœlliker. Jetant sur mes bocaux un coup d'œil mélancolique : « Voilà, me dit-il du ton le plus navré que puisse prendre un homme qui s'est trompé, la plus grosse erreur de ma vie. Comment ai-je pu décrire cela comme le mâle de l'argonaute, dégénéré à ce point qu'il se réduisait à un seul bras ? Comment ai-je cru y découvrir, à l'état rudimentaire il est vrai, tous les organes d'un véritable poulpe et me suis-je imaginé avoir établi de la sorte sur des bases définitives un des faits les plus merveilleux que les sciences naturelles aient eu à enregistrer ? » L'imagination joue ainsi parfois de mauvais tours aux savants, mais ils ne sont pas les seuls à se laisser circonvenir par ses séductions.

Jeannette Power devait découvrir dans ses bacs le véritable argonaute mâle. C'est un poulpe comme les autres, mais tout petit par rapport à la femelle; il n'a pas de nacelle, pas de bras palmés; il présente cependant lui aussi une singularité : un de ses huit bras prend un développement exagéré, et ce bras n'est pas autre chose que l'énigmatique hectocotyle de Cuvier. Dans les mariages entre poulpes, le mâle offre littéralement un de ses bras à sa conjointe; ce bras nuptial est toujours le même pour chaque espèce, mais sa place change d'une espèce à l'autre. Il revêt toujours une forme particulière; ses caractères spéciaux s'exagèrent énormément chez l'argonaute et quelques autres poulpes; il atteint alors un tel volume que sa base n'apparaît plus que comme un grêle pédoncule qui le relie à la tête du mollusque et se brise au moindre effort. L'argonaute, lorsqu'il fait sa cour, abandonne régulièrement ce bras à sa compagne, qui le conserve précieusement, et c'est ce gage de tendresse, demeuré vivant malgré son isolement, qui fut pris par Cuvier pour un vulgaire parasite. Ce n'est pourtant pas un gage de fidélité. Le bras abandonné par le mâle ne tarde pas à repousser; il se développe d'abord à l'abri d'un sac qui se fend et le laisse apparaître lorsqu'il a pris son organisation définitive. L'argonaute mâle est prêt alors à convoler avec une nouvelle fiancée. La nacelle des femelles n'est autre chose que le berceau dans lequel elles gardent leur progéniture.

Il est très rare que les argonautes échouent à la côte. Un naturaliste de Nice nommé Verany, de qui je tenais justement les hectocotyles qui émurent von Kœlliker, en a conservé assez longtemps; il a vu les femelles user de leurs bras palmés comme de rames pour nager; il les a vues évoluer, plonger en renversant leur nacelle, remonter et la redresser à la surface de l'eau; mais Lacaze-Duthiers, qui a observé, lui aussi, un argonaute vivant dans ses bacs de Banyuls, n'a jamais constaté ces changements d'attitude. Bien que l'animal happât habilement à l'aide de ses ventouses les petits alevins qu'on lui offrait comme nourriture, il a toujours conservé tous ses bras appliqués contre sa nacelle, à l'extérieur, ou dissimulés à son intérieur, usant uniquement pour nager du recul que lui imprimait l'expulsion de l'eau contenue dans sa poche ventrale.

Il y a donc beaucoup à apprendre encore sur l'argonaute, mais la découverte de la plus singulière partie de son histoire s'ajoute aux merveilles dont la vie de Jeannette Villepreux a été constamment semée.

La pauvre femme s'était, durant le siège de Paris, réfugiée au village natal, tandis que James Power demeurait parmi les défenseurs de notre capitale. Tous deux reposent aujourd'hui au cimetière de Juillac, dans une tombe abandonnée, récemment découverte par M. Louis de Nussac, qui a reconstitué la romantique histoire de Lili Villlepreux, déjà esquissée par un savant limousin, le mathématicien Alphonse Rebière.

*
* *

Si la mer séduit les bergères elle possède aussi le pouvoir de séduire les princes.

Le fronton d'un monument orné d'un élégant campanile qui s'élève depuis peu au coin des rues Saint-Jacques et Gay-Lussac, sur l'emplacement de l'ancien couvent des dames de Saint-Michel, porte l'inscription *Institut océanographique* entourant les armes parlantes des princes de Monaco. C'est le pendant d'un autre édifice récemment inauguré à Monaco même, de la façon la plus solennelle, d'un *Musée océanographique*, grandiose fondation, comme l'Institut océanographique de Paris, du prince Albert Ier. Quelle est la destination de ces deux grands établissements, ou pour parler bref, qu'est-ce que l'océanographie?

La contre-partie de la géographie, pensez-vous.

Sans doute, mais la géographie s'attaque à quelque chose de stable et de précis. Elle ne se borne pas à décrire les contours des continents, qui sont aussi d'ailleurs ceux des océans ; elle s'attache à un sol dont elle note minutieusement les reliefs et les dépressions ; elle étudie ses productions naturelles ; elle scrute les caractères et les mœurs des hommes qui mettent en œuvre ses richesses ; suit le cours des rivières et des fleuves, glisse sur les eaux des lacs, escalade les cimes glacées, étudie les effets du rayonnement solaire sur cette surface si accidentée qui présente, avec des orientations diverses, tous ses points à l'astre central duquel elle se rapproche et s'éloigne tour à tour, et en déduit ce qu'on appelle les climats. Rien de pareil sur l'Océan.

L'énorme étendue de la surface des eaux, sans cesse mobile et agitée, échappe à toute description. Les vents qui la soulèvent et la tourmentent naissent on ne sait où et, quand ils se rencontrent, forment les gigantesques tourbillons, les cyclones, qui volent en ricochant comme de gigantesques projectiles à la surface des mers. Décrire ces mouvements terribles et désordonnés semble plutôt l'œuvre de la poésie que de la science ; aussi n'est-ce pas à la mer en furie que s'adresse l'océanographie, mais à la mer paisible et bienfaisante, sillonnée de fleuves aux rives invisibles, de courants qui portent vers les pôles la chaleur des tropiques, à la mer édificatrice qui élabore dans ses abîmes les assises de pierre dont seront faits les continents futurs, à la mer abritant dans son sein, depuis sa miroitante et mobile surface jusque dans ses calmes et sombres profondeurs, le mystérieux et incessant travail de la vie.

Jusqu'à la dernière moitié du siècle précédent, presque seuls les navigateurs, si souvent ses jouets, l'avaient étudiée quelque peu, juste assez pour établir leur route et échapper à ses colères. Ils avaient noté

ses mouvements périodiques, et vaguement dessiné
ses courants. Des êtres qu'elle nourrit, on ne connaissait guère que ceux qui se prennent dans les filets
des pêcheurs ou qui vivent immédiatement sur le
rivage. En existait-il d'autres? Des recherches faites
en 1843 par Edward Forbes dans la mer Egée semblaient indiquer qu'à partir de 80 mètres la mer était
inhabitée, et on ne manquait pas de bonnes raisons
pour appuyer cette conclusion. L'eau éteint peu à
peu les rayons de lumière qui la traversent. Il fait
donc tout à fait noir dans les abimes océaniques. Or,
seule la lumière crée la vie ; par elle les végétaux font
de la substance vivante avec de l'acide carbonique,
de l'eau et quelques composés de l'azote ; ils ont le
privilège exclusif de cette faculté ; les animaux sont
obligés de leur emprunter tous les matériaux dont ils
font leur chair. Là où il n'y a que ténèbres, il ne
saurait y avoir de vie.

Si bien déduites que fussent ces conclusions, moins
de vingt ans après les recherches de Forbes, l'événement leur donnait un éclatant démenti. En 1860,
le Dr Wallich, au retour d'une campagne entreprise
par le *Bulldog* au Groënland et à Terre-Neuve, affirma
la richesse du fond de l'Atlantique. En 1861, le câble
sous-marin qui reliait la France à l'Algérie par des
profondeurs atteignant 2.800 mètres se rompit justement dans ces régions profondes. Les morceaux relevés portaient tout un petit monde de coraux et de
polypes divers qui s'étaient développés à leur surface.
Ils furent étudiés par Alphonse Milne-Edwards. La
raison n'avait pas raison : il fut établi qu'en dépit de
toutes les vraisemblances, des animaux pouvaient
vivre à près de 3.000 mètres de profondeur. Oh ! il
n'y en avait pas beaucoup. Les abîmes de la Méditerranée à qui l'on doit cette révélation sont justement les plus misérablement peuplés ; il y fait trop
chaud : treize degrés ! Les animaux des ténèbres

ne s'accommodent que de températures glacées, peut-être parce qu'elles tuent les microbes malfaisants.

A peine le problème de la vie au fond des mers était-il posé que de tous côtés on s'ingéniait à l'aborder. Les Norvégiens tirèrent les premiers de leurs fjords d'étranges créatures, parfois splendides comme cette étoile de mer semblable à un soleil pourvu de onze longs rayons de rubis, si belle que le naturaliste-poète Absjorn-Absjornssen, qui la découvrit, choisit pour la nommer le nom de *Brising*, le précieux anneau de la déesse Freya. Puis vinrent les Anglais, les Américains, les Français, qui dans des expéditions célèbres ramenèrent du fond des océans dont la température avoisine celle de la glace une multitude d'animaux inconnus, quelques-uns rappelant des êtres qui vécurent à une époque lointaine, mais que l'on croyait à jamais disparus. Ceux-ci n'ont pas été aussi nombreux qu'on l'avait d'abord espéré.

Les hommes regrettent quelquefois que la brièveté de leur existence ne leur permette pas d'assister à ce qui se passera sur la Terre dans un ou deux siècles; mais, comme ils n'ont que d'insuffisantes données pour le prévoir, l'avenir leur paraît toujours fort vague et, faute d'aliment positif, leur regret demeure tout à fait platonique. Il n'en est pas de même du passé; si peu exactes que soient, en général, l'histoire, les légendes et les chroniques, si ruinés que soient les monuments, ils nous en racontent quelque chose et nous font d'autant plus désirer savoir ce qu'ils ne nous racontent pas. Combien de fois entend-on dire, surtout par les femmes : « Comme j'aurais voulu vivre du temps des Athéniens, du temps d'Henri III, de Louis XIII, etc. » On s'attache à l'archéologie parce qu'elle restitue les monuments d'autrefois; à la paléontologie parce qu'elle ressuscite les êtres du temps passé; à la géologie parce qu'elle refait sur pièces l'histoire de la Terre, et Cuvier dut la plus grande part de sa rapide et prodigieuse fortune scientifique, littéraire et politique à ce qu'on vit en lui le grand évocateur d'un monde disparu. C'est une évocation de ce genre que Louis Agassiz comptait réaliser lorsqu'il s'embarqua, en 1872, sur le *Hassler* pour explorer les grands fonds côtiers de l'Amérique du Sud. « Nous devons nous attendre, écrivait-il à B. Peirce, surintendant du Coast-Survey des Etats-Unis, à trouver au plus profond de l'Océan des représentants de ces types d'animaux qui prédominaient dans les anciennes périodes géologiques, ou du moins des êtres ressemblant soit aux embryons des animaux supérieurs, soit aux espèces inférieures qui tiennent aujourd'hui la place des formes primitives que représentent ces embryons », et il s'aventurait à prédire quelles formes, aujourd'hui considérées comme disparues, il espérait rencontrer [1].

Ces espérances étaient fondées d'ailleurs sur cette idée, aujourd'hui bien archaïque, que le monde était fait pour les animaux, que là où il avait plu à Dieu de les modifier, il avait également modifié le milieu où ils devaient vivre et qu'il n'avait maintenu l'uniformité des grands fonds que pour y constituer, comme en de vivantes archives, la collection des formes sorties les premières de ses mains.

Les prévisions de Louis Agassiz n'ont été qu'en très petite partie réalisées. De même qu'on a eu la surprise de retrouver vivant, il y a une vingtaine d'années, dans les rivières d'Australie, un gros poisson, le *Ceratodus*, que l'on croyait disparu depuis le temps lointain où se formait la houille — quelques millions d'années ; — de même qu'on a retrouvé sous la forme okapi, l'*Helladotherium*, dont on croyait le dernier représentant enseveli dans les terrains miocènes

---

1. *Revue scientifique*, 2ᵉ année, 2ᵉ semestre 1873, p. 1077.

depuis plusieurs milliers de siècles, on a retrouvé dans les grands fonds des éponges analogues à celles qui ont formé les silex de la craie, des étoiles de mer, des oursins, des encrines, quelques crustacés, tels que les polychèles, rappelant les précurseurs des langoustes au temps où la France n'était encore qu'un archipel ; plusieurs sortes de requins de cette période reculée, mais c'est tout. De plus, ces attardés ne se trouvent guère qu'entre la zone de 200 mètres et celle de 2.000 mètres, à une profondeur moyenne de 1.500 mètres. Plus bas, tout est nouveau.

On a longtemps répété que la vie dans les abîmes était luxuriante. C'est encore une illusion résultant de la surprise qu'on a éprouvée d'y trouver quelque chose, alors que l'on croyait n'y rien trouver, et aussi de ce que l'on a d'abord exploré les fonds de 200 à 2.000 mètres qui sont encore d'une assez grande richesse. J'ai eu la curiosité de calculer combien, à chaque profondeur, il fallait donner de coups de drague pour ramener soit un individu, soit une espèce d'un même groupe d'animaux : or, mes calculs m'ont nettement montré qu'à mesure que l'on descendait le nombre des espèces habitant à une même profondeur diminue rapidement et le nombre des individus encore plus.

Cette conclusion va encore à l'encontre d'une idée qui a été à un moment fort répandue et que les gens du monde acceptent encore volontiers ; c'est que le fond mystérieux de la mer est la région où s'élaborent encore les êtres inférieurs, où la vie se crée, pour ainsi dire, et d'où partent tous les animaux qui se compliquent à mesure qu'ils effectuent leur ascension vers les rivages. Cette idée a pris corps à partir du jour où Huxley crut pouvoir annoncer que la vase des abîmes était tout entière pénétrée d'un corps vivant, sans forme et sans limite, embrassant le Globe, pour ainsi dire, l'enveloppant d'une nappe de protoplasme amorphe. C'était bien là la *Gelée primitive*, le *Urschleim* rêvé par l'étrange cerveau de cet Oken qui révolutionna l'Allemagne au commencement du xix" siècle, qui faisait de l'homme le résumé et le centre du monde et voyait dans les animaux de simples démembrements de son corps : il y avait ainsi des *animaux-cœur*, les méduses, parce qu'elles palpitent lorsqu'elles nagent comme des cœurs; des *animaux-foie*, les mollusques, parce qu'ils sont mous comme cette glande ; des *animaux-intestins*, les vers, parce qu'ils s'allongent comme des boyaux, etc. Ce manteau vivant de la Terre reçut d'Huxley le nom de *Bathybius Hæckeli*. Huxley a reconnu depuis que son *Bathybius* n'était qu'un précipité par l'alcool du sulfate de chaux dissous naturellement dans l'eau de mer. Mais Hæckel, à qui il le dédia, n'a pas encore, que je sache, consenti à abandonner son filleul; il m'en a même donné jadis des morceaux et l'on en parle encore souvent comme d'une réalité.

En fait, aucune création n'a lieu dans les grands fonds. Tout indique, au contraire, qu'ils ont été péniblement peuplés par une lente émigration venue des rivages. S'ils avaient été le centre de toute création, ils constitueraient encore sans doute la région la plus habitée des mers; les formes inférieures y abonderaient; elles se relieraient étroitement les unes aux autres et se rattacheraient à toutes les formes des zones intermédiaires; on les verrait se compliquer graduellement à mesure qu'elles se rapprocheraient des rivages, acquérir peu à peu des yeux, des pattes, etc.

On n'observe rien de pareil. Bien au contraire, c'est sur les rivages que la vie est luxuriante; c'est là que se trouvent non seulement les animaux, mais les végétaux primitifs, les algues de toutes sortes; c'est là que l'on observe tous les degrés de complication, tous les passages des formes inférieures aux formes supérieures, tous les termes de connexion auxquels viennent s'accrocher non seulement les formes des abîmes, mais ces formes dites « pélagiques » qui s'en vont flottant ou nageant à la surface des mers sans jamais atterrir, et aussi celles qui ont peuplé les eaux douces, et celles qui sont sorties des eaux pour parer et animer les continents.

Et comment, en y réfléchissant, pouvait-il en être autrement? Les animaux ne se nourrissent que de substances que leur fournissent les végétaux ; chez les végétaux, toutes ces substances ont pour point de départ des sucres, des amidons, formés d'eau et de charbon, alliés de diverses façons à de l'azote et à une petite quantité de substances minérales diverses. Ces substances azotées ou minérales sont, au préalable, dissoutes soit dans l'eau de la mer, soit dans celle qui imprègne le sol, et pénètrent avec elle dans les plantes; quant au charbon, il vient exclusivement de l'acide carbonique dissous dans l'eau ou diffusé dans l'air. Or, c'est, on l'a dit, le soleil, c'est uniquement sa lumière qui permet aux végétaux verts, seuls capables de ce travail, de faire réagir entre eux l'eau et l'acide carbonique de l'air, de manière à former les sucres, les amidons et les composés analogues. Sans lumière, pas d'aliments ni pour les végétaux, ni pour les animaux. La lumière, de son côté, ne pénètre dans l'eau en quantité utile qu'à 400 mètres de profondeur bien qu'elle impressionne encore à 1.000 mètres des plaques suffisamment sensibles. La vie n'a donc pu prendre naissance dans les ténèbres des abîmes. C'est en plein soleil, sur les rivages, qu'elle s'est épanouie. Dans cette mince zone de 400 mètres de hauteur où elle a pu se développer à l'aise, la place est bientôt devenue trop petite; on s'est livré bataille pour la prendre. Dans ce peuple bariolé et empressé de vivre, il n'y a pas eu que des combattants; il y a eu aussi des fuyards qui ont cédé la place; des animaux de la période secondaire ont échappé au massacre en se réfugiant dans la zone de 400 à 2.000 mètres. D'autres ont pénétré dans les eaux douces et ceux qui étaient protégés contre la sécheresse ont pu gagner la terre ferme. L'émigration n'a pas cessé depuis lors; les représentants les plus craintifs des formes anciennes, les plus aptes à résister au froid et aux ténèbres, tout en se modifiant profondément, ont gagné et probablement gagnent encore peu à peu les abîmes. Les organes lumineux compliqués dont ils sont souvent doués sont à eux seuls une preuve qu'il ne s'agit pas d'êtres primitifs.

Cependant, à mesure que les expéditions se multipliaient, toutes les conditions de la vie dans les abîmes se précisaient.

Les chaluts, les dragues revenaient du fond des mers chargés d'une vase extrêmement fine, celle qui dans le temps secondaire forma la craie, et dans laquelle étaient plongés ces êtres stupéfiants. Chaque opération de dragage était précédée de sondages exécutés au moyen d'appareils de la plus grande précision, tandis que des instruments savamment combinés marquaient la température des diverses couches traversées par la sonde, en rapportaient de l'eau et plongeaient même dans la vase pour recueillir des matériaux propres à faire connaître sa composition.

On croyait jadis que sur certains points la profondeur de la mer pouvait atteindre onze ou même douze mille mètres de profondeur. Mais on n'avait employé pour mesurer ces profondeurs que les moyens ordinaires qui ne tiennent guère compte ni de l'allongement des fils de sonde par les poids qui les tendent, ni de l'obliquité de ces fils. Des sondeurs perfectionnés ont été promenés un peu partout; les plus grandes profondeurs n'atteignent pas 10.000 mètres; elles se trouvent au large des Carolines (9.633^m), des îles Tonga et Kermadec (de 9.427ᵐ à 9.600ᵐ), des îles Kouriles (8.500ᵐ), de Porto-Rico (8.341ᵐ), d'Atacama (7.635ᵐ), et des îles Aléoutiennes (7.383ᵐ). Néanmoins, la profondeur de la plus grande partie des océans dépasse 4.000 mètres et atteint sur de vastes espaces 6.000 mètres ; les profondeurs de 2.000 à 4.000 mètres ne forment guère qu'une bande étroite entre la bordure des continents, qui se maintient au-dessus de 200 mètres, et passe presque brusquement à près de 2.000 mètres. Les deux tiers des océans environ mesurent la profondeur de 4.000 mètres. Le passionnant mystère des océans s'évanouissait ainsi dans la splendeur de révélations inespérées ; toute une science nouvelle se constituait, et c'était l'Océanographie, au développement, à la formation de laquelle a pris la plus large part le prince Albert Iᵉʳ. Il lui a consacré les magnifiques établissements dont nous parlions tout à l'heure, et les a placés sous la protection toute spéciale de la France.

Au *Musée océanographique de Monaco*, c'est la mer elle-même qui parle : toutes ses productions, tous les engins qui l'ont contrainte à livrer ses secrets y sont exposés en un vaste et splendide musée, riche déjà d'éblouissantes merveilles. Plongeant ses premières assises dans les flots mêmes de la Méditerranée, à laquelle il semble commander, le moderne temple de Neptune se dresse magnifique ; jamais dans les temps antiques le maître des tempêtes n'a été aussi splendidement honoré. Dans les parties du temple qui, en contre-bas par rapport à la terre, semblent jaillir immédiatement de la mer, laissant bien loin derrière eux les imaginaires Tritons et les insidieuses Sirènes, s'ébattent en pleine vie, dans des aquariums qui semblent un fragment de la mer, tous les monstres dont elle nous terrifie, toutes les gracieuses créatures qu'elle a produites pour l'enchantement de nos yeux, et dans lesquelles elle a su combiner à l'élégance des formes et à l'éblouissant coloris des fleurs le charme infini de transparences diaprées que nul pinceau ne saurait rendre, la grâce de mouvements ondulants et rythmés que n'ont jamais atteinte les danses les plus poétiques des prêtresses grecques.

A l'opposé de la mer, à 53 mètres au-dessus des vagues, le monument s'ouvre sur la terre au niveau du sol ; à peine a-t-on franchi le seuil du magnifique portique, une statue apparait, celle du prince Albert Ier, en costume de marin, debout, la main sur la barre, qui semble accueillir à son bord, grave et bienveillant tout à la fois, la foule des visiteurs. Sur le sol en mosaïque se dessine le navire qui porta le prince en tant de points divers, des tropiques aux cercles polaires, et autour de lui les figures déconcertantes des poissons et des zoophytes qu'il a tirés des abîmes. Ce sont aussi les harmonieuses formes des plus gracieux habitants de la mer qui ont fourni les principaux motifs de la riche décoration du monument : des méduses de cristal et des radiolaires laissent pleuvoir sur les innombrables merveilles conservées dans les vitrines les rayons discrètement tamisés de la lumière électrique.

Tout l'outillage qui a servi aux vingt-deux expéditions du prince se trouve là : dragues, chaluts, filets bleus comme l'eau des mers profondes et rendus ainsi invisibles dans l'eau ; filets de gaze pour pêcher à toutes les profondeurs les organismes gélatineux presque toujours eux-mêmes teintés de bleu qui vivent entre deux eaux ; nasses que l'on munit d'appâts ou de lampes électriques pour attirer et retenir les poissons et les crevettes aux formes si diverses, etc. Et quel monde singulier ! Dans les abîmes, les poissons presque noirs se fondent pour ainsi dire dans les ténèbres ; leur corps s'effile en une queue pointue ; sur leur tête ou sur leurs flancs apparaissent des organes lumineux, véritables lanternes sourdes, qui leur permettent d'éclairer leur route et d'apercevoir leurs proies en demeurant eux-mêmes invisibles; leur bouche devient démesurée, se fend parfois sur tout le premier tiers du corps ; leurs dents sont de longs et pénétrants harpons qui retiennent tout ce qu'ils touchent ; chez quelques-uns, les rayons des nageoires s'allongent en antennes qui avertissent, par le tact, l'animal de tout ce que ses yeux ne peuvent lui montrer. De tels poissons, s'ils étaient de grande taille, seraient les plus terribles écumeurs des mers; la plupart sont de monstrueuses déformations de nos brochets et de nos morues. Les deux types de crustacés que nous avons précédemment signalés contrastent étrangement; les aveugles, lourds et aplatis, tenant du homard et du crabe, marchant à tâtons sur le fond à l'aide de grosses et robustes pattes; les sveltes et rapides nageurs, se rattachant aux crevettes, avec leurs yeux démesurés, leurs antennes et leurs pattes longues, fines et grêles, comme celles des araignées et capables, comme elles, d'apprécier le moindre trouble apporté à la tranquillité de l'eau.

De la surface jusqu'à ses plus grandes profondeurs, la mer est donc animée, et le sol même de ses profondeurs n'est pas plus inerte que les côtes. Il est déchiré par des éruptions volcaniques; des plissements lents, mais formidables, y creusent des vallées, y soulèvent des reliefs ; les parties d'abord les plus creuses se comblent par les apports successifs de la surface; mais de plus des plissements lents les portent les premières à la surface ; elles émergent, et les sommets de nos plus hautes montagnes sont constitués par ces anciens fonds des abîmes. Ainsi s'élargit la science océanique, et c'est avec raison que sur la belle plaquette commémorative de l'inauguration du Musée océanographique a été inscrite cette légende victorieuse : *Ex abyssis ad alta !* Des abîmes vers les sommets !

Tous les documents relatifs à l'océanographie seront désormais réunis dans le magnifique palais qui couronne aujourd'hui le roc le plus tourmenté de ce pays de féerie qu'est la principauté de Monaco. Afin d'assurer à son œuvre une durée indéfinie, le prince a voulu qu'elle fût liée étroitement à la science française et placée sous sa garde immédiate. Mais la science n'appartient à aucun pays ; elle éclaire de haut la pensée de tous les hommes, il a aussi voulu que le développement de la science de la mer — de la mer qui se rit de nos frontières — fût conduit par les savants de tous les pays. Un conseil de perfectionnement international a été constitué dans ce but. L'Institut océanographique de Paris, le Musée océanographique de Monaco sont donc des œuvres d'un intérêt mondial, vers lesquelles peuvent se tourner tous ceux qui désirent apporter quelque contribution à la connaissance des mers.

La mer reflète trop docilement les mouvements de l'atmosphère, elle partage trop étroitement toutes ses vicissitudes, pour que l'étude des courants aériens ne vienne pas s'ajouter tout naturellement à l'océanographie. MM. Hergesel pour l'Allemagne, Berget pour la France réprésentent cette branche de la science dans cette belle organisation.

Quarante magnifiques volumes in-4°, imprimés à Monaco, n'ont pas suffi à exposer tous les résultats des campagnes que le prince a dirigées de sa personne depuis 1885. A ces publications qui font époque dans la science, ont contribué les plus habiles naturalistes des deux mondes.

L'*Institut océanographique* est le complément agissant, pour ainsi dire, du Musée océanographique de Monaco ; c'est le foyer de propagande, disons mieux : le centre de création de la science nouvelle.

Les matériaux relatifs à l'histoire de l'Océan, de quelque façon qu'ils aient été recueillis, pourvu que leur provenance soit certaine, y seront étudiés, comparés, commentés dans un milieu éminemment scientifique et informé, avant d'aller enrichir le musée de Monaco. Les résultats de ces études sont publiés dans le *Bulletin de l'Institut océanographique* et dans le magnifique recueil in-4° où sont exposés, avec un luxe d'impression et de planches sans précédent, les résultats des campagnes scientifiques du prince. Un enseignement méthodique, analogue à celui du Muséum d'histoire naturelle et du Collège de France, fait connaître au public les progrès de l'océanograppie ; une école pratique forme de jeunes océanographes ; en outre, de grandes conférences de vulgarisation popularisent les données les plus intéressantes recueillies dans le monde entier sur l'Océan.

La mer — quoi qu'on ait pu faire — demeurera cependant encore longtemps la grande inconnue. En vain, battant de ses vagues les côtes de tous les continents, vient-elle s'offrir d'elle-même à l'observation des hommes, en vain ceux-ci sillonnent-ils sa surface pour aller à la rencontre les uns des autres, elle est trop vaste, les navigateurs ont trop de hâte de passer d'un rivage à l'autre, les hommes sont trop petits et leur vie est trop courte pour que des travailleurs isolés puissent espérer sonder rapidement tous les mystères que les eaux bleues des océans lointains dissimulent jalousement sous le rideau mouvant de leurs flots. Il faut pour une telle œuvre réunir les efforts méthodiquement combinés de tous ceux qui vivent de la mer ou sur elle ; il faut, pour ainsi dire, l'attaquer partout à la fois, par tous les moyens, non pas dans une ruée tumultueuse et désordonnée, mais avec une méthode serrée et des procédés comparables, mûrement déterminés par les marins et les hommes de science les plus compétents. C'est là l'œuvre que le prince assigne à ses fondations; elle est particulièrement grandiose, et de celles qui peuvent être organisées seulement soit par une haute personnalité jouissant d'une situation exceptionnelle, soit par un gouvernement. Encore un gouvernement n'aurait-il pu y réussir qu'après de longues négociations diplomatiques. Agissant tout à la fois comme savant et comme souverain, le prince Albert a supprimé, comme par enchantement, toutes les difficultés.

La science pénètre aujourd'hui à ce point notre existence qu'elle perd peu à peu tout caractère particulariste. La moindre invention prend tout de suite un caractère international; grâce à tous les moyens d'expansion dont nous disposons il suffit qu'on invente chez nos voisins le moindre outil usuel pour qu'on soit obligé de mettre en mouvement chez nous tout l'appareil industriel. Et quelle révolution mondiale lorsqu'il s'agit d'une rénovation des moyens d'expansion eux-mêmes, comme cela a été le cas pour la télégraphie sans fil à l'invention de laquelle a pris une si belle part notre compatriote Branly! Le nombre des questions scientifiques pour l'étude desquelles l'accord des savants de tous les pays est indispensable s'est tellement accru qu'il a fallu créer une association internationale des académies qui tient des assises régulières. La carte du ciel, le choix des mesures internationales, l'organisation des observations météorologiques, l'étude des tremblements de terre sont du ressort d'une telle association, et le prince de Monaco a désiré qu'il en fût de même de l'étude des océans. On a pu espérer que ce travail en commun des hommes de toutes les nations, devenu nécessaire dans toutes les branches de l'activité humaine, ferait plus pour la paix du monde que les plus brillantes dissertations philosophiques, que les combinaisons diplomatiques les plus savantes ou les plus bruyants congrès socialistes. « Une force est née du progrès pour unir les consciences, écrivait en 1901 le prince de Monaco dans l'autobiographie qu'il a intitulée la *Carrière d'un navigateur* [1]. Une conscience publique s'affirme et condamne l'abus du pouvoir, qu'il veuille écraser un homme ou spolier un peuple ; c'est l'aurore indécise du jour nouveau qui monte à l'horizon du temps pour guider les êtres dans leur évolution continuelle... La conscience des princes, longtemps soumise aux traditions improgressibles, peut être touchée maintenant par les leçons de la nature et de la science ; elle méprise alors une politique orientée vers l'antagonisme des nations, le droit du plus fort et la fiction des frontières ; elle combat les haines ataviques de religion, de race et de caste, en s'inspirant d'un avenir où l'humanité solidaire pratiquera la justice. Et leur âme exaltée par l'union de la science et de la conscience peut s'élever davantage si la mer lui prête l'infini de ses horizons. »

Il ne semble pas, hélas ! que nous soyions près de voir luire le soleil de ce jour nouveau. Si les haines ataviques se dissimulent sous d'autres noms et n'osent que rarement se manifester au grand jour, elles mettent infiniment d'ingéniosité à trouver des prétextes pour s'assouvir ; et il serait extrêmement imprudent de s'imaginer qu'après la guerre suscitée par les empires germaniques, il deviendra inutile de garder les frontières ou les côtes. Une haute et bienfaisante philosophie peut montrer cet idéal comme un phare vers lequel l'humanité ne doit cesser de s'orienter ; mais c'est à la science positive de jalonner le chemin par lequel elle y pourra parvenir sans dommage, même pour les utopistes, les optimistes et les généreux, dont la téméraire confiance, en amenant leur propre ruine, ne ferait que retarder le progrès.

1. Page VII.

Par son caractère mondial, l'Institut océanographique embrasse tous les domaines. C'est tantôt la composition de l'eau de mer aux diverses profondeurs et dans les parages les plus variés qui est l'objet d'une étude chimique des plus minutieuses, tantôt le fond même de la mer qui révèle toutes sortes de secrets. Ce fond est presque aussi accidenté que la surface de la Terre. Des chaînes de montagnes courent parallèlement à la côte, et c'est dans les vallées qui les séparent que la sonde rencontre les plus grandes profondeurs; des volcans dressent parmi elles leurs cônes de lave, et leurs projections, qui souillent la vase à de grandes distances, permettent de reconnaître leur voisinage; de vastes plaines s'étendent autour de plateaux eux-mêmes surélevés, et partout de menus débris mêlés aux carapaces calcaires des organismes microscopiques lentement tombés de la surface, aux aiguilles d'opale dont est formé le squelette des éponges des grandes profondeurs, mortes sur place, peuvent indiquer, comme l'a montré M. Thoulet, le passage d'un navire, les derniers souffles d'une tempête qui a balayé les continents, la direction même que suivait le vent. Dans ce milieu plus varié qu'on ne suppose vit tout ce monde abyssal, qu'étudient avec un profond étonnement les naturalistes : les étranges poissons, les pieuvres singulières, les crevettes roses, rouges, violettes, vraiment vêtues cette fois comme des cardinaux et des évêques, faites, semble-t-il, pour justifier la dénomination célèbre dont Jules Janin honora jadis le homard; les étoiles de mer jaunes ou pourpres, rayonnées de bras nombreux comme les soleils symboliques de Louis XIV; les encrines semblables à des palmiers marins; les fantastiques holothuries blanches, roses, violettes, semblables à des concombres dont la surface opposée au sol serait surchargée d'étendards élégamment découpés, de longs tentacules disposés en rangées longitudinales ou frangée de membranes dentelées ; les éponges transparentes comme du cristal, les méduses ou les admirables fleurs de mer qui représentent le corail dans des bas-fonds.

Dans son livre *la Carrière d'un navigateur*, tout plein des élans d'une âme de poète, sans cesse en contemplation devant l'azur du ciel ou l'azur de la mer, et qui volontiers rêverait de revenir au temps heureux où, suivant Musset,

.....le ciel sur la terre
Marchait et respirait en un peuple de dieux,

le prince de Monaco raconte comment il s'éprit de cette mer toujours secouée de lamentations et de sanglots, qu'un autre poète appelait la grande désolée. A dix-neuf ans, jeune enseigne de la marine espagnole, elle l'avait déjà pris, et depuis cette époque, sur son bateau à voiles *Hirondelle*, sur son yacht *Princesse-Alice*, il n'a cessé de la parcourir en tous sens. Voilà qu'aujourd'hui il lui dresse un temple comme à une déesse, il lui organise un culte dont il sera le grand-prêtre durant sa vie, et dont il assure la durée pour de longs siècles. Quel plus bel hommage pouvait être rendu à une des grandes puissances de la nature !

Mais on ne pénètre pas impunément dans le domaine de la science ; une fois qu'elle s'est emparée de vous, elle emploie mille moyens pour vous fasciner, et elle a eu la coquetterie de se faire aimer par le prince sous un autre aspect. Elle a fait chatoyer devant ses yeux un autre mystère, d'autres abîmes : ceux où s'enfonce l'origine de l'humanité. Justement tout autour de la principauté de Monaco, à Grimaldi, berceau de la famille princière, à Menton, où le docteur Rivière découvrit le premier squelette complet d'homme fossile, des restes nombreux de nos premiers ancêtres ont été exhumés, et le prince lui-même a parfois dirigé les fouilles qui devaient les mettre au jour. Depuis ce moment, la découverte des étonnantes peintures des grottes d'Altamira, en Espagne, celle de l'Homme d'un type encore si animal de la Chapelle-aux-Saints ont fait naître l'espoir que les ténèbres de la préhistoire s'éclaireront bientôt. Pour y contribuer aussi puissamment que possible, le prince a créé, au voisinage du Jardin des Plantes, un *Institut d'anthropologie préhistorique* qui s'élève boulevard Saint-Marcel, sur l'emplacement de l'ancien Marché aux Chevaux et dont l'élégante façade donne une allure aristocratique à ce quartier naguère abandonné. M. le professeur Boule, qui accroît avec tant de zèle la collection de fossiles du Muséum, prépare l'organisation de cette nouvelle création. Toutes les questions relatives aux origines de l'humanité pourront y être traitées avec la plus grande indépendance. Tout ce que l'on sait sur ce sujet a été résumé et discuté par M. Boule a propos de l'Homme de la Chapelle-aux-Saints.

CHAPITRE V

L'ancienneté de l'homme.

RÉSUMÉ. — Découverte des premiers fossiles humains.— L'homme fossile de la Chapelle-aux-Saints. — L'homme de Néanderthal. — Les ancêtres de l'Homme. — Les grottes à parois gravées de la Dordogne. — Les Eyzies, Laugerie-Basse, les Combarelles, etc. — La frise de Laussel, les fresques de Cogul.

De tous les problèmes que s'est posé l'esprit humain, le plus angoissant a été, sans aucun doute, celui de l'origine de l'homme et de son degré d'ancienneté sur le Globe. Ce problème a pu paraître longtemps insoluble par les seules ressources de la science; on pensait volontiers, du reste, que la Genèse, en consacrant le sixième jour de la Création, tout entier, à l'élaboration de nos premiers parents, avait clos, à ce sujet, toute discussion.

On avait, il est vrai, dès l'année 1700, trouvé à Cannstadt des os humains réputés fossiles, notamment un fragment de mâchoire. « Mais, remarque Cuvier, on sait que le terrain fut remué, sans précaution et que l'on ne tint point note des diverses hauteurs où chaque chose fut découverte. » Et il ajoute plus loin : « On a fait grand bruit, il y a quelques mois, de certains fragments humains trouvés dans des cavernes à ossements de nos provinces méridionales; mais il suffit qu'ils aient été trouvés dans des cavernes pour qu'ils rentrent dans la règle ».

La cause demeura, en conséquence, entendue jusqu'au moment où Darwin entraîna à sa suite la plupart des naturalistes dans la conviction que les êtres vivants se sont graduellement modifiés depuis leur apparition sur la Terre sous des formes très simples, et n'ont atteint que progressivement, chaque génération différant quelque peu de la précédente, leur forme et leur complication actuelles. Bientôt on appliqua à l'homme sa doctrine, et l'illustre, mais inquiétant naturaliste d'Iéna, Ernest Hæckel, consacra un livre tout entier, l'*Anthropogénie*, à la recherche des formes animales qui s'étaient peu à peu élevées à la dignité humaine. Il voyait dans les grands singes (le gibbon de l'Inde, l'orang des îles de la Sonde, le chimpanzé et le gorille de l'Afrique tropicale) les derniers ancêtres de l'homme ou tout au moins ses proches cousins. Au contraire, Armand de Quatrefages, plutôt scandalisé par cette prétendue parenté, s'efforçait d'isoler l'homme dans la nature, et ne pouvant trouver dans son organisme les preuves décisives de cet isolement, transportait le débat sur un autre domaine. Au Règne végétal, au Règne animal, il opposait le Règne humain, caractérisé par la tendance de son esprit à remonter à une cause première, et cette tendance il l'appelait la *religiosité*. Il semble bien que ce caractère distinctif ne soit pas actuellement en hausse chez nous, et les ossements de nos ancêtres les plus anciens ne peuvent guère nous renseigner sur ce qu'il pouvait être chez eux.

Cependant, en dépit de l'opinion de Cuvier, les découvertes de fossiles humains parfaitement authentiques se sont multipliées. L'anthropologie préhistorique s'est constituée au milieu des controverses les plus ardentes, parmi lesquelles la question de la parenté de l'homme avec les singes a été débattue avec une âpreté particulière. Tandis que les uns en repoussent l'idée avec horreur, d'autres recherchent avec passion les formes de passage entre le singe et l'homme et annoncent des découvertes troublantes. Le docteur Dubois exhume de terrains très anciens de Java un pithécanthrope, c'est-à-dire un singe-homme ; Smith Woodward décrit un éoanthrope c'est-à-dire un homme-précurseur, d'une étonnante ancienneté, découvert à Piltdown, dans le comté de Sussex ; dès 1864, King considère comme ayant appartenu à une espèce humaine se rapprochant des grands singes une voûte de crâne très surbaissée trouvée à Néanderthal, près d'Elberfeld, dans la Prusse rhénane — le pays où M. Karl Krall apprend aux chevaux à calculer comme des polytechniciens. Le patriotisme s'en mêle. Un savant naturaliste de la République Argentine, Ameghino, entreprend de faire de l'Amérique du Sud le berceau de l'humanité. Il y découvre des fossiles dont il fait toute une série d'ancêtres de l'homme et qu'il appelle *homunculus, tétra-, tri-,* et *diprothomo,* ce qui veut dire : miniature d'homme ; quadrisaïeul, trisaïeul, bisaïeul de l'homme. Les premiers ancêtres de l'homme seraient partis de la Patagonie pour peupler le monde, et non pas, comme le pensait M. de Quatrefages, du pied du massif du Thibet où l'on trouve encore juxtaposés des blancs, des jaunes et des noirs.

Il était temps de revenir aux faits qui sont d'ailleurs par eux-mêmes d'un puissant intérêt. Une étude magistrale de tous les os du squelette de l'homme de la Chapelle-aux-Saints, due à M. le professeur Boule, a remis toutes choses au point. On ne sait ce qu'il faut le plus admirer dans ce magnifique ouvrage, de la science de géologue de l'auteur, de sa connaissance des moindres détails de structure des animaux fossiles, de la sûreté de sa méthode, de la prudence de ses déductions, de la pénétration de sa critique ou de l'ampleur de ses vues. Entre ses mains, l'histoire de l'*Homme fossile de la Chapelle-aux-Saints* est devenue un exposé impartial et définitif de tout ce que nous savons actuellement de précis sur les origines de l'humanité.

Les restes de ce vieil ancêtre ont été découverts par les abbés Bardon et Bouyssonie dans le sol d'une grotte peu profonde, voisine du village de la Chapelle-aux-Saints dans la Corrèze, sur les confins de ce département et du département du Lot. Il paraît avoir été inhumé dans une fosse constituant une véritable sépulture.

En feuilletant l'une après l'autre les seize planches où sont reproduites en phototypie chacun des os du vénérable ancêtre pour qui ses contemporains avaient pieusement creusé une tombe, il y a vingt ou trente mille ans, dans la grotte de la Chapelle-aux-Saints, on peut se demander pourquoi ce luxe en apparence macabre de reproductions. C'est qu'un os est un monument sur lequel la vie a laissé une empreinte indélébile, un témoin irrécusable qui permet à qui sait lire à sa surface de déterminer les actes habituels de l'être à qui il a appartenu. Des sillons marquent la route des vaisseaux qui couraient à sa surface; des excavations révèlent la forme des muscles sur lesquels elles se sont moulées; des saillies indiquent leur point d'attache et leur puissance, et la façon même dont un os se termine fait connaître comment il se reliait aux os voisins, ainsi que les limites dans lesquelles il pouvait se mouvoir. Quand un naturaliste suffisamment informé et perspicace possède un squelette presque entier, comme c'est le cas pour celui de l'homme de la Chapelle-aux-Saints, il lui est donc possible de reconstituer l'aspect général du corps vivant et de ressusciter, pour ainsi dire, ses attitudes. Il y a plus : la surface interne du crâne se moule exactement sur les circonvolutions cérébrales. En coulant du plâtre dans un crâne, on obtient un moulage du cerveau dont les saillies et les creux sont

9.

un peu atténués, mais qui est suffisant pour une comparaison avec un cerveau réel. M. Boule a fait cette opération pour le crâne de la Chapelle-aux-Saints ; avec le concours de M. le Dr Anthony, il a pu comparer exactement le moulage qu'il a obtenu avec le cerveau de l'homme actuel, et comme grâce aux travaux de Brodmann, Campbell, M. et Mme O. Vogt, Elliot Smith, Nageotte, etc., on a déterminé les fonctions des diverses régions cérébrales, il est possible de se faire une idée des facultés intellectuelles du plus ancien des hommes dont nous possédons les restes.

Les patientes et pénétrantes études de M. Boule le conduisent d'abord à une conclusion inattendue. On pouvait penser que cet homme ressemblait à l'une des plus inférieures de nos races humaines, les Esquimaux des régions arctiques de l'Amérique, les Fuégiens, de la pointe sud, les Boschimans du cap de Bonne-Espérance, les Australo-Tasmaniens ou encore les petits hommes, négrilles du centre de l'Afrique, negritos des îles Andaman ou des Philippines, confondus souvent sous la dénomination de pygmées. Il n'en est rien ; aucune des races humaines actuelles ne reproduit l'ensemble des caractères de l'homme de la Chapelle-aux-Saints ; cette forme humaine n'a laissé aucun héritier ; il faut le considérer non comme une race, mais comme une espèce d'hommes distincte. Ces hommes pour lesquels M. Boule propose de consacrer le nom d'*Homo neanderthalensis*, qui s'opposerait à celui d'*Homo sapiens*, *d'homme sage* (oh ! combien !), qu'est le nôtre, avaient une faible taille (1 m. 45 en moyenne), une tête volumineuse et large, où la face saillante en museau avait par rapport au crâne un développement plus considérable que dans aucune race actuelle ; les arcades sourcilières étaient très saillantes et formaient un bourrelet ininterrompu même au-dessus du nez ; le nez était large, légèrement convexe, le menton nul; les mâchoires saillantes, avec les dents inclinées en avant; le front fuyant, la voûte cranienne très aplatie.

M. Boule énumère vingt-huit caractères tirés des diverses parties du squelette qui leur étaient communs avec les singes. L'attitude était celle de ces vieillards qui marchent la tête penchée en avant, le dos voûté, les jambes à demi fléchies. Elle n'était déjà plus celle des singes; elle n'était pas encore celle de l'*Homo sapiens.*

Par son volume, le cerveau était franchement humain; mais l'aspect grossier de ses circonvolutions indique que l'intelligence devait être encore obscure. Sa région postérieure, siège du centre visuel, était très développée; au contraire, les lobes frontaux, qui ne peuvent s'atrophier chez l'*Homo sapiens* sans qu'il en résulte une altération profonde des facultés intellectuelles, étaient très réduits. La conformation de la troisième circonvolution frontale, qui est en rapport avec le langage articulé, était telle qu'il faut admettre que la faculté de la parole était restreinte. L'homme de Néanderthal était presque l'homme sans paroles, l'*Alalus* de Hæckel.

Ces caractères se remarquent dans le cerveau des hommes de la même époque trouvés à Néanderthal, à Gibraltar, à la Quina; il s'agit donc bien de caractères spécifiques et non d'altérations individuelles du cerveau d'un dément. Le vieillard de la Chapelle-aux-Saints avait d'ailleurs un cerveau de dimensions exceptionnelles parmi ses compagnons, et le soin avec lequel il a été inhumé semble indiquer qu'il était, de son temps, un personnage. L'espèce à laquelle il appartenait et que M. Boule a si nettement définie, était déjà assez répandue vers le milieu de l'époque quartenaire; on a exhumé ses restes non seulement à Cannstadt, à Néanderthal, à la Chapelle-aux-Saints, mais aussi à Spy en Belgique, à Arcy-sur-Cure

(Yonne), à Gibraltar en Espagne, à la Naulette, à Gourdan, à Malarnaud et à Estelas (Ariège), à Isturitz (Basses-Pyrénées), à Krapina (Croatie), à la Ferrassie (Dordogne), à la Quina et à Petit-Puy-Moyen (Charente), à l'île Jersey, etc. Mais, chose inattendue, tout à fait surprenante, et que M. Boule a nettement mise en lumière, cette espèce n'était pas la seule occupante de notre sol, à cette époque prodigieusement lointaine. Dans les squelettes extraits de la grotte des Enfants, à Grimaldi, squelettes contemporains de l'homme de la Chapelle-aux-Saints, M. le professeur Verneau a reconnu une race particulière se rattachant au type nègre. C'est elle probablement qui a sculpté les statuettes de femmes à hanches volumineuses, stéatopyges, comme on dit, qui rappellent si bien la fameuse Vénus hottentote, et qui ont été découvertes par MM. Piette, Cartailhac, Capitan, Breuil, Lalanne; peut-être a-t-elle contribué à décorer les parois de certaines cavernes françaises ou espagnoles, comme le font encore les Boschimans du cap de Bonne-Espérance. La race de Cro Magnon qui remplace en Europe brusquement celle de Néanderthal coexistait quelque part avec elle avant de venir la supplanter. À l'époque moustérienne, à laquelle tous ces hommes appartiennent, les hommes avaient eu le temps de se diversifier; ils étaient déjà anciens sur la Terre.

Effectivement, dans les dépôts antérieurs à l'époque moustérienne, on a depuis longtemps trouvé des instruments grossiers, en silex, témoignant de l'existence de l'homme, mais on ne connaissait aucun débris humain de cette époque dite *chelléenne;* elle commence à livrer ses secrets.

M. Schœtensack a décrit en 1908 une mâchoire extraite des graviers chelléens du village de Mauer, près d'Heidelberg, et qui rappelle singulièrement celle de l'homme moustérien. D'autre part, à Piltdown, dans le Sussex, on a exhumé d'un gravier de la même époque une calotte cranienne et une moitié de mâchoire inférieure ; c'est encore peu de chose, mais cela suffit pour que l'on ait pu constater que ces débris appartenaient probablement à deux types d'hommes différents, l'un précurseur de l'homme de Néanderthal, l'autre de celui de Grimaldi, et voilà l'antiquité de l'homme reculée du seul fait de cette différence jusqu'aux confins de la période tertiaire. Or, on se souvient que l'abbé Bourgeois a signalé à Thenay, près de Pontlevoy, tout un gisement de silex qu'il considérait comme taillés de main d'homme, mais si grossièrement qu'on se demande encore si ce ne sont pas simplement des silex que la chaleur du soleil aurait fait éclater. Que ces silex soient taillés ou non, l'existence de l'homme tertiaire, proclamée par l'abbé Bourgeois au milieu des plus vives protestations, devient une grande probabilité.

Mais cet homme, d'où venait-il? Peut-on lui découvrir quelque ancêtre parmi les animaux de l'époque tertiaire, celle où toutes les formes de mammifères se sont graduellement constituées et où les restes de tant de formes disparues nous ont été conservés qu'on a peine à suivre, parmi leurs variations innombrables, la chaîne qui conduit directement aux espèces actuelles? C'est seulement au prix des comparaisons les plus minutieuses servies par un esprit critique des plus affinés que, parmi les fossiles variés, oscillant autour des types cheval, ours, chien, hyène, etc., M. Boule a réussi à dresser la liste des formes qui conduisent à celles qui sont nos contemporaines. Disons-le tout de suite, pour rassurer momentanément les adversaires d'une parenté quelconque entre l'homme et les singes : il est à peu près certain qu'il n'y a aucune parenté directe entre l'homme de Néanderthal lui-même, les gibbons, les orangs, les chimpanzés et les gorilles. Entre cet homme et les grands singes il y a un hiatus que rien encore n'est venu combler : le célèbre pithécanthrope de Java n'est vraisemblablement qu'un grand gibbon, un de ces singes-araignées aux membres longs et grêles, d'une agilité déconcertante et qui sont vénérés dans l'Inde comme des animaux divins.

Il est probable que ces gibbons et les autres grands singes ont évolué parallèlement en demeurant toujours distincts, à partir d'une souche commune ; cette souche, si elle a existé, se trouvait parmi les singes de la période tertiaire, et il devient ainsi intéressant de rechercher comment ces singes primitifs ont pu prendre naissance et de déterminer dans quelle mesure ils ont pu se rapprocher de la forme humaine. M. Boule a exploré ce terrain dangereux avec une liberté d'esprit et une impartialité auxquelles on ne saurait donner trop de louanges.

Des premiers temps de la période géologique qui a précédé la nôtre, on ne connaît en Europe aucun animal pouvant nettement entrer dans l'ordre des primates dont l'homme est le couronnement. Les mammifères fossiles de Cernay (Marne), qu'on a donnés comme ouvrant la série des singes inférieurs[1], sont plus près des hérissons ou des tanrecs que des singes.

Les premiers primates authentiques se montrent dans l'Amérique du Nord, mais avec des caractères encore indécis ; ils se rapprochent du tarsier de Madagascar et aussi des vrais singes ; tel est l'*Anaptomorphus* en qui Cope a voulu voir l'ancêtre commun des singes et de l'homme ; avec eux on ne tarde pas à trouver d'autres formes s'acheminant vers les singes à museau de renard de Madagascar qui constituent le groupe important des lémuriens. Toutes ces formes disparaissent bientôt de l'Amérique du Nord et sem-

---

1. *Plesiadapis, Protoadapis.*

blent avoir émigré vers l'Amérique du Sud où elles ont probablement donné naissance aux alertes singes à queue prenante qu'on appelle les sajous, et vers l'Europe où ont prospéré les lémuriens qui ont ensuite émigré vers l'Asie, l'Afrique tropicale et surtout vers Madagascar, où vivent encore les plus nombreux représentants de leur série. Lémuriens et sajous sont en effet associés dans les riches couches du Fayoum, en Egypte, où ont été découverts les ancêtres à trompe naissante des éléphants. Mais — chose tout à fait surprenante — on y trouve aussi un singe voisin des gibbons que M. Schlosser nomme *Propliopithecus Hæckeli*.

Les gorilles, les chimpanzés, les orangs et la grimaçante cohorte des singes de l'ancien continent ne seraient venus qu'après, de sorte que nous n'aurions à compter parmi nos ancêtres aucun de ces êtres répulsifs tels que les hamadryas, les mandrills à face bariolée ou les autres singes à tête de chien, dont on peut voir les grotesques figures au Jardin d'Acclimatation ou au Muséum. A la même époque que le propliopithèque vivait en Grèce un singe à queue, le mésopithèque du Pentélique, étudié par Albert Gaudry. Mais on ne sait comment celui-ci a pu dériver du petit sajou du Fayoum.

Là s'arrête ce que la paléontologie a pu nous apprendre sur l'origine des singes et de l'homme. Si maigres que soient actuellement ces documents, ils nous enseignent cependant deux choses importantes : la première, c'est que les hommes sont certainement plus anciens que les plus antiques traces que nous connaissions d'eux; que la souche qui peut leur être commune avec les singes qui lui ressemblent le plus s'est caractérisée de très bonne heure et que l'évolution des hommes s'est faite parallèlement à celle de ces singes, de sorte qu'ils ne peuvent compter parmi nos ancêtres. Ce sera pour beaucoup de gens une consolation.

L'homme de la Chapelle-aux-Saints et ses frères de Cannstadt, de Néanderthal et d'ailleurs ne seraient même pas les ancêtres des hommes actuels, noirs, jaunes ou blancs. Il n'est pas davantage certain que ces trois types d'hommes soient dérivés les uns des autres et que la légende de Cham, Sem et Japhet, qui les représente comme n'ayant qu'un lien de fraternité, ne soit pas la vérité. Enfin, il y aurait eu, dès le début, plusieurs espèces humaines issues de parents différents, et il faudrait remonter assez loin parmi les primates tertiaires pour leur trouver un ancêtre commun. Au point de vue de la structure du corps, les lémuriens, les singes et les hommes sont demeurés très près des types primitifs de mammifères ; c'est surtout par le volume du cerveau qu'ils en diffèrent, et l'on s'explique ainsi que l'apparition de leur ancêtre commun ait pu être très précoce.

*
* *

A partir de la période moustérienne, c'est, pour la France, dans la région des vallées tributaires de la Dordogne que les races humaines préhistoriques se sont successivement ou simultanément établies, et, dans cette région, les environs de la pittoresque localité des Eyzies ont été particulièrement privilégiés. On comprend, en la visitant, pourquoi les premiers habitants de la Gaule s'y étaient établis et pourquoi on y trouve rassemblés les témoignages successifs des lents progrès d'une civilisation naissante que la nôtre a plus tard remplacée. Là coule une large et tranquille rivière qui fut capricante et cascadeuse quand, descendant du plateau de Millevaches qu'on va reboiser, elle se ruait à l'assaut des rochers granitiques du bas Limousin ; c'est la Vézère qui, grossie de la Corrèze, prend les allures d'une rivale de la belle Dordogne, égale elle-même de la Garonne. Lentement elle a dissous, corrodé, creusé les couches puissantes de calcaire jadis déposées par la mer crétacée, élevées aujourd'hui de plusieurs centaines de mètres au-dessus du niveau de l'Atlantique; elle y a découpé une longue et fertile vallée que limitent de chaque côté des masses rocheuses hautes de cinquante à cent mètres, et de l'aspect le plus fantastique. Un vieil océan les a déposées jadis en strates épaisses, horizontales, tantôt de structure serrée et résistante, tantôt plus perméables et se laissant plus facilement attaquer par les eaux. Celles-ci se sont livrées sur elles à tous les caprices. Elles ont façonné des saillies cylindriques qui apparaissent de loin comme les tours puissantes d'une série de vieux châteaux reliés entre eux par des murailles bizarrement sinueuses; taillé des masses verticales divisées elles-mêmes en étages superposés comme des constructions cyclopéennes, ornées de gigantesques moulures, surmontées d'effarants chapiteaux en saillie; sculpté des consoles colossales qui semblent faites pour soutenir les statues énormes d'antiques divinités, telles qu'on en voit dans les temples hindous, et autour desquelles se sont créées des légendes comme celle de cette *Pierre de la Peine* qui s'avance en surplomb au-dessus de la route du Bugue et du haut de laquelle les seigneurs de Tayac forçaient les malheureux qui n'avaient pas su leur plaire à se précipiter dans le vide; modelé enfin des corniches extra-monumentales dominant et menaçant, sur de longs parcours, les routes qui longent leur pied. Parfois une colonne se dresse au-dessus du faîte comme une vaste cheminée, ou bien un obélisque s'isole de la masse et apparaît comme un fantôme. Plusieurs fois des masses en surplomb se sont détachées, ont roulé au pied de la falaise et ont ruiné des constructions qu'elles semblaient devoir abriter durant de longs siècles. Ces accidents se produisent encore et ils sont souvent si soudains qu'on ne peut ni prévoir la catastrophe ni se prémunir contre elle.

De tout temps l'homme a cherché à tirer parti des excavations, des surplombs et saillies naturelles de la falaise. A notre époque encore il suffit de construire une muraille percée de portes et de fenêtres au-devant de l'une des excavations qu'elle présente pour avoir une maison présentable, voire même, comme à Guilhem, une église. Couramment on utilise ainsi les excavations les plus petites comme étables, magasins, resserres, caves, et les trois Laugerie basse, moyenne et haute, doivent leur nom, qui s'écrivait autrefois *l'Augerie*, à ce que les cavités de la falaise avaient été transformées en auge pour abreuver le bétail. Ici la roche n'est pas creusée de main d'homme pour servir d'habitation, comme dans d'autres régions de la France où elle est constituée par de la craie tendre. Ce sont les parois de ses anfractuosités naturelles qui sont employées comme murailles latérales et postérieures de ces habitations économiques. A Tayac, où la falaise se dresse à près de quatre-vingts mètres, elle présente à mi-hauteur une terrasse assez vaste pour soutenir une véritable forteresse qui, au temps de la guerre de Cent Ans, fut occupée par les Anglais, assiégée par Bonnebaut, le 4 décembre 1409, et ne se rendit qu'au bout de plus d'un mois. C'était d'ailleurs, en temps ordinaire, un repaire de brigands qui arrêtaient et pillaient tous les bateaux qui s'aventuraient sur la rivière.

Un autre château encastré comme celui de Tayac dans le roc et dont plusieurs parties, notamment une magnifique tour, sont encore bien conservées se dresse aux Eyzies mêmes sur une corniche de plus cent mètres de long. Il date du xe siècle et était encore en 1593 occupé par les seigneurs de Tayac. L'un d'eux en 1594, voulant punir deux paysans d'une faute légère, en tua un, et, ce qui ne valait guère mieux, traîna l'autre à la queue de son cheval. Les mœurs des sieurs de Tayac ne devaient pas constituer un progrès sensible si même elles n'étaient pas en recul sur celles de leurs prédécesseurs préhistoriques. Les paysans n'ayant pu obtenir justice d'un sénéchal du Périgord, nommé Bourdeille, se révoltèrent en 1595 ; ils abattirent les granges, ravagèrent les bois, vignes et champs du seigneur, mais ne purent s'emparer du château, qui avait encore si mauvaise réputation à l'époque de la Révolution qu'il fut démantelé comme une simple Bastille.

Les premiers occupants du pays ne se donnaient pas tant de peine pour s'abriter. Lorsque le rocher formait au-dessus du sol une voûte basse susceptible de les protéger contre les ardeurs du soleil ou les piqûres des gouttes de pluie, ils s'y établissaient, et c'est là qu'ils taillaient ou aiguisaient leurs outils, dépeçaient leur gibier, s'en partageaient les morceaux, les faisaient cuire peut-être, et se réunissaient pour des festins. C'est là aussi qu'ils venaient mourir et qu'on les ensevelissait dans le sol pour éviter que leur cadavre fût dévoré par les hyènes. Ces dessous largement ouverts en avant, peu profonds, étaient ce qu'on appelle aujourd'hui un *abri sous roche*.

Le pays était sans doute très confortable, puisque plusieurs races s'y sont succédé, ayant chacune son industrie particulière. Que pouvaient désirer de plus les hommes de ce temps? A leurs pieds serpentait en boucles élégantes, comme si elle voulait s'attarder dans un pays abandonné à regret, une belle rivière, semée d'îles, fréquentée par les saumons et riche en poissons de toutes sortes ; dans la vallée qu'elle arrosait, de plantureuses prairies nourrissaient des aurochs, des bisons, des chevaux, des cerfs, des rennes et des antilopes, dont quelques-unes par leur long cou rappelaient les girafes ; les falaises tourmentées leur offraient des abris sans pareils ; au-dessus d'elles s'étendaient de vastes forêts où vivaient en nombre des rhinocéros à deux cornes et des mammouths, tandis qu'un brillant soleil échauffait la vallée qui retentissait partout du chant des oiseaux et de la stridulation rythmée des cigales.

Autour des Eyzies, dans un rayon de quelques kilomètres, sont effectivement rassemblées comme en une sorte de village souterrain les stations de Cro-Magnon, de Laugerie-Basse, de Font-de-Gaume, des Combarelles, de la Madeleine, du Moustier, du Cap Blanc, de la Ferrassie, de Laussel, etc., qu'ont illustrées les recherches des plus savants archéologues : Lartet, Christy, de Vibraye, Elie Massénat, Paul Girod, Louis Giroux, Schleicher, de Mortillet, Chauvet, Rivière, de Cartailhac, l'abbé Breuil, le docteur Lalanne, le docteur Capitan, enfin le modeste et infatigable instituteur Peyrony et son collègue Belvès. Nulle part encore les hommes qui taillaient le silex, osaient avec de telles armes affronter le mammouth et se défendaient avec succès contre l'ours énorme et le terrible lion des cavernes, ne se sont montrés en groupes aussi pressés. Une telle richesse a tenté les étrangers; un Suisse s'est établi dans la région, a acheté quelques stations, vendu à l'Allemagne un certain nombre de pièces préhistoriques dont un squelette moustérien, dressé des écriteaux qui signalent l'existence d'un laboratoire international dont il s'est institué le directeur et où il offre aux amateurs de pratiquer eux-mêmes des fouilles toujours suivies de découvertes. Il a fallu se défendre contre l'émigration de nos trésors préhistoriques: grâce à l'activité du docteur Capitan et de M. Peyrony, l'Etat a acquis un certain nombre de stations comme Font-de-Gaume ou le Cap Blanc, et les propriétaires de quelques autres, lui ont réservé le droit de faire des fouilles chez eux.

On sait aujourd'hui que deux races au moins ont successivement habité la région ; les stations du

Moustier et de la Madeleine ont donné leur nom aux époques où elles ont vécu : *l'époque moustérienne* et *l'époque magdaléenne*.

Durant la première vivaient l'homme de *Néanderthal* en concurrence déjà avec d'autres races. Pendant la seconde, cet homme relativement grossier a disparu ; il avait été évincé par l'homme de Cro-Magnon, celui-là d'un type humain tout à fait comparable au nôtre, sans aucun vestige simien, habile travailleur de silex, attentif observateur, grand, fort et par-dessus le marché doué d'un étonnant sens artistique : c'est lui que M. Rivière a retrouvé à Menton, qui a habité les grottes d'Altamira, en Espagne, celles de Cogul, qui a dessiné ou sculpté les menus objets d'art recueillis avec passion, d'abord par le marquis de Vibraye, Elie Massénat, Philibert Lalande, Paul Girod et autres, et qui s'est révélé depuis graveur émérite, peintre de fresques et sculpteur. Son art s'épanouit d'une façon merveilleuse dans cette région des Eyzies. Sous la conduite de M. le Dr Capitan, à qui on doit tant de belles découvertes archéologiques, et de M. Peyrony qui porte avec une amabilité souriante une célébrité dont il s'étonne et qui ne l'empêche pas de mettre la main à la pioche, sous le plus ardent soleil, j'ai visité la roche Saint-Christophe, le Moustier, les Combarelles, le Cap Blanc, voisin de Laussel, Font-de-Gaume, la Ferrassie. Que de surprises rassemblées, accumulées, dans un aussi étroit espace !

La station de la Ferrassie n'est connue que depuis 1912. Il n'en est pas question dans le guide si simple et si précis publié en 1911 par M. Peyrony et qu'illustrent de belles planches photographiques dues à son collaborateur, l'instituteur Belvès [1]. On y a découvert

---

1. Les *Eyzies et les environs*. Imprimerie Wellhoff et Roche. Paris.

un squelette moustérien et des débris du squelette de deux enfants dont les corps ont été manifestement dévorés par les hyènes. On y trouve aussi une quantité invraisemblable de dents du bœuf primitif ou du bison, du renne, des débris d'os de ces animaux et de pattes d'oiseaux mêlés à des silex taillés de toutes les formes.

Les Combarelles, c'est le palais des gravures. Elles couvrent les parois d'une grotte sinueuse, étroite, de deux cent trente-quatre mètres de longueur, dont un cul-de-sac fut d'abord fouillé par M. Rivière. Il n'y avait là rien de bien particulier; mais à gauche du cul-de-sac commence un long corridor qui fut creusé sans doute par un cours d'eau souterrain et où l'on ne peut souvent avancer qu'en rampant. Ce corridor fut exploré seulement en 1901 par MM. Capitan, Peyrony et l'abbé Breuil. Ils le firent déblayer plus tard par le fermier Bernigne dont la demeure masque l'entrée de la grotte, et par son fils, un petit bossu fort intelligent, bien fait pour circuler à l'aise, comme un gnome protecteur, dans ce long boyau paré de cristallisations et de stalactites étincelantes sous la lumière des bougies. C'est seulement à 118 mètres de l'entrée que commencent les gravures. Peut-être, en raison des variations de la température et de l'humidité des parois de la grotte, se sont-elles délitées avant cet endroit, et l'œuvre des artistes a-t-elle ainsi disparu ; cette absence de dessins dans la première partie des abris est, en effet, générale. La série des œuvres d'art commence par un équidé: zèbre, âne ou cheval ; tout de suite après elles se multiplient, s'enchevêtrent, se superposent si bien que le regard ne sait où s'arrêter ; et parfois un artiste a utilisé une partie d'un dessin préexistant pour l'incorporer dans un dessin nouveau et transformer ainsi, par exemple, un cheval en bison ; souvent des traits ou plutôt des rayures ont été tracés au hasard, pour rien, pour le plaisir peut-être d'entamer la muraille naturelle comme nos écoliers tracent avec la craie des lignes quelconques sur les surfaces qu'ils rencontrent. Et puis des Alice, des Eugénie, des Léon, des Victor de notre époque ont éprouvé le besoin d'outrager de leurs sottes graphies ces vénérables parois quand il était permis d'y entrer comme on voulait. Tout cela rend parfois la lecture difficile, et, en s'y appliquant on retrouverait sans doute d'autres images que celles qui sautent aux yeux, mais celles-là sont nombreuses à souhait sur une longueur d'une centaine de mètres. Il ne s'agit pas ici d'ébauchage informe, prêtant à la discussion ; le trait est sûr, les proportions admirablement respectées ; tout y est : l'œil, les naseaux sont à leur place sur ces figures toutes de profil, mais souvent pleines de mouvement, comme celle de ce renne aux bois fourchus qui court, de ce mammouth à la longue toison qui recourbe sa trompe en arrière, de ces chevaux en marche ou qui ruent, etc. Ce sont d'ailleurs des dessins de grandes dimensions, parmi lesquels on peut remarquer un homme assis et un autre dont le visage est couvert d'un masque grotesque. Un artiste a même réuni dans une sorte de tableau un lion, un rhinocéros et une antilope ; il s'agit peut-être d'une bataille entre ces animaux dont l'antilope a déjà fait les frais.

A la fin, des traits noirs accusent le contour de quelques beaux chevaux ; mais c'est à Font-de-Gaume qu'est le musée de peinture. Nous sommes encore ici dans une galerie sinueuse longue de 120 mètres, à laquelle aboutissent deux corridors convergents dont l'un sert d'entrée et sur laquelle viennent se greffer plusieurs culs-de-sac. Sauf un étroit passage qu'on appelle le Rubicon et où fut naguère encore « coincé » un visiteur obèse qu'on ne put dégager qu'à la pioche, la galerie est assez haute et assez large pour qu'on puisse la parcourir à l'aise à la lueur de lampes à acétylène ; elle est gardée par un artiste autodidacte, comme il convient, M. Crouzel, qui de son métier sculpte des meubles ou des panneaux de bois d'inspiration très personnelle et entre temps fait de la peinture. On visita longtemps la grotte sans se douter de ce qu'elle contenait, si bien que M. Peyrony lui-même, quand il débutait dans l'enseignement, y inscrivit son nom sur une belle peinture de bison sans la voir. C'est seulement, en 1901, qu'en compagnie du Dr Capitan et de l'abbé Breuil il s'aperçut que Font-de-Gaume était un magnifique musée préhistorique. L'ocre rouge et le peroxyde de manganèse délayés dans de la graisse de mammouth ont été utilisés par les artistes magdaléniens, comme la peinture à l'huile par nos peintres modernes. La longue théorie des rennes, des bisons, des chevaux, des mammouths rouges ou noirs commence à 65 mètres de l'ouverture et se continue jusqu'au fond. Dans un petit cul-de-sac, la « salle des bisons », treize de ces animaux sont représentés dans les positions les plus diverses.

Comment les hommes éminemment chasseurs de l'âge de pierre ont-ils été conduits à orner ainsi ces galeries obscures où ils ne pouvaient s'éclairer qu'au moyen de lampes grossières qu'on a retrouvées, comme aussi leurs palettes, et qui étaient faites d'un silex creux où une mèche tissée de brins de mousse entrelacés trempait dans de la graisse ? Lorsqu'ils étaient à la chasse abritaient-ils leur famille dans ces couloirs étroits, inaccessibles aux bêtes féroces et en tout cas faciles à défendre ? Ces sculptures, ces peintures étaient-elles l'œuvre des femmes et des enfants qui se distrayaient ainsi, en évoquant l'image du gibier que les hommes poursuivaient ? Sommes-nous en présence de lieux sacrés où l'on venait en pèlerinage et que l'on ornait pour se rendre propices les dieux, comme le pense M. le docteur Capitan ? L'absence jusqu'à présent de tout débris, de toute arme, de tout squelette semble en faveur de cette dernière hypothèse. Cependant ce sont des silex taillés qui ont amené la découverte de la grande frise de Laussel où six magnifiques chevaux plus grands que nature sont sculptés en demi-bosse et en pleine lumière dans un abri sous roche. Ce chef-d'œuvre de l'âge de pierre acquis par l'Etat est aujourd'hui, grâce à M. Capitan, protégé par une muraille-écran qui assurera sa conservation.

CHAPITRE VI

La protection des animaux sauvages.

Résumé. — Les espèces d'animaux détruites par l'Homme. — Les espèces en voie de disparition. — Les parcs de réserve en Russie. — Les castors. — Les parcs nationaux à l'étranger. — La destruction prochaine des éléphants d'Afrique. — Un photographe héroïque. — Une proposition monstrueuse des hygiénistes. — L'okapi. — La destruction des baleines. — Essais de protection.

Nos ancêtres de l'âge de pierre chassaient le mammouth et le rhinocéros à narines cloisonnées en concurrence sur notre sol avec les lions, les hyènes, les panthères, aujourd'hui refoulés en Afrique et l'on regrette quelquefois que ces êtres puissants ou redoutables aient disparu de nos climats.

L'ardeur avec laquelle la Terre a été explorée en tous sens ne va pas sans être menaçante pour d'autres espèces. Sans tomber dans cette banalité qui consiste à lui reprocher de ne pas grossir à mesure que nous trouvons les moyens de la parcourir ou de l'exploiter plus rapidement, on est bien obligé de convenir que l'homme est devenu tellement encombrant qu'il est en train d'absorber pour lui seul toute la vie du Globe, où il n'y aura bientôt plus de place que pour lui et pour les microbes protégés par leur petitesse. Quand il aura mis en coupe réglée le peu qui reste de forêts vierges, ensemencé de plantes utiles tous les terrains où les botanistes font encore aujourd'hui quelques-unes de ces découvertes qui, dans l'Afrique occidentale, illustrent le nom des explorateurs tels qu'Auguste Chevalier ; quand il aura domestiqué tous les animaux qui lui plaisent et détruit les autres, quelle sera la monotonie de son existence sur cette modeste planète transformée en un vaste potager semé d'étables !

Qu'une pareille caricature de la vie devienne jamais une réalité pour nos descendants, cela paraissait naguère impossible. Un jour que l'on parlait pisciculture marine devant un grand artiste, il s'écria : « Quelle folie ! Vous voulez donc ensemencer l'immensité ! » L'immensité n'est malheureusement ouverte ni aux animaux, ni aux végétaux. Tous sont casaniers, et il suffit de les attaquer dans leur domaine réservé pour les voir disparaître. Ces disparitions ne se comptent plus : les grandes tortues des îles Galapagos, le dronte et le solitaire, ces oiseaux incapables de voler que Leguat au XVIIe siècle avait encore vus aux îles Mascareignes, le grand pingouin du nord de l'Europe, la baleine des Basques qui fréquentait naguère le golfe de Gascogne, la rhytine de Steller, grand mammifère marin de la mer de Behring, exterminée en moins de cinquante ans, ne sont plus que des pièces de musée. Le même sort menace les grands animaux de l'Afrique centrale, pour lesquels la Société zoologique de Londres a obtenu que les gouvernements qui ont des intérêts dans cette vaste contrée prissent des mesures de protection, assez mollement appliquées malheureusement dans l'Afrique française. L'Europe a depuis longtemps réduit au minimum le nombre des grands animaux que l'on chassait encore au Moyen Age dans ses forêts ; le bison, l'élan ces magnifiques bêtes dont la chasse est aussi fertile en émotions que celle du plus grand gibier des pays tropicaux, n'existeraient plus s'ils n'avaient trouvé un refuge accidentel dans quelques grandes propriétés. A côté d'eux des animaux moins imposants, mais intéressants à d'autres titres, tels que le chamois, le bouquetin et le castor, en sont à peu près au même point. Le roi d'Italie a pris le chamois sous sa protection personnelle; le roi d'Espagne le bouquetin; les efforts de M. Galien Mingaud auront peut-être sauvé le castor du Rhône. Ce sont les grands chasseurs qui sont aussi de grands propriétaires qui ont entrepris de sauver le bison d'Europe et l'élan.

Il y a peu de temps encore il ne restait plus en Europe qu'un maigre troupeau de bisons dans la forêt impériale de Bielowicz en Russie; de temps en temps le tsar accordait à quelque prince l'autorisation d'en tirer un. Les jardins zoologiques en obtenaient aussi parfois des individus vivants. Le duc de Bedford en Angleterre, M. Fallz-Fein à Odessa, le comte Branicki dans la province de Kief, et le comte Joseph Potocki, en Volhynie, ont réussi à en reconstituer de véritables troupeaux. La Société nationale d'acclimatation de France a décerné naguère sa grande médaille au comte Joseph Potocki en raison de la création de son magnifique parc de Pilawin. Ce parc mérite d'être connu.

Vous ne trouverez Pilawin sur aucune carte. Ce nom est simplement tiré d'un caractère héraldique, le *pilawa*, qui caractérise les armoiries de la famille Potocki : une croix présentant trois bras superposés à droite et deux à gauche. Il a été créé pour désigner l'enclos de 3.600 hectares prélevé comme réserve de chasse sur la terre de Pitscheff.

Pitscheff, c'est la région des forêts entourées de steppes, loin naturellement des lignes de chemins de fer. Quittant Varsovie à quatre heures du soir, on arrive à la gare la plus proche, Slavouta, à quatre heures du matin. Là de lourdes voitures attelées de quatre chevaux de front, en dix heures de grand trot, conduisent à Pilawin à travers les steppes, plaines, sans fin, maigrement cultivées, parsemées de marécages. La Sologne d'autrefois, avant les plantations de pin qui l'ont assainie et enrichie, devait, en petit, présenter cet aspect. Il y a des routes; mais les ornières en sont si profondes et les fondrières si fréquentes et si larges que les voitures ne s'en servent guère que comme d'une indication de direction; elles sont constamment à côté, et la route paraît avoir ainsi une cinquantaine de mètres de largeur. Les voitures de paysans, toutes attelées de deux chevaux, galopent en marge de ces routes.

Ces paysans à large face barbue, à petit nez retroussé, à long cheveux broussailleux, vêtus de la longue tunique de laine plissée à la taille et barrée d'une ceinture de couleur, chaussés de hautes bottes, ont mine de gens d'un autre âge. Ils saluent en s'inclinant jusqu'à terre; quelques-uns — des vieillards qui ont été serfs sans doute — se mettent à genoux. On est évidemment fort loin des pays conscients, régénérateurs de l'humanité, où sous l'égide des libertés syndicales s'épanouissent les grèves, le sabotage et la chasse aux « renards ».

Des maisons de bois, couvertes de chaume, entourées souvent d'un jardin fleuri, suffisent à ces rustiques Ruthènes; sur leur toit, les cigognes viennent établir leur nid. Debout sur le nid, dressés sur leurs longues pattes, gardés encore par leurs parents, mais tout près de prendre leur essor pour gagner de plus cléments parages, les jeunes regardent paisiblement passer les voyageurs et semblent leur souhaiter bon voyage. Il y a des cigognes partout dans les champs, presque autant que de corbeaux en France; on en trouve jusque sur la place de Koretz, la seule petite ville de la région. Une ville? C'est sa qualité officielle et cette qualité permet aux juifs de s'y établir; ils ne peuvent habiter les villages; on redoute, paraît-il, qu'ils fournissent aux paysans trop d'occasions de dépenses. En fait Koretz n'a que de rares et piètres maisons. Les juifs occupent un quartier spécial, vivent entre eux, vêtus de la lévite à qui Mme Steinheil a fait une célébrité, coiffés d'une petite casquette à visière appliquée sur le front et de laquelle descendent de longs cheveux bouclés. Ils portent ce même costume dans les grandes villes comme Varsovie et Cracovie, moins déchiré seulement et parfois élégant. Rien ne les y oblige aujourd'hui, mais ils se font plutôt gloire de s'en vêtir; ils corsent même, à Cracovie, leur physionomie caractéristique en laissant pendre au-devant de chaque oreille une torsade de cheveux enroulés en tire-bouchon; cette coquetterie ne leur est pas permise en Russie. Il faut reconnaitre d'ailleurs que leur type est infiniment plus fin que celui des Petits-Russiens.

C'est dans ce pays que le comte Joseph Potocki a créé une sorte de Paradis terrestre où les animaux vivent en pleine liberté, trouvent tout le confort nécessaire, non seulement pour se nourrir, mais pour prospérer et se reproduire en pleine liberté. Parmi les arbres, des clairières sont ménagées, où peuvent paitre les animaux à qui ne suffisent pas les jeunes pousses et les feuilles des arbres; ils viennent boire à des étangs où ils se baignent, abrités derrière des rideaux d'arbres qui leur donnent toute sécurité; personne d'ailleurs ne les pourchasse ni ne les tourmente. Une vaste prairie découverte constitue à la fois une pâture et un champ de courses que domine un belvédère d'où l'on peut suivre les ébats des troupeaux sans les troubler en rien. Les cerfs y avoisinent les animaux de labour, à la grande terreur de ceux-ci.

Chaque espèce d'animaux s'est taillé pour ainsi dire son domaine, qu'elle ne défend pas d'ailleurs outre mesure; tout ce monde vit en paix, et pousse la confiance jusqu'à venir au-devant des voitures et parfois leur barrer la route. Il n'est plus question de grilles, ni de murailles; chaque animal va où il veut, mange à ses heures et se couche comme il lui plait. Il n'y a de batailles qu'au moment du rut, et c'est seulement alors qu'il faut prendre quelques précautions pour approcher des hardes.

Les bisons et les élans sont les géants de cette nombreuse population. Ils ont vécu jadis en Volhynie à l'état complètement sauvage. Ils retrouvent à Pilawin les conditions normales de leur développement; rien n'est plus majestueux que ces énormes bœufs à tête puissante, de profil léonin, surmontée de cornes recourbées, encadrée dans une longue crinière brune qui double l'énormité de leur poitrine, en même temps que les épaules surélevées donnent à tout le train de devant un aspect de force irrésistible. Chaque mâle conduit un troupeau de compagnes et en défend l'approche à tout autre individu de son sexe; il y admet, en revanche, les bisonnes d'Amérique aussi bien que ses compatriotes, et chaque année de nombreux petits viennent accroître le troupeau.

Les élans semblent appartenir à un autre âge de l'histoire de la Terre; leur tête grêle, les longues lèvres mobiles qui terminent leur museau, les énormes bois à large palmure qui surmontent leur front, leur forte taille en font des animaux d'aspect apocalyptique; ce sont de beaucoup les plus grands des cerfs.

Presque aussi étrange qu'eux est l'antilope saïga, elle aussi en pleine voie de disparition; c'est l'antilope du Nord, comme le chamois est l'antilope des glaciers. Mais quelle différence entre ces deux types, les seules antilopes européennes. Le chamois, alerte, élégant, avec sa tête fine, coiffée de petites cornes penchées en avant et recourbées en arrière en crochet, intéresse par un air de hardiesse plus espiègle qu'agressif; le saïga, lourd et d'aspect indolent, étonne par sa tête difforme, à nez fortement busqué, tronqué en avant comme un groin et transversalement plissé comme s'il venait d'être refoulé par quelque choc ou s'il subissait un écrasement constant; on dirait une tentative de trompe avortée. Comme l'élan, le saïga semble un animal des temps passés, attardé dans le monde de vitesse auquel le chamois est parfaitement adapté. Celui-ci ne saurait se plaire dans les plaines de Pilawin, où prospèrent au contraire à l'envi toutes les espèces de cerfs. A côté du cerf commun, du chevreuil d'Europe, gambadent en hardes de cinquante à soixante têtes des cerfs Wapiti, des cerfs du Kashmir, des cerfs de Dybowski, et la collection s'accroît tous les jours en nombre par des naissances, en variété par l'introduction de nouvelles espèces qui s'acclimatent dans les meilleures conditions et pourront un jour se répandre dans les forêts.

Le grand coq de bruyère se multiplie également à l'aise dans le parc de Pilawin, et sur les cours d'eau du voisinage vivent encore des castors. Il en reste quelques-uns aux environs d'Arles, en France, où ils sont protégés par des arrêtés préfectoraux provoqués par le regretté Galien Mingaud. Ces gros rongeurs savent, au Canada, construire des huttes de branchages et barrer des fleuves de manière à y maintenir l'eau à un niveau capable de cacher l'une des entrées de leur demeure, se réservant ainsi, en cas de danger, les moyens de fuir sous l'eau. Les castors d'Europe ont depuis longtemps oublié l'art de l'architecte et de l'hydraulicien; ils vivent solitaires et se creusent tout simplement, au bord des eaux des terriers, tout comme les blaireaux et les renards; mais ils ne se nourrissent que d'écorce et même de bois. Dans le parc du comte Branicki, situé dans le gouvernement de Kief, il y a des castors; ces castors, laissés en repos, ont recommencé à vivre en famille, et contrairement à tout ce qu'on pouvait supposer, se sont ressouvenus des talents de leurs ancêtres : ils se sont remis à construire des huttes et des digues. Comment ce souvenir s'est-il réveillé, dans quelle mesure, sous quelles influences? Voilà de quoi faire disserter les théoriciens de l'instinct et de l'intelligence des animaux. Le sujet en vaut la peine et peut changer du tout au tout la position de ces gros problèmes. En attendant, le professeur Stolzmann a étudié avec soin les constructions de ces néo-hydrauliciens. Tandis que les huttes des castors canadiens sont décrites comme toujours divisées en deux étages, il n'y en a qu'un dans celles que M. Stolzmann a étudiées. Est-ce une erreur des savants américains? Les castors d'Europe procédaient-ils jadis autrement que ceux du Canada? Les castors de Kief n'ont-ils retrouvé qu'imparfaitement les vieilles traditions? Ont-ils simplement, dans les conditions où ils se trouvent, jugé inutile de les observer? Ce sont des questions qui, dans l'intérêt de la psychologie animale, doivent être minutieusement examinées.

On n'a pas assez observé avec quelque suite les animaux à l'état de nature; cette étude peut être faite de la façon la plus commode et la plus précise dans les parcs tels que celui que nous décrivons.

En attendant que ces études soient entreprises, l'importance de ces grandes réserves, qui auront pour effet de sauver quelques-unes des belles espèces qui vivaient jadis en Europe, commence à apparaître à tous les yeux. Les États-Unis ont créé jusqu'à 42 parcs nationaux où il est interdit de chasser; il en existe en Suède, en Suisse, en Angleterre, et, en France, l'Esterel et l'Oisans vont être aménagés dans ce sens. L'Allemagne, l'Angleterre en ont créé dans leurs possessions africaines, et nous y arriverons dans notre domaine d'Afrique.

On ne saurait trop signaler les massacres inutiles, souvent stupides à force d'imprévoyance, en tout cas indignes de notre civilisation bien qu'ils en soient la conséquence, dont sont victimes dans les régions les plus diverses du Globe de nombreuses espèces d'animaux. On s'émeut partout de la disparition rapide des plus beaux oiseaux, des plus majestueux, des plus gracieux ou des plus moelleusement vêtus des mammifères.

Voici un exemple de la façon dont marchent les choses. Dans la Haute-Gambie française, en trois mois, du milieu de janvier au milieu d'avril dernier, un sportsman bien connu a tué : douze éléphants, trois girafes, quatre lions, trois panthères sénégalaises, deux chacals, quatre-vingt-douze sangliers, seize hyènes, trente et un hippopotames, vingt crocodiles, deux cent quatre-vingt-quatre antilopes diverses, parmi lesquelles deux de ces magnifiques orcas qu'on nomme en Afrique des élans, par comparaison avec le géant des cerfs européens ; cela fait quatre cent soixante-sept pièces en trois mois, sans compter le menu gibier. Notre Nemrod est sans doute très fier de ces exploits ; à la réflexion, s'il est pris de quelque remords, il s'excusera en invoquant la noble passion de la chasse ou, comme le kronprinz allemand, la poésie du glaive, ou encore l'hymne de reconnaissance que chantent à la gloire du créateur l'adresse et la force de l'homme ; c'est aussi l'excuse des amateurs de courses de taureaux ou des matches dans lesquels les athlètes complets se fracassent réciproquement la mâchoire. De même les femmes se retranchent derrière les nécessités de l'esthétique et la tyrannie inéluctable de la mode pour demeurer insensibles à la destruction de tous les miracles de beauté qu'a su créer la prestigieuse nature pour faire valoir, sous les tropiques, toute la splendeur des rayons du soleil.

Des mots ! Des mots ! comme disait Hamlet ; des

mots pour dissimuler les vieilles passions que nous tenons de nos sauvages ancêtres de l'âge de pierre. Contre les passions on ne peut rien que par la force, parce qu'elles sont aveugles et sourdes, et c'est pourquoi des mesures efficaces sont nécessaires contre tous ces meurtres, mesures que les Anglais, les Portugais, les Allemands, les républiques même de l'Amérique du Sud ont depuis longtemps promulguées et qui ont été prises également, quoique tardivement, et mollement à Paris. Jusqu'en ces dernières années, les officiers anglais, nos voisins d'Afrique, venaient s'offrir chez nous, invités parfois par nos propres administrateurs, les délices cynégétiques que leur gouvernement leur refusait. Il était grand temps d'en finir. Je n'ose dire que c'est chose faite.

Aussi bien ne peut-on s'empêcher de regretter l'ignorance en histoire naturelle des administrateurs qui ont la charge d'organiser des pays dont toute la richesse est faite des productions du sol. Quelques-uns s'éprennent de cette féconde nature des régions tropicales, s'instruisent comme ils peuvent et cherchent auprès des établissements scientifiques de la métropole les notions fondamentales qui leur manquent; mais ni à l'école de Saint-Cyr, ni à l'Ecole polytechnique, ni même à l'Ecole coloniale, il n'est question des produits naturels du sol; la vie est jugée chose négligeable pour l'éducation des jeunes gens qui auront à se débattre au milieu de ses plus luxuriantes productions, dans les pays neufs où s'épanouit à l'aise, en ce moment, notre génie destructeur.

A l'heure actuelle ces pays sont encore merveilleux en certains points. Un frappant exemple. Il y a quelques années, je reçus la visite d'un jeune médecin lyonnais, blond, rose, à l'œil bleu candide, au langage tout imprégné de juvénile enthousiasme. Il était recommandé par un des plus illustres maîtres de la médecine et demandait une mission pour partir en Afrique tout seul, afin d'en étudier la faune dans les régions peu fréquentées encore. J'avoue avoir été séduit par la témérité même de cette ambition. Il n'y a guère que les téméraires qui font de grandes choses, et leur témérité sait fort souvent surmonter les obstacles auxquels les gens prudents préfèrent tourner le dos. On s'effraya cependant dans les conseils qui devaient décider de la mission ; on redouta de laisser cet Eliacin affronter seul la brousse africaine, et on l'engagea à chercher un compagnon expérimenté. Après quelques tentatives qui n'aboutirent pas, il finit par rencontrer un voyageur accrédité par d'importantes maisons anglaises qui connaissait admirablement toutes les colonies africaines et se ferait un plaisir de guider un néophyte ardent et intelligent. Il n'y avait plus de raison de refuser au « binôme » ainsi composé des subsides et un titre de mission. Le Muséum fit le nécessaire ; le jeune docteur partit avec son mentor. Mais le mentor était en réalité un vieux routier qui garda la caisse, employa l'argent on ne sait trop à quoi, si bien qu'un beau jour son pupille se trouva seul, sans ressources, et discrédité au cœur de l'Afrique. Il était impossible de l'aider de si loin et, d'autre part, l'événement semblait justifier toutes les appréhensions du début. Le docteur ne se découragea pas pour cela. Il chercha un modeste emploi pour vivre, et résolut, faute de mieux, de rapporter tout au moins à ses compatriotes pour sa justification, des documents photographiques capables de leur faire apprécier la grandiose beauté de cette Afrique tropicale sur laquelle nous fondons tant d'espérances.

Tranquillement notre « jeune docteur » se mit à photographier de tout près, la nuit, des lions heureusement mis en fuite par l'éclair de magnésium, des rhinocéros, véritables obus vivants qui se jettent sur tout ce qui les étonne, et ils s'étonnent de tout, des troupeaux d'éléphants qu'une chasse sans merci a rendus méfiants et terribles dans leur méfiance, des buffles dont la colère est prompte et meurtrière ; il réussit à surprendre, grâce à des ruses et à une prudence dignes des temps préhistoriques, des bandes de soixante zèbres et de girafes géantes. Tous ces exploits seront contés un jour dans un beau livre avec pièces à l'appui.

Il ne faudrait pas conclure, sur le vu de l'impressionnante série de photographies recueillies par le téméraire opérateur — une des plus belles documentations qui aient été recueillies par un objectif en Afrique tropicale, — que les dangers d'extinction que court la faune d'Afrique ont été exagérés. Notre voyageur lui aussi se lamente sur la disparition prochaine de l'éléphant et il ajoute mélancoliquement : « Seule parmi les nations qui se partagent l'Afrique, la France n'a pris aucune mesure vraiment sérieuse de protection en faveur de ce magnifique animal. Partout, sauf à la Côte-d'Ivoire, les mesures édictées sont absolument insuffisantes et n'arrêteront en rien sa destruction. »

Cette plainte a été écoutée ; le décret de protection de la faune africaine est aujourd'hui signé.

Autre problème.

« On a souvent mis en doute, dit encore le docteur, la possibilité de la domestication de l'éléphant d'Afrique ; la plupart de ceux qui l'ont niée ne connaissent pas l'animal ou le connaissent mal. L'immense majorité des Africains sincères avoueront ne l'avoir vu que mort ou ne l'avoir aperçu que vaguement au milieu de la dense végétation tropicale. Seuls des hommes comme Foa, Selous, Villaert et des éleveurs de la compétence de Hagenbeck, de Hambourg, des Pères du Saint-Esprit du cap Lopez au Gabon, ou des officiers de missions belges d'Afrique ont voix au chapitre et ceux-là affirment la possibilité de sa domestication. Ma modeste connaissance personnelle du grand proboscidien me permet de me ranger absolument à leur avis. Les Belges se sont occupés tout spécialement de cette question et ont sur un affluent de l'Ouillé une ferme où ils possèdent une cinquantaine de jeunes éléphants. Ils sont satisfaits de l'expérience, car ces éléphants rendent déjà des services. »

Mais leur procédé est trop coûteux et trop long ; on n'aura de résultats vraiment pratiques que lorsqu'on pourra se procurer des animaux adultes, suivant les méthodes en usage dans les Indes. On s'est, en effet, appliqué en Afrique à élever et à dresser de jeunes éléphants. Mais l'éléphant grandit lentement ; il demande, quand il est jeune, beaucoup de soins et exige une copieuse alimentation. Il serait beaucoup plus simple de capturer des éléphants adultes à l'aide d'éléphants déjà dressés — on en ferait venir pour cela de l'Inde — et de les dresser à leur tour en leur donnant leurs camarades comme exemple. Il peut se présenter deux difficultés. La première c'est que l'éléphant d'Afrique, assez différent de celui de l'Inde, se méfie de ce compagnon, et lui fasse un mauvais parti, mais l'expérience en elle-même vaut d'être tentée. La seconde réside dans l'animosité contre l'homme qu'a pu faire naître chez l'éléphant d'Afrique la chasse sans merci dont il est l'objet ; mais si on réussit enfin à faire créer les vastes réserves qui sont d'ores et déjà indispensables, ne fût-ce que pour la chasse, on parviendra à amender les violences de caractère que l'on est exposé à rencontrer à l'heure actuelle, et l'animal est trop intelligent pour que les choses ne s'arrangent pas en Afrique comme dans l'Inde.

Seulement il faut se hâter. Sous l'impulsion de M. Bourdarie, l'apôtre de l'éléphant, et de M. Gaston

Tournier, une société des Amis de l'éléphant s'est fondée à Paris; ses doléances et ses propositions ont été présentées à la Chambre par des députés tels que MM. Messimy, Lemarié et Rozet, tous ces efforts n'ont encore abouti à aucun résultat. Il est à craindre que, si l'on n'organise rapidement la surveillance édictée pour la protection de l'éléphant, l'espèce n'ait déjà disparu. De même l'autruche n'existera plus bientôt qu'à l'état domestique et sera dès lors à la merci d'une épidémie, car les centres d'élevage sont encore peu nombreux et sont si peu encouragés en France que dans nos possessions les plus favorables, aussi bien en Afrique qu'à Madagascar, tout est demeuré embryonnaire. Le gouverneur général de Madagascar, M. Piquié, est trop avisé d'ailleurs pour se désintéresser d'une opération qui a enrichi la Colonie du Cap et qui ne demande pour réussir que des champs de luzerne suffisamment étendus.

La *Dépêche coloniale*, sous la signature de M. Jacques Cézembre, signala la disparition prochaine de l'éléphant au Congo; le danger, dit M. Cézembre, est immédiat, et il explique comme quoi les mesures prises pour sa protection sont illusoires.

« On a parlé, dit-il, comme d'une panacée souveraine pour la protection des éléphants, de l'obligation de respecter les animaux qui ne porteraient que des pointes (c'est-à-dire des défenses) inférieures à tant de kilogrammes : cinq, six, huit, peu importe... Le bon billet pour un Nemrod ! Croyez-vous qu'un chasseur ira d'un coup d'œil soupeser la pointe que porte le gibier d'importance qu'il a devant son fusil ? » Non, en conscience, je ne le crois pas... D'ailleurs, dit avec raison M. Cézembre, l'indigène n'a qu'un souci médiocre de l'ivoire. S'il y en a, tant mieux, c'est une bonne aubaine ; s'il n'y en a pas, tant pis ; il reste la viande, qui, boucanée, nourrira des familles entières pendant des semaines. Et pour se procurer cette viande, sans souci des pointes, l'indigène creuse des pièges où viennent tomber des éléphants de tout âge, allume des cercles de feu, entourant des troupeaux entiers, sacrifiés ainsi d'un seul coup, en dehors de toute convoitise d'ivoire.

On ne connaît guère le nombre des éléphants sacrifiés chaque année que par le nombre des pointes enregistrées à la douane. Aujourd'hui toutes les réserves d'ivoire demeurées en Afrique et provenant d'éléphants tués à une époque plus ou moins reculée sont épuisées; tout ce que la douane enregistre provient donc d'éléphants fraîchement abattus. Or, à Matadi seulement, en 1911, il a été embarqué trente mille pointes, ce qui représente déjà quinze mille éléphants tués rien qu'au Congo. Mais ce n'est, hélas! qu'une partie de ceux qui ont été massacrés. On ne compte pas ici les éléphants sans pointe massacrés par les indigènes, ni ceux qui ne portent que de petites défenses, des *escravelles* qui n'ont pas été exportées parce qu'elles n'avaient pas le poids réglementaire de six kilos ; ces éléphants n'en sont pas moins des éléphants reproducteurs, souvent des femelles, qui ne reproduiront plus. On ne compte pas davantage les éléphants porteurs des pointes que les fonctionnaires, officiers, chasseurs et commerçants sont autorisés à emporter ; de sorte qu'en estimant à dix-huit ou vingt mille le nombre des éléphants tués par an dans le Congo belge et le Congo français on demeure au-dessous de la vérité. En Afrique, nous l'avons dit, on en immole 40.000 par an, et il n'y en a que 400.000 !

« Aucune contrée du monde, fût-elle la plus vaste et la plus giboyeuse, ne pourrait suffire longtemps à de telles hécatombes, conclut M. Cézembre, si l'on tient compte surtout de l'arrêt de la natalité qui en est la conséquence. »

Le remède c'est, comme on l'a compris ailleurs, l'institution de vastes réserves avec interdiction de chasse absolue. Il paraîtrait que les nombreuses concessions consenties à des particuliers sans restriction aucune du droit de chasse s'opposeraient, dans une certaine mesure, à l'institution de telles réserves; mais ces concessions accordées en vue de la culture n'ont jamais comporté la transformation en désert du territoire concédé, et la location même du droit de chasse suppose toujours naturellement que le locataire ne détruira pas la chasse qu'il loue. L'objection n'est donc qu'une captieuse argutie de juriste. Des particuliers n'ont pas, pour s'enrichir, le droit de supprimer la population animale du Globe ; et les gouvernements ont le devoir de veiller à ce que de tels abus ne se produisent pas. Les créatures, œuvre d'un long travail de la vie dans le passé, sont des monuments historiques qu'il faut protéger à ce titre, alors même qu'il ne serait pas de notre intérêt de veiller à leur conservation.

La passion brutale du lucre n'est pas la seule cause de la disparition des espèces, elle trouve parfois des complices même dans les régions où elle sévit le moins, dans le monde scientifique, par exemple. Il y a une trentaine d'années, un naturaliste anglais, Gunther, signala à la Nouvelle-Zélande l'existence d'un lézard, le *Sphenodon punctatum*, dont les caractères étaient demeurés immuables depuis la période de formation de la houille. Tous les musées voulurent posséder le curieux animal ; on lui fit une si belle chasse que le gouvernement de la Nouvelle-Zélande a pris le parti de le défendre.

Aujourd'hui c'est le tour de l'okapi, mammifère élégant, ayant l'allure d'une grande antilope, mais qui est en réalité, par sa dentition, par ses cornes très courtes, par la forme de son pied, une girafe dont le cou ne s'est pas allongé. Il vivait en Grèce durant la lointaine période miocène et notre grand paléontologiste Albert Gaudry en avait vers 1860 exhumé les ossements non loin de l'Acropole d'Athènes, à Pikermi. Il avait dédié le gracieux animal à la Grèce, et en avait fait l'*Helladotherium*. C'était le compagnon du lion de Némée, du sanglier d'Erymanthe, dont Albert Gaudry tirait de la fable les noms mythologiques pour les appliquer aux restes fossiles parfaitement réels des lions et des sangliers qui vivaient en Grèce bien avant Homère. Ce fut une stupéfaction lorsqu'en 1900 Ray Lankester annonça que l'*Helladotherium* avait été retrouvé vivant dans les impénétrables forêts de la rive occidentale du Semliki, fleuve qui traverse, au milieu de hautes falaises, les forêts du Congo. Or, M. le lieutenant Léon Wilmet m'écrit qu'avant cinq ans cet animal si intéressant, tout à la fois par ses caractères et par son histoire, aura, lui aussi, disparu.

Enfin, voici un « comble ». Des hygiénistes féroces se sont mis en tête de réclamer tout simplement la destruction totale de la grande faune africaine! Et qu'invoquent-ils à l'appui de cette monstruosité que l'épithète de criminelle ne qualifie pas suffisamment? Les animaux sauvages de l'Afrique seraient la grande réserve où les mouches tsé-tsé viendraient puiser les trypanosomes, parasites du sang, qui ont fait obstacle jusqu'ici à l'introduction en Afrique de nos animaux domestiques. Les hygiénistes en question préconisent dès lors la destruction de tous les magnifiques animaux qui sont la gloire de la terre d'Afrique; ils pourront alors, tout à leur aise, transformer en une vaste étable la vieille Scythie, qui était pour Hérodote la mystérieuse patrie des monstres. A quoi sert donc que M. le Dr Roubaud ait indiqué le moyen de tuer les tsé-tsé, et l'Institut Pasteur des remèdes susceptibles de purger le sang des trypanosomes ?

Messieurs les éleveurs peuvent attendre. Et puis n'y a-t-il que les grands animaux qui soient infestés de trypanosomes ? Est-il bien sûr que les diverses espèces connues de ces parasites ne s'attaquent pas aussi aux petits mammifères? Ne s'établissent-ils pas dans le sang des cabiais et des rats qui sont des rongeurs. Ce sont d'autres espèces, dit-on; mais sait-on si les nombreuses formes que l'on distingue aujourd'hui ne sont pas susceptibles de se transformer à la longue les unes dans les autres? Alors on aurait commis un crime pour rien, supprimé les gros animaux et gardé les mouches. Ne vaut-il pas mieux lutter tout de suite contre les mouches? L'Institut Pasteur plaide déjà d'ailleurs pour qu'on épargne les grands singes, qui sont d'admirables sujets d'expérience.

Et qui sait quelles répercussions pourrait avoir une pareille rupture de l'équilibre de la Nature? Les Anglais n'ont-ils pas dû limiter la destruction des tigres dans l'Inde pour éviter que les antilopes se multiplient trop aux dépens des cultures?

Tout comme les splendides animaux de l'Afrique tropicale, les baleines disparaissent; la chasse effrénée dont elles sont l'objet aura bientôt raison de leurs espèces, car il y en a plusieurs. La plus grande et la plus belle, la baleine franche, baleine mysticète ou baleine du Groënland, est devenue si rare qu'on ne la chasse plus; peut-être est-elle déjà exterminée, car on n'en a pas rencontré d'une façon certaine depuis la fin du xviiie siècle. Ce sera bientôt le tour de la baleine de Sarde ou baleine de Biscaye sur laquelle s'acharnent aujourd'hui les pêcheurs et qui est probablement identique à la baleine de Tarente pêchée en 1877 au sud de l'Italie et à la baleine australe, qu'en raison de son habitat aux environs du cap de Bonne-Espérance, Desmoulins avait considérée dès 1822 comme une espèce distincte. Il ne faut pas s'étonner que la même espèce ait ainsi reçu des noms différents suivant les localités où elle a été rencontrée.

Les baleines, qui peuvent atteindre jusqu'à vingt-cinq mètres de long, ne sont pas, en effet, des animaux de poche que l'on puisse facilement transporter pour les comparer. On a jugé plus commode de considérer comme autant d'espèces celles d'entre elles rencontrées en des régions marines assez éloignées pour qu'on puisse mettre en doute qu'elles aient jamais exécuté un voyage entre ces régions, et on a laissé aux plus patients des naturalistes le soin de débrouiller cette synonymie. C'est ce que viennent de faire pour les vraies baleines sir William Turner, de la Société royale de Londres, qui correspond à notre Académie des sciences [1] et M. Jacques Liouville qui a étendu ses recherches à tous les cétacés de la région antarctique au cours de la dernière expédition du Dr Charcot [2]. Il y a, en effet, de vraies et de fausses baleines. Les vraies baleines ont une tête énorme, correspondant à un bon tiers de la longueur du corps; leurs yeux sont tout petits; par un évent situé sur le derrière de la tête, et qui représente leurs narines, elles soufflent par intervalles un jet d'air chargé de fines gouttelettes qui apparaît de loin comme un jet d'eau pouvant atteindre treize mètres de hauteur. Malgré leur énorme volume, elles n'ont pour tout organe de locomotion que deux nageoires antérieures insérées en arrière des yeux et leur puissante queue qui s'élargit postérieurement en une sorte de nageoire triangulaire, aplatie, horizontale, résultant probablement de la soudure avec l'extrémité de la queue proprement dite de leurs membres postérieurs, dont les os ont disparu, sauf deux baguettes enfouies dans les chairs et représentant ce qui reste du bassin.

L'agilité des baleines tient en grande partie, ce qui

[1]. La baleine de l'Atlantique nord et la baleine du Groënland (Société royale d'Édimbourg, 1913).
[2]. Les cétacés de l'antarctique. — Voyage du *Pourquoi-Pas ?* (1914).

peut paraître au premier abord paradoxal, à leur obésité. Leur peau est doublée d'une couche de graisse huileuse dont l'épaisseur varie de vingt à cinquante centimètres ; plus légère que l'eau, cette graisse leur permet de se maintenir sans effort en équilibre dans les flots, de sorte que leur force musculaire peut être employée entièrement à les déplacer. La graisse étant mauvaise conductrice de la chaleur, elles sont si bien protégées par leur lard abondant contre le pouvoir absorbant de l'eau pour la chaleur que leur température intérieure atteint 39 degrés ; ce serait pour nous la température d'une bonne fièvre. On les chasse pour cette graisse, pour leur chair, pour leurs os et pour leurs fanons. Le poids d'une baleine peut arriver à 150.000 kilogrammes ; c'est l'équivalent de trente éléphants, de quarante rhinocéros ou hippopotames et d'un troupeau de deux cents taureaux. Dans ce poids énorme la graisse entre pour près de la moitié ; mais ce poids est rarement atteint ; les plus grosses baleines ne dépassent guère actuellement 80.000 kilos ; une belle baleine fournit environ 30 tonnes d'huile dont la valeur peut être évaluée à 18.000 francs. Cette somme est doublée par la valeur des fanons. Ceux-ci arrivent, pour un seul animal, à peser ensemble 1.500 kilogrammes, représentant parfois une valeur de 20.000 francs. Malgré l'acier dont on se sert couramment pour « baleiner » les corsets ; malgré le celluloïd qui maintient rigides les cols montants et a l'avantage, quand le col est de tulle ou de dentelle, d'être transparent, les « baleines » sont encore fort employées dans les industries du vêtement, et leur prix, qui s'est élevé jadis à 35 francs le kilogramme, se maintient encore aujourd'hui à 12 francs.

Les fanons sont de très curieuse formation. Ils ne sont pas fixés sur les mâchoires, qui sont veuves de dents, mais sur le palais lui-même ; ce sont des lames cornées, aplaties, atteignant jusqu'à cinq mètres de long, implantées transversalement par leur base à la muqueuse palatine, et s'effilochant en barbelures sur leur bord libre. Chaque fanon apparaît ainsi comme résultant de la soudure d'un faisceau transversal de gros poils; mais quelle chose étrange qu'un animal qui porte sa barbe non plus sur les joues ou le menton, mais dans sa bouche même ! Ce sont d'ailleurs à peu près les seuls poils des baleines; elles ont cependant aussi, quand elles sont jeunes, une moustache clairsemée, formée plutôt de quelques piquants que de poils.

On prenait jadis pour des poils les longs tubes remplis d'œufs que portent les femelles des penelles, crustacés parasites qui s'enfoncent dans la peau des cétacés.

La nourriture de l'énorme animal n'est pas, en apparence, très substantielle, et on se demande comment elle peut suffire à produire, en un temps relativement court, une aussi colossale quantité de chair, d'os, de graisse et d'appendices de luxe comme les fanons ; il faut que la quantité remplace la qualité. La mer est heureusement d'une admirable fécondité, et c'est par une de ces pénétrantes intuitions dont ils étaient coutumiers que les Grecs avaient fait de sa fille, Vénus Aphrodite, la créatrice de la vie. Partout elle balance dans ses flots, en masses profondes, les algues microscopiques et les infusoires qui par les nuits d'orage la rendent parfois lumineuse sur des vastes étendues, les invisibles quoique interminables cohortes de larves transparentes et de menus crustacés qui forment le fond du plancton mais aussi tout un monde gélatineux et chatoyant de méduses, de cydippes, de béroës, de cestes aux reflets d'arc-en-ciel, auxquels se mêlent des siphonophores qui laissent négligemment tomber au-dessous d'eux, comme une pluie de joyaux dans l'azur des eaux, leurs filaments pêcheurs semblables à des chaînes vivantes de pierres précieuses, des légions pressées de hyales, de clios, de cléodores, de psychés, d'eurybies, de créséis, délicats papillons de la mer à qui leur élégance délicate, leurs deux ailes de flexible et pur cristal ont valu d'avoir pour marraines les nymphes les plus gracieuses de l'antiquité.

Les baleines naviguent paisiblement parmi toute cette poussière de vie. Qu'elles ouvrent leur énorme gueule, algues, infusoires, crustacés, polypes, mollusques, petits poissons sont précipités dans le gouffre béant ; le monstre n'a qu'à rapprocher ses mâchoires ; l'eau filtre à travers les fanons, et tout ce qui est tant soit peu solide est déglutí. Jonas n'aurait certainement pu franchir l'étroit défilé par lequel cette purée animée pénètre dans l'œsophage ; il est probablement demeuré confortablement couché sur le doux matelas que constitue la langue épaisse mais immobile de l'animal.

Trouvant partout une abondante nourriture, protégées contre les variations de température par leur épais manteau de graisse, les baleines peuvent affronter toutes les latitudes. Si la baleine franche paraît être demeurée confinée dans les glaces du pôle Nord, la baleine de Biscaye s'est répandue partout. Elle était commune au xviiᵉ siècle dans le golfe de Gascogne où les marins basques se firent une réputation d'adresse et de courage en la poursuivant. En 1661, sous le commandement de Thomas Edge, des navires montés par des équipages basques et armés par une société anglaise voguèrent pour la première fois vers le Spitzberg à la recherche des baleines franches. Depuis, les malheureux cétacés n'ont cessé d'être l'objet de la chasse la plus active, ils ont assez vite disparu de nos eaux ; les Basques s'en sont désintéressés, et leur chasse est presque exclusivement monopolisée aujourd'hui par les marins norvégiens. Mais ils vont partout, sur la côte d'Afrique, dans les mers australes, au Cap, à Madagascar jusqu'aux îles Kerguelen perdues dans l'océan vers le 45° degré de latitude australe, à mi-distance du cap de Bonne-Espérance et de la Tasmanie, jusqu'aux Shetland du Sud dans l'Antarctique. De puissantes sociétés anglaises se sont également formées pour l'exploitation de cette pêche, et même une société argentine. Ces sociétés opèrent dans nos eaux et de la façon la plus fructueuse ; elles y trouvent toutes les facilités désirables, et nos marins n'ont jamais songé à leur faire une concurrence sérieuse. En 1910, M. Gruvel, dont nous avons indiqué plus haut le rôle dans l'organisation des pêcheries de Port-Etienne et de la côte du Gabon, signalait à nos compatriotes, dans diverses conférences, la présence sur ces côtes de nombreuses bandes de cétacés, parmi lesquels la baleine de Biscaye, et surtout la mégaptère de Boops et le grand baleinoptère. Les mégaptères et les baleinoptères sont ce qu'on appelle les fausses baleines. Elles diffèrent des vraies par leurs formes moins lourdes, presque sveltes, leur tête bien plus courte, leur ventre marqué de plis longitudinaux et la présence sur le milieu du dos d'une nageoire impaire, verticale, triangulaire, simulant celle de la plupart des poissons. Les nageoires pectorales des mégaptères sont énormes et atteignent le quart de la longueur du corps qui peut mesurer 35 mètres ; celles des baleinoptères sont proportionnellement, au moins de moitié, plus courtes. Le baleinoptère de Sibbald et le baleinoptère commun de nos côtes sont presque aussi grands que les mégaptères Les fanons de ces animaux sont de petites dimensions, presque invisibles quand leur bouche est fermée ; ils ne pourraient guère permettre une alimentation semblable à celle des baleines ; aussi ces grands animaux vivent-ils de poissons ; ils suivent les bancs de harengs et de maquereaux. On utilise surtout leu huile qui se vend actuellement 600 francs la tonne ; mais on fait aussi avec leur chair de la poudre de viande alimentaire qui trouve facilement preneur à 200 francs, et on pulvérise également leurs os pour servir d'engrais.

Les baleines vraies ou fausses s'étant raréfiées dans les régions arctiques et antarctiques, toutes les sociétés qui n'ont pas fait de bonnes affaires dans ces régions se sont ruées, pour ainsi dire, vers nos côtes d'Afrique ; on n'en compte pas moins de trente, parties surtout des ports norvégiens de Sandefjord, de Larwick, de Christiania qui, avec quatre-vingt-dix bateaux chasseurs, vont exploiter ces régions. Elles y ont été précédées par le *Dominion Whaling C°*, de Sandefjord, qui dès 1911 avait envoyé au cap Lopez, à l'embouchure de l'Ogooué, un navire armé de 6.000 tonneaux, accompagné de deux bateaux chasseurs de 180 tonneaux chacun ; une autre compagnie norvégienne s'était également installée à Port-Alexandre, sur la côte de l'Angola, et avait si bien réussi que les Portugais organisèrent une société mixte actuellement établie dans le petit port de Penya-Amelia, près de Mossamédès, et qu'elle y a été suivie par une compagnie sud-américaine, la *Societa Argentina de Pesca*. Cette société a réalisé 400 °/₀ de bénéfices nets ; les autres sociétés ont réalisé souvent 100 °/₀, jamais moins de 20 °/₀. Or pour couvrir simplement les frais d'exploitation d'un bateau chasseur et de la part du navire armé, dit M. Gruvel[1], il faut tuer entre 80 et 100 baleines ou grands baleinoptères, soit environ 160 à 200 par société industrielle ; on comprend quelles effroyables hécatombes il faut faire de ces animaux pour réaliser 400 °/₀ de bénéfices !

La destruction de tous les cétacés grands et petits

---

1. *Compte rendu de l'Académie des sciences*, 2 juin 1913, p. 1706.

va donc être rapide, et ce sera un véritable désastre scientifique d'abord, industriel ensuite, car, au bout de deux ans, la destruction sera totale.

Deux ans, vous avez entendu ! Ce qui se passe sur la côte occidentale d'Afrique n'est pas une exception. Si les Norvégiens vont si loin chercher les cétacés, c'est qu'ils ont épuisé les mers qui avoisinent leur patrie et qui étaient pourtant naguère d'une richesse qu'on pouvait croire inépuisable. Sur la côte orientale d'Afrique, au Natal, Durban est devenu le centre baleinier le plus important peut-être du monde entier. C'est le siège social de puissantes sociétés de pêcheries anglaises et anglo-norvégiennes qui emploient surtout des marins norvégiens, particulièrement expérimentés dans la pêche des grands cétacés.

D'autres sociétés sont disséminées sur les côtes sud-est de l'Afrique. Toutes ont réalisé des bénéfices si considérables qu'elles en sont venues à redouter un épuisement prochain des eaux anglaises et portugaises où elles ont jusqu'ici presque exclusivement opéré. Dès lors, elles ont jeté les yeux sur une sorte de réserve involontairement créée par notre indifférence sur les côtes de Madagascar. Une loi ne permet, en effet, la pêche, dans les eaux australes françaises, qu'aux citoyens français et à leurs associés étrangers, pourvu que l'association mixte soit approuvée par le gouvernement. Cette loi a suffi tant que les étrangers ont trouvé chez eux les moyens de faire prospérer leurs entreprises; mais le moment est venu où l'avenir paraît incertain et il est de toute évidence que la barrière opposée par la loi sera facilement tournée, si elle ne l'est déjà, pour peu qu'il y ait à cela quelque intérêt. Il suffit, en effet, d'un prête-nom français pour qu'une société puisse être considérée comme mixte et que, sous le couvert de ce prête-nom, elle vienne ruiner nos eaux pour le seul profit de ses nationaux. Il faut, sans doute, l'approbation préalable du gouvernement, mais est-il sans exemple que les gouverneurs aient trop facilement accordé des approbations de ce genre ?

Les pêcheurs du Mozambique, plus puissants encore que ceux de Durban, éprouvent pour l'avenir les mêmes inquiétudes et se tournent, eux aussi, vers Madagascar, où Fort-Dauphin et Tamatave seraient des ports d'attache des plus favorables; ils pourraient, à la rigueur, réaliser le monopole de la pêche des baleines dans ces régions et, comme on dit, les saigner à blanc. Ils ont été déjà plus d'une fois en conflit avec les sociétés anglaises qui pourraient peu à peu, d'autre part, occuper tranquillement notre côte en y établissant des usines de dépeçage.

Malgré leur éloignement de toute terre et à cause de cet éloignement même, les îles Kerguelen ne sont pas moins convoitées. Elles ont été concédées aux frères Bossière, du Havre, qui ont cédé une partie de leur privilège à une société norvégienne et une autre partie à la Société des Pêcheurs de Kerguelen, dont le siège est à Paris. La chasse aux cétacés ne peut manquer de devenir sous peu très intensive, même aux îles Kerguelen.

Les grands cétacés sont donc menacés partout d'extinction prochaine. Les cachalots, aussi grands que les plus grandes baleines, ont leur mâchoire inférieure armée de dents; ils se défendent mieux; mais ils fournissent aussi de l'huile, du spermaceti dont on fait les bougies transparentes, des os et, comme ils se nourrissent exclusivement de calmars qui sentent le musc, de certains déchets de leur digestion on extrait le précieux parfum qu'on appelle l'ambre gris. Ils sont donc, eux aussi, activement poursuivis. De ces géants, dont la taille a déjà diminué, on passera au menu peuple et ce sera le tour des orques, des marsouins et des dauphins.

Il serait nécessaire qu'une réglementation internationale étudiât : « 1° la protection des jeunes en interdisant leur capture au-dessous d'une certaine taille; 2° la création de zones de réserve où la chasse serait rigoureusement interdite; 3° la limitation du nombre des sociétés industrielles de pêche pouvant opérer sur une certaine longueur de côtes; 4° l'obligation d'utiliser la totalité de la masse des cétacés capturés pour éviter le gaspillage actuel. En attendant, la Société d'Acclimatation et la Société des Etudes maritimes et coloniales ont adopté les quatre vœux que nous venons d'énumérer; l'Académie des Sciences a été saisie. Enfin le gouvernement s'est ému et, sur l'avis d'une commission compétente nommée à cet effet, le ministre des colonies, M. Lebrun, a fait signer, le 12 avril 1914, un décret réglementant avec sagesse la pêche de la baleine sur les côtes de nos possessions lointaines.

Ce décret ne résout pas encore complètement la question qui est internationale au premier chef, comme l'a fait justement remarquer M. René Boissière au Congrès de l'Association française pour l'avancement des Sciences qui s'est tenu au Havre, au mois de juillet 1914.

Nous avons parlé dans ce chapitre des férocités qu'inspirent à certains hygiénistes cette affection affolante qu'on appelle la « peur des microbes ». Il est bon de dire maintenant ce que sont les maladies à trypanosomes qui leur causent tant d'effroi.

CHAPITRE VII.

Mouches, Microbes et Maladies

Résumé. — Mouches inoculatrices des maladies. — Les maladies à trypanosomes ; la maladie du sommeil. — Contagions et épidémies. — L'ultra-microscope et les microbes invisibles. — La cinématographie des microbes. — Le fusil cinématographique de Marey. — Application du cinématographe à l'embryogénie. — La peur des microbes. — Les deux maladies vermineuses des moutons : douve et strongle.

La lumière resplendissante du soleil, la puissance d'une végétation, invincible conquérante d'un sol qu'elle défend contre les violences des ouragans et les convoitises de l'homme, l'éclat des floraisons, l'invraisemblable beauté des oiseaux et des papillons, le mystère de la forêt vierge voisine, tout semble avoir été spontanément réuni dans les régions tropicales pour une fête éternelle de la vie. Malheureusement, le public convié à la fête est fort mêlé. Les grands carnassiers, les animaux venimeux, les ravageurs de toutes sortes s'y empressent ; les microbes aussi. Le sang et le poison coulent un peu partout, et les plus terribles maladies semblent être la rançon de toute cette joie surexcitée par le soleil. Elles atteignent l'homme non seulement dans sa personne, mais dans les animaux qui le servent. Beaucoup d'entre elles se répandent avec une déconcertante rapidité, défiant toutes les ressources de la médecine ; elles ont longtemps filtré à travers toutes les barrières qu'on a essayé de leur opposer. Les fièvres paludéennes, la fièvre jaune, la peste, la lèpre déciment les populations. Dans les régions chaudes de l'Asie, les chevaux succombent au *surra* qui peut supprimer en quelques années toutes les bêtes de trait d'une contrée. Le surra est remplacé au Brésil par le *caderas*, dans l'Afrique du Sud par le *galziekte* propagé par l'*Hippobosca rufipes*; au Soudan par le *souma*, qui s'attaque spécialement aux bêtes bovines; dans l'Afrique tropicale par le terrifiant *nagana*, qui tue non seulement les chevaux et les ânes, mais aussi les bœufs, les moutons, les chèvres, les porcs, les chiens. Une maladie analogue, le *m'bori*, détruit les dromadaires du Sahara et du Soudan; une autre en Gambie, est particulière aux chevaux, et la liste de ces affections meurtrières s'accroît tous les jours.

Toutes ces maladies des animaux domestiques s'accusent par des accès de fièvre violents et irréguliers auxquels succède une anémie profonde, accompagnée de larmoiement, de gonflement de certaines régions du corps, d'engorgement des ganglions lymphatiques, d'apparition sur la peau de plaques qui souvent se dénudent, suintent ou s'ulcèrent. Puis surviennent des phénomènes de paralysie partielle, surtout des membres postérieurs; l'amaigrissement, la faiblesse font de rapides progrès; enfin, la mort arrive au bout d'un temps qui, en moyenne, varie chez les chevaux de quinze jours à deux ou trois mois.

Les animaux sauvages peuvent être atteints aussi bien que les animaux domestiques. De même qu'une mortalité exceptionnelle des rats annonce la peste dans l'Inde, l'approche d'une épidémie de caderas est annoncée au Brésil par le nombre croissant des cadavres de *capybara* que l'on trouve le long des rivières; ce sont d'énormes rongeurs sans queue, hauts sur pattes, de mœurs aquatiques, ayant un peu le port et le pelage du cochon. Malgré les ressemblances qu'ils présentent dans leurs effets, le *surra*, le *caderas*, le *nagana*, etc., sont des maladies distinctes ; on peut les inoculer artificiellement à un assez grand nombre d'animaux, mais elles ne sont pas mortelles pour les mêmes ; les bœufs et les chèvres, par exemple, guérissent du surra et meurent du nagana. Les animaux qui survivent à l'une d'elles sont, en général, vaccinés contre elle, mais non contre les autres ; il s'agit donc bien de virus distincts.

Presque partout où sévissent ces redoutables épidémies des animaux domestiques, les habitants du pays ont accusé de leur propagation des mouches piquantes plus ou moins semblables à nos taons, à nos mouches charbonneuses, à nos mouches de cheval ou hippobosques. Quelques-unes, les *tsé-tsé*, se sont acquis dans l'Afrique tropicale la plus lugubre réputation. Du temps de Livingstone, une simple piqûre de l'une d'elles passait pour mortelle. Cela était vrai ; les tsé-tsé ont été longtemps, de ce fait, un obstacle presque invincible à la colonisation des pays qu'elles infestaient. Mais il y avait une telle disproportion entre la quantité de venin qu'un aussi petit insecte peut déposer dans une plaie et les effets de ce venin, qu'on s'est demandé si la mouche était bien la véritable coupable, et si elle ne se bornait pas à véhiculer, sans en souffrir pour son compte, quelque parasite mortel, en raison de la rapidité de sa multiplication dans le sang des bêtes qu'elle piquait. Les animaux volants, qui jouent, sans le vouloir, le rôle d'aéroplanes pour d'autres animaux et même pour des plantes, est assez considérable : les oiseaux transportent ainsi, par exemple, les cocons qui contiennent les œufs des sangsues et des vers de terre, les graines gluantes du gui, etc. Quel pouvait être le parasite transporté par les tsé-tsé? A ce sujet, l'examen du sang des animaux malades devait fournir aux savants les plus vives surprises. En 1841 un naturaliste suisse bien connu,

Valentin, découvrait dans le sang de la truite de petits infusoires mobiles, extraordinairement actifs, en forme de lancette allongée et pointue aux deux bouts, bordée sur un côté par une frêle membrane ondulée, elle-même ourlée par un filament qui se prolongeait en arrière de l'animal et contribuait à sa propulsion, comme la godille d'un rameur le fait pour une barque ; il y avait aussi une petite rame antérieure. L'année suivante des infusoires analogues étaient aperçus dans le sang des grenouilles par plusieurs naturalistes ; l'un d'eux, le Français Gruby, leur donna le nom de trypanosomes, qui signifie simplement, en grec, que leur corps est en forme de tarière. Depuis ce moment, des trypanosomes divers furent signalés non seulement chez d'autres animaux aquatiques, mais chez des lézards, des rats, des oiseaux ; ils paraissaient tout à fait inoffensifs, malgré leur multiplication rapide, par une division longitudinale de leur corps en deux moitiés strictement égales. En 1880 seulement, la face des choses changea. Le docteur Griffith Evans démontra que le surra était provoqué par un trypanosome auquel on a donné, en toute justice, le nom de trypanosome d'Evans. David Bruce, Kanthack, Durham et Blandford, de 1896 à 1898, découvrirent de même un trypanosome chez les animaux atteints de nagana ; puis ce fut le tour du caderas (docteur Elmassian ; 1901), du galziekte (A. Theiler, 1902), du m'bori (docteur Cazalbou, juin 1903), de la maladie des chevaux de Gambie (Dutton et Todd, 1902) et de diverses autres affections passées plus ou moins inaperçues. Les trypanosomes de toutes ces maladies étaient bien inoculés par les mouches piquantes.

En général, ces mouches appartiennent à des espèces qui habitent un pays déterminé et n'en sortent pas ; de plus, elles ne sont aptes à transporter que certaines espèces de trypanosomes et ne propagent par conséquent que les maladies dont ils sont les agents spéciaux ; mais il n'en est pas toujours ainsi, et parmi toutes les mouches qui ont jadis constitué une des plaies de l'Égypte, il en est une qui pourrait, à l'occasion, devenir dangereuse pour nos animaux domestiques, dans notre propre pays : c'est une mouche fort commune dans nos prairies où elle tourmente les bœufs ; elle pénètre fréquemment en automne dans nos habitations ; mais on ne s'en méfie pas, bien qu'elle s'attaque volontiers à nous, en raison de son extrême ressemblance avec la mouche commune. Un peu plus courte, les ailes un peu plus écartées, la tête pourvue en avant d'une sorte de petit bec horizontal, acéré, qui permet de la distinguer tout de suite, elle se tient sur les vitres dans une attitude opposée à celle de la mouche domestique. Cette mouche (le *stomoxe calcitrant*) est presque cosmopolite ; elle est un des agents de transmission du surra et pourrait propager cette maladie dans nos étables si des bêtes qui en seraient atteintes étaient amenées en France. C'est elle qu'on accuse déjà d'être un des agents d'inoculation du charbon.

Les trypanosomes ne sont pas d'ailleurs uniquement transportés par les mouches ; ils déterminent chez les chevaux et les ânes une autre maladie, la *dourine*, dont l'Europe n'est pas exempte et qui est propagée à la façon de l'avarie dans l'espèce humaine.

Hélas ! les trypanosomes ne nous épargnent pas non plus. C'est à l'un d'eux encore qu'il faut attribuer une maladie qui désole nos plus belles colonies africaines, le Congo notamment, et qui est devenue célèbre sous son nom pittoresque de *maladie du sommeil*[1]. Elle est propagée, elle aussi, par une tsé-tsé, la *Glossina palpalis*.

1. Découvert par le docteur Forde en 1901 chez un malade atteint de fièvre, ce trypanosome n'a été reconnu comme déterminant la maladie du sommeil qu'en 1903 par Castellani, puis par Bruce.

S'endormir doucement dans la paix du Seigneur, suivant le style biblique, paraît la mort la plus souhaitable ; malheureusement l'affection débute par des accès de fièvre de plus en plus violents, mais irréguliers, et qui résistent à la quinine, des maux de tête, une surexcitation de la sensibilité qui rend tout contact douloureux, et bientôt se déroule toute une scène lamentable de misère physiologique. La maladie du sommeil, qui semblait d'abord particulière aux noirs, n'a pas tardé à faire des victimes parmi les blancs ; elle a pris depuis quelque temps une telle extension que toutes les puissances coloniales ont dû se préoccuper d'organiser contre elle une lutte méthodique. La part de la France dans cette lutte a été des plus brillantes. Déjà en 1903, le Dr Brumpt s'était signalé par de belles recherches au Congo ; en 1906, sur l'ardente initiative de M. l'ambassadeur Le Myre de Vilers, une importante mission partait pour l'Afrique. Elle comprenait deux médecins : les Drs Gustave Martin et Lebœuf et un naturaliste, M. Roubaud. La Société de géographie, dont M. Le Myre de Vilers était alors président, prit sous son patronage les recherches qui allaient être entreprises. Le ministère des Colonies, le gouvernement général du Congo, l'Académie des sciences, le Muséum national d'histoire naturelle, la Société de géographie, la Caisse des recherches scientifiques, Mme la baronne Leonino, presque toutes les sociétés coloniales contribuèrent à fournir les 200.000 francs nécessaires pour mener à bien cette belle œuvre d'initiative privée. Les résultats en ont été consignés dans un magnifique volume publié sous les auspices de la Société de géographie, à la rédaction duquel ont concouru tous les membres de la mission [1].

D'une enquête complète sur la répartition de la

---

1. Masson, éditeur, 120, boulevard Saint-Germain.

maladie et des mouches piquantes au Congo, il résulte que la diffusion de la maladie ne remonte guère à plus de douze ou quatorze ans. Originaire du bas Congo français et du bas Congo indépendant, elle a remonté le cours du fleuve à la suite de l'invasion des Européens, qui engageaient comme porteurs les nègres, jusque-là sédentaires, des régions contaminées. La route des caravanes, toutes les concessions et factoreries auxquelles elles donnaient accès furent ainsi totalement infestées, ainsi que les localités que traversaient les porteurs malades et où abondaient des glossines jusqu'alors inoffensives. Le fléau s'est étendu de là jusque sur les côtes, gagnant même Libreville, remontant le cours de l'Ogooué, suivant celui de la Sangha et de ses affluents. Il arrive maintenant dans le Haut-Oubangui, et s'avance sur la route du Tchad. Il envahirait sans doute avant peu, si l'on n'y prenait garde, toute la contrée habitée par la *Glossina palpalis*.

Il était donc de première importance de déterminer les régions où prospère la dangereuse mouche. Ces régions forment une large bande côtière s'étendant du 15e degré de latitude nord au 11e degré de latitude sud, de laquelle se détache une vaste plage couvrant toute la région occidentale de l'Afrique tropicale du 8e degré de latitude nord au 10e degré de latitude sud et s'arrêtant vers l'Est à la région des grand lacs. Là, les glossines affectionnent surtout les régions forestières et les galeries boisées qui prolongent la grande forêt équatoriale vers le cœur du Soudan.

Formé à l'école entomologique et coloniale qu'est le Muséum d'histoire naturelle, M. Roubaud a suivi les glossines minutieusement dans toutes les phases de leur existence. Au péril de sa vie, il a réussi à mettre en lumière les traits les plus essentiels de leur histoire. Par une exception rare dans les familles d'insectes auxquelles elles appartiennent, les glossines sont vivipares; elles pondent non pas des œufs, mais de petites larves, de petits vers bien vivants qu'elles portent quatre ou cinq jours dans leur matrice, où elles grandissent de la taille de 2^{mm} à celle de 4^{mm}. C'est alors qu'elles sont mises au jour. Chaque femelle vit environ trois mois, et dans cet espace de temps pond huit larves seulement. Les larves n'ont ni tête ni pattes; elles ont la forme d'un fuseau terminé en arrière par deux protubérances arrondies, de couleur brune; mais elles peuvent se contracter de toutes façons et à peine nées s'enfoncent rapidement dans le sol. Presque aussitôt leur peau se détache, se durcit et forme ce barillet brun, bien connu de tous ceux qui ont observé les transformations de la mouche commune. Dans ce barillet la larve a pris un aspect nouveau, qu'elle n'abandonnera qu'au bout de 32 à 33 jours pour devenir, après une nouvelle mue, une glossine adulte prête à s'envoler. M. Roubaud a étudié tous ces phénomènes avec un soin, une science, une habileté d'observation qui font de son travail un véritable modèle, une œuvre définitive. Une conclusion pratique se dégage immédiatement de ses études. Les nymphes des glossines sont très délicates. Elles ne peuvent vivre que dans les localités où la température demeure voisine de 25°. Or, sous les tropiques cette température constante n'est maintenue que dans les régions boisées et broussailleuses qui avoisinent les cours d'eau. Partout ailleurs la température monte habituellement, à certaines heures du jour, au delà de 30°, et la nymphe meurt. Le débroussaillement ou déboisement partiel des régions parcourues ou habitées par l'homme est donc une opération préventive des plus efficaces contre la maladie du sommeil.

N'est-ce pas plus simple que de mettre à mort tous les grands animaux d'Afrique et pourquoi pas les nègres eux-mêmes, quand on y est?

La glossine n'est pas d'ailleurs pour le trypanosome

un moyen de transport accidentel. L'infusoire avalé par elle subit dans sa trompe de curieuses transformations, s'y fixe, s'y multiplie et il est inoculé avec la salive du diptère. Le trypanosome est donc lui aussi un parasite de la *Glossina palpalis*, et c'est parce qu'il peut vivre longtemps dans sa trompe et s'y multiplier, qu'elle devient son moyen essentiel de propagation. Cela demande un certain temps; mais une glossine qui vient de piquer un malade emporte aussi des trypanosomes qu'elle peut semer immédiatement. Il a fallu, pour découvrir ces faits, élever des glossines en cage comme de jeunes oiseaux. C'est dans cet élevage et dans le parti qu'il a su en tirer que s'est montrée toute l'ingéniosité de M. Roubaud.

Dans de larges tubes de verre fermés par un morceau de mousseline, il a pu garder plusieurs mois ses mouches funèbres. Leur trompe lavée, elles deviennent inoffensives. Il les nourrissait en appliquant le tube renversé sur la peau d'un animal; les mouches suçaient à travers la mousseline le sang de leur victime ; elles se sont, dans ces conditions, parfaitement reproduites et se sont prêtées à toutes les observations.

L'Institut Pasteur est sur la voie d'un traitement actif de la redoutable maladie.

Nous avons passé dans les chapitres qui précèdent de la planète Mars à la Terre; nous avons fait connaissance avec ses pôles glacés, avec les profondeurs de la mer, avec le monde tropical, et celui-ci nous a conduits aux microbes; pénétrons maintenant dans ce monde, qui a aussi ses mystères.

Il y a des microbes si petits qu'ils demeurent invisibles, même avec l'aide de nos plus puissants microscopes. On les a d'abord simplement devinés, un peu à la Sherlock Holmes; on sait aujourd'hui démontrer leur existence. La plupart de ceux qui causent les maladies contagieuses ou épidémiques, celles qui sont les plus fréquentes, dans nos pays notamment, sont révélés par des microscopes suffisamment puissants, et sont retenus par des filtres suffisamment fins, comme les filtres de porcelaine de Chamberland. On peut les cultiver hors de l'organisme dans des milieux artificiels appropriés : bouillon de poulet, plaques de gélatine, agar-agar, etc. Ces microbes de culture injectés dans les vaisseaux ou les tissus d'animaux sains provoquent chez eux l'apparition des symptômes mêmes dont souffraient les malades sur lesquels ils ont été pris; il est ainsi bien démontré qu'ils en sont la cause. Pasteur et ses élèves ont si bien établi ces faits pour le charbon, la fièvre typhoïde, le choléra, la tuberculose, le rhumatisme articulaire, la peste, la lèpre, voire même le rouget du porc, le choléra des poules, etc., qu'ils sont devenus la base de la médecine moderne. Cependant Pasteur lui-même avait déjà rencontré une première exception : il avait deviné dans la rage une maladie microbienne, mais il en trouva le remède sans en avoir jamais vu le microbe, et personne depuis n'a réussi à le voir. Cependant toutes les allures de la rage copient si exactement celles des maladies causées par les microbes que nul ne douta que, pour se tenir mystérieusement caché, l'auteur de la rage ne fût également un vrai microbe, peut-être extrêmement petit, peut-être seulement assez transparent pour échapper à l'attention. On le chercha activement; on le cherche encore. Il en est de même pour la fièvre jaune, qui désole tant de contrées tropicales. Elle est épidémique au premier chef; elle n'est pas contagieuse.

La différence entre ces deux sortes de maladies est aujourd'hui fort simple à préciser : une maladie contagieuse est une maladie qu'on ne contracte qu'en touchant le malade; une maladie épidémique est une maladie dont l'agent sort du malade pour venir par un procédé quelconque à votre rencontre. Il use d'ailleurs pour cela des véhicules les plus variés : l'air suffit pour la grippe, la rougeole, la diphtérie, la scarlatine, etc.; c'est ce qui a fait inventer les *miasmes* et donné si mauvaise réputation aux brouillards, aux émanations des marais et à celles des étangs. L'eau paraît nécessaire pour la fièvre typhoïde et le choléra; mais pour d'autres maladies, le prétendu miasme est un de ces nombreux animaux piquants, considérés longtemps comme simplement désagréables, qui guettent notre sommeil ou nous attaquent hardiment en plein jour pour se nourrir de notre sang : les puces transportent ainsi la peste; les punaises, les réduves, les tiques sont accusées de divers méfaits moins bien définis; certaines de nos mouches, les *Stomoxes* notamment, si communes en automne et si semblables à notre mouche domestique, ont la réputation de transporter occasionnellement le charbon, et nous venons de voir comment d'autres, peu différentes, les diverses tsé-tsé, ont rendu inhabitable le centre de l'Afrique pour nos animaux domestiques et propagé chez les noirs la terrible maladie du sommeil, qui semble n'avoir jusqu'ici épargné les colons que parce qu'ils sont mieux protégés par leurs vêtements et leurs habitudes. Un de nos moustiques vulgaires, l'anophèle, propage les fièvres paludéennes; un autre moustique, très commun dans les pays chauds, classé par les naturalistes dans le genre *Stegomya*, propage la fièvre jaune; les poux du corps transportent les microbes de la fièvre récurrente et du typhus exanthématique; la mouche commune elle-même, en sa qualité de touche à tout, est un actif porteur de microbes de toutes sortes.

Les microbes qui produisent la maladie du sommeil ou les fièvres intermittentes sont relativement faciles à apercevoir au microscope, soit dans le sérum du sang, soit dans les globules mêmes; il n'en est pas de même de ceux qui déterminent la fièvre jaune. Comme pour la rage, on n'a pu apercevoir aucun microbe dans le sang des malades atteints de cette fièvre. Ce sang est cependant virulent; il garde sa virulence après avoir traversé des filtres très fins, mais il la perd en cinq minutes si on le chauffe à 53° ou si on le garde huit jours hors du malade; trois jours après le début de la maladie, les moustiques qui piquent le malade demeurent inoffensifs; ceux qui l'ont piqué durant ces trois premiers jours sont au contraire infectieux et le deviennent de plus en plus à mesure qu'ils vieillissent. Tout se passe donc comme s'ils avaient ingéré un microbe qui se multiplierait dans leur tube digestif. On a pu établir sur ces données toute une série de mesures préservatrices qui se sont trouvées parfaitement efficaces. C'est une présomption infiniment intéressante, en raison de son caractère pratique, de l'existence du microbe infectieux; mais la présomption laisse toujours un fond de scepticisme. Saint Thomas a fait école parmi les hommes de science; avant tout, ils veulent voir de leurs yeux, et ils ont cherché, sans se décourager, à refouler les limites de l'invisible. Depuis longtemps, des procédés délicats de coloration ont rendu visibles les organismes trop transparents. Mais finalement, on s'est attaqué au microscope lui-même; de fort simples modifications apportées à la façon habituelle de se servir de ce merveilleux instrument en ont fait l'*ultra-microscope*. Il a suffi pour cela de changer le mode d'éclairage. Les objets que l'on examine au microscope ordinaire sont éclairés par-dessous et se dessinent sur un fond blanc; les parties trop transparentes se fondent en quelque sorte dans le champ lumineux. Mais si l'on substitue à la lumière concentrée, envoyée par-dessous au moyen d'un miroir concave, une lumière rasante, intense, envoyée à l'aide d'un miroir parabolique, éclairant la surface des préparations, les menus objets apparaissent brillants sur un fond noir et se détachent avec une netteté remarquable. De petits points que l'œil le plus exercé ne distinguerait pas sur un fond blanc apparaissent sur le fond noir comme de minuscules étoiles. Sans doute la netteté des détails y perd, mais en revanche une part de l'invisible devient visible.

Un jeune docteur en médecine, fort versé dans l'étude des infiniment petits, M. le Dr Commandon, usant de l'outillage puissant dont dispose la grande usine cinématographique des frères Pathé, a fait une merveilleuse application de cet ultra-microscope ; il a réussi à photographier les images « ultra-microscopiques » sur des bandes de cinématographe, et à projeter, grossies à grande échelle, sur un écran, toutes sortes de scènes animées, habituellement réservées à l'œil des plus habiles micrographes. Des globules du sang se disputent à qui passera le premier dans le délicat réseau des capillaires d'une patte de grenouille; des globules blancs, ces carnassiers du petit monde qui circule dans nos vaisseaux, s'attachent aux globules rouges, les enveloppent lentement en se laissant, pour ainsi dire, couler autour d'eux et les dévorent; de grêles flèches, rigides et délicates, enroulées en vrille à tours serrés, s'élancent à corps perdu parmi les éléments sanguins d'un oiseau : ce sont des *spirochètes*, ou même des Spironèmes pâles, les dangereux auteurs des « avaries » contre lesquelles M. Brieux a mené une si vigoureuse campagne d'éloquence; des anguillules en forme de fuseau, pourvues sur toute leur longueur d'une active nageoire ondulante, bousculent pour se frayer un passage, en serpentant sans arrêt dans leur foule serrée, des globules du sang deux ou trois fois plus petits qu'eux; ces monstres sont des *trypanosomes* du sang du rat ou du sang de l'homme. Sur d'autres plaques, on assiste à la coagulation du sang, aux déformations des globules sous l'action de la dessiccation, etc.

Ce spectacle produit une vive impression, même sur ceux qui sont habitués à examiner minutieusement, dans le silence du laboratoire, des préparations microscopiques. Depuis longtemps on photographiait des préparations à l'état inerte; mais on n'avait pas songé que le cinématographe pût reproduire devant un public nombreux le grouillement d'une culture de microbes, comme il reproduit celui d'une foule, ou détailler sous l'œil curieux du physiologiste les mouvements d'un infusoire. C'est toute une voie nouvelle ouverte pour l'enseignement des sciences dont le domaine est l'infiniment petit, et pour les délicates études qu'elles comportent. Les êtres infimes que l'on désigne sous le nom d'Infusoires sont munis de membres minuscules extraordinairement variés : rames, pattes, crochets, styles, etc., qui leur permettent de nager, de marcher, de se fixer, de sauter, tout comme les plus agiles des animaux supérieurs. Comment fonctionnent toutes les pièces de cet arsenal locomoteur; quelles causes les mettent en mouvement ou les arrêtent; quelle psychologie mystérieuse combine leur action? Les images passagères que peignent dans nos yeux des mouvements aussi rapides sont trop fugitives pour que nous puissions en tirer aucun parti, et là cependant réside peut-être le secret de nos propres facultés; on peut désormais les faire paraître aussi ralentis qu'on veut.

Ce n'est pas le premier service qu'aura rendu à la science la cinématographie. Elle ne fait que revenir aux laboratoires de physiologie d'où elle a pris son vol pour envahir les théâtres, s'emparer des plus vastes salles de spectacle et captiver d'innombrables spectateurs, en donnant une apparence de réalité aux fantaisies les plus extravagantes que puisse rêver un cerveau en délire, ou en reconstituant dans tous leurs détails des scènes de la nature qu'on a rarement occasion d'observer, comme ces scènes de la vie des animaux qui, après avoir fait courir tout Londres, furent offertes, par M. Gaumont, en primeur, aux invités de la première fête des Amis du Muséum d'histoire naturelle et soulèvent encore partout l'admiration.

Le cinématographe fut une des plus jolies inventions — on l'oublie peut-être trop aujourd'hui — du plus aimable et du plus ingénieux des physiologistes, Marey. Marey passa toute sa vie à imaginer une multitude de délicats appareils au moyen desquels il forçait tous les organes en mouvement à inscrire eux-mêmes, dans les moindres détails, le chemin parcouru par chacun de leurs points. Les modifications apportées par les émotions douces ou violentes aux battements du cœur s'inscrivaient sur ses cylindres enfumés tout aussi bien que les contractions des pattes d'une grenouille, les battements de l'aile d'un oiseau ou les mouvements des jambes d'un coureur. Lorsqu'il fut possible d'obtenir ce qu'on appelle aujourd'hui des « instantanés », Marey songea à tirer parti de la photographie pour fixer les attitudes successives d'un animal ou d'un homme en mouvement ; puis à obtenir des séries de ces images disposées sur une même bande, comme celles de ce jouet bien connu, le zootrope, qui donnent aux enfants l'illusion d'un cheval qui court, d'une fillette qui saute à la corde, d'un oiseau qui vole ou même d'une bataille entre gamins. Avec ces bandes, il était facile de constituer un vrai zootrope permettant de reproduire à loisir, aussi lentement qu'on voudrait, toutes les phases des mouvements rapides d'un animal. Ce fut le premier cinématographe. L'appareil photographique imaginé par Marey pour étudier le vol des oiseaux avait la forme d'un fusil avec lequel l'oiseau était visé et suivi dans son vol. On a pu voir, aux expositions d'aviation, de remarquables moulages représentant les attitudes successives d'un oiseau au vol, exécutés sous la direction même de Marey, et ces moulages n'ont pas été inutiles aux aviateurs.

Depuis la mort de Marey, sa méthode a été portée à un degré de perfection tout à fait déconcertant. L'acuité du sifflement que produisent les battements de l'aile d'un moustique au vol donne une idée de la rapidité extrême de ces battements ; ce sifflement est bien près de la limite supérieure des sons que l'oreille humaine peut percevoir ; or cette limite correspond à 38.000 vibrations par seconde. On est cependant parvenu à analyser ces battements. On a aujourd'hui des plaques suffisamment sensibles pour être impressionnées par une pose dont la durée n'excède pas un quarante-deux millième de seconde ; c'est-à-dire qu'à la rigueur on pourrait faire, si on procédait sans arrêt, 42.000 images d'un objet en une seconde. C'est une limite qu'il est, pour toutes sortes de raisons mécaniques, impossible d'atteindre, et d'ailleurs des images aussi rapprochées d'un objet en mouvement sont inutiles.

Afin d'obtenir des séries d'images nettes, consécutives, capables de se superposer dans l'œil de façon à produire l'illusion d'un objet en mouvement, chaque image étant aussi précise que si l'objet était au repos, Marey éclairait l'objet d'une manière continue et faisait passer rapidement devant lui un écran percé de fentes régulièrement espacées, qui tour à tour le masquait et le laissait apparaître devant l'objectif ; mais il est difficile d'obtenir ainsi un mouvement suffisamment rapide et régulier. On a pensé alors à éclairer l'objet d'une manière intermittente à l'aide d'un miroir oscillant ou d'un miroir tournant qui l'illuminerait à chaque oscillation ou à chaque tour, en arrivant à une certaine position ; mais le mouvement était encore trop lent pour la sensibilité de la plaque, bien que les images successives ne fussent séparées que par 1/215ᵉ de seconde. Enfin un physiologiste de l'institut Marey, M. Lucien Bull, a demandé l'éclairage à des étincelles électriques presque instantanées se produisant à intervalles égaux. Il a ainsi obtenu 1.500 images en une seconde.

Un pareil procédé permet de fixer toutes les attitudes de l'aile d'un moustique au vol. On obtient ainsi toutes les phases d'un mouvement rapide, qu'on peut ensuite reproduire avec la lenteur nécessaire pour son étude.

Mais s'il y a des phénomènes naturels qui se produisent avec une trop grande rapidité pour que notre œil puisse sans secours en saisir, et surtout en fixer les détails, d'autres sont au contraire tellement lents que nous avons de la peine à en faire la synthèse : la croissance d'une plante, l'épanouissement d'une fleur, les transformations successives d'un animal en voie de développement sont dans ce cas. En prenant à intervalles réguliers des photographies disposées sur une bande, on peut à l'aide du cinématographe, synthétiser d'une manière saisissante ces phénomènes ; c'est ce qu'a réussi à faire, non sans succès, M. Pizon, professeur d'histoire naturelle au lycée Janson-de-Sailly. Mᵐᵉ Chevroton-Franck et M. Vlès ont, de leur côté, reproduit, à partir de la segmentation de l'œuf, toutes les phases des transformations si curieuses des oursins, et mis en évidence des phénomènes dont on n'avait pu apprécier l'importance, en raison de l'extrême lenteur avec laquelle ils se produisent.

La méthode se prêterait aussi probablement à la démonstration de certaines lois scientifiques. Les espèces diverses des animaux et des végétaux se laissent disposer en longues séries dont chaque terme semble né du précédent et avoir engendré le suivant. Un individu appartenant à une espèce quelconque de ces séries passe, pour arriver de l'œuf à son état adulte, par la série de formes qui l'ont précédée et reproduit ainsi sa généalogie. Mais cette répétition est nécessairement abrégée, et s'abrège d'autant plus, en général, qu'il s'agit d'une forme plus récente. Dans cette galerie naturelle et mobile de portraits d'ancêtres, les portraits se succèdent bientôt si rapidement qu'ils arrivent à se pénétrer les uns les autres, donnant lieu à des formes moyennes qui sont réalisées suivant des règles déterminées. La cinématographie serait particulièrement apte à faire saisir nettement les phénomènes d'accélération embryogénique, et pourrait ainsi, entre des mains expertes, préparer d'importantes découvertes.

* *
*

L'invisibilité des microbes a eu, depuis qu'ils sont devenus célèbres, une curieuse répercussion chez les gens d'imagination ; elle a engendré chez eux une véritable maladie psychique voisine de cette peur de l'inconnu qui rend timides les voyageurs nocturnes ; on pourrait l'appeler la *microphobie*. Elle rend suspect tout ce qui peut être susceptible de jouer le rôle de porteur de microbes, et l'on entend des conseillers de prudence s'écrier un peu partout :

« Méfiez-vous des chats, des rats, des marmottes, des puces, des mouches, des moustiques, des perruches, des chèvres, des fourmis, des tapis d'Orient qui arrivent dans nos ports, du lait, de l'eau claire, du vent, de l'air empesté des voitures publiques, des théâtres, des rues, des jardins, des squares, des cafés, des restaurants, des églises ; ne vous laissez pas embrasser, ne donnez à personne votre main sans l'avoir soigneusement gantée ; surtout flambez vos couteaux, vos fourchettes, vos cuillers, vos assiettes, vos verres avant de vous en servir ; faites bouillir toutes vos boissons ; n'engagez aucune conversation avec qui que ce soit sans vous être assuré que la personne qui vous parle n'a frôlé aucun typhique, aucun scarlatineux, aucun grippé, aucun douloureux phtisique ; faute de ces précautions vous courez les plus grands dangers. Il y a des microbes partout. »

J'ai connu une mère de famille dont la sollicitude avait cherché à imposer aux siens seulement la moitié de ces mesures de prévoyance en temps de choléra : « Plutôt mourir ! » déclarèrent unanimement tous les siens. Et de fait, si les microbes étaient aussi dangereux que semblent l'indiquer les flots d'encre qu'ils ont fait couler, il y a beau temps que les hommes auraient subi le sort imaginé par Wells pour les habitants de la planète Mars, auxquels il prêta l'audace d'envahir la Terre : ils ne purent s'accommoder des microbes, qui les firent disparaître. Si nous résistons mieux, c'est sans doute que nous nous sommes entendus avec ces invisibles ennemis. Pasteur a réussi à créer des races inoffensives de bactéridie charbonneuse qui protègent contre les atteintes des races plus virulentes. Il est bien possible que de telles races se créent naturellement pour les autres microbes, et que par elles, nous soyons tout doucement, à notre insu, vaccinés contre les races meurtrières. De trop grandes précautions suppriment les uns et les autres, et quand une cause imprévue de contagion apparaît, les organismes trop abrités pour avoir subi cette vaccination discrète se trouvent tout à fait désarmés. C'est, en partie, ce qui rend si délicats les enfants surveillés avec excès.

Il serait toutefois aventuré d'agir comme ce philosophe que l'on mettait en garde contre les vers grouillant dans le fromage qu'il savourait, et qui répondait tranquillement, tout en continuant à avaler ses tartines : « Tant pis pour eux ». Certaines épidémies peuvent être évitées ; les barrières opposées à l'envahissement du choléra et de la peste ont été efficaces. Si les vignerons avaient été plus dociles, plus prévoyants, plus instruits, plus scrupuleux, on aurait évité l'envahissement de nos vignes par le phylloxera ; avec quelque attention, on limita aussi deux épidémies qui sévissent sur les moutons et les chèvres du centre de la France et causent à nos éleveurs, dans les années humides, des pertes de nombreux millions. Les moutons en meurent par centaines ; des troupeaux entiers sont détruits en quelques semaines ; cette mortalité qui a récemment fait de nombreuses victimes est l'œuvre de la *cachexie aqueuse* et de l'*anémie pernicieuse*. Toutes deux sont dues à des vers parasites appartenant à des groupes très éloignés l'un de l'autre et se comportant très différemment. Celui qui produit la cachexie aqueuse est aplati ; il a la forme et les dimensions d'une feuille de troëne ; il se loge dans le foie, s'établit dans les canaux par lesquels se déverse la bile, et rend bientôt impossible le fonctionnement de l'organe important dans lequel il trouve le vivre et le couvert ; c'est la *fasciole hépatique* ou *douve du foie*. La douve est ordinairement accompagnée d'une espèce voisine, plus petite, et qui, à elle seule, ne paraît pas très redoutable : c'est le *distome lancéolé*. Ces vers sont hermaphrodites.

L'anémie pernicieuse est provoquée par la présence dans l'estomac et l'intestin des moutons d'un *strongle*, ver allongé en forme de fuseau, ordinairement enroulé en spirale et fixé à la muqueuse du tube digestif par la bouche. Les deux sexes sont ici séparés ; le mâle a un ou deux centimètres de long ; il est reconnaissable à l'élargissement en bourse bilobée de son extrémité postérieure; la femelle peut atteindre trois centimètres.

Les années par trop pluvieuses qui ont avoisiné 1911 ont certainement joué un rôle dans le développement de ces deux maladies. Elles ont surtout accrédité parmi les éleveurs l'opinion que l'humidité est la seule cause des deux fléaux qui les ruinent, comme on accuse encore les « miasmes » qui se dégagent des marais et des étangs de toutes sortes de méfaits, et notamment du développement des fièvres paludéennes. Ce sont là de dangereuses erreurs. Elles orientent dans une fausse direction les mesures préventives des éleveurs, les rendent insuffisantes, et, d'autre part, favorisent leur inertie, parce que n'étant pas maîtres de la pluie et du beau temps ils croient devoir se résigner. Or, par cette résignation l'éleveur ne se ruine pas seulement lui-même ; il expose aussi ses voisins à la ruine en gardant chez lui un foyer de propagation de deux redoutables maladies. On ne saurait trop redire qu'en cas de maladie épidémique frappant soit les plantes, soit les animaux, tous les propriétaires d'une même contrée sont étroitement solidaires, et que la faute d'un seul peut ruiner tous les autres; c'est en cela que les professeurs régionaux d'agriculture et les syndicats agricoles doivent jouer un rôle des plus efficaces et des plus bienfaisants.

Les parasites suivent parfois pour arriver à leur hôte un chemin des plus compliqués. La ruse d'Ulysse bourrant de guerriers un cheval de bois pour pénétrer dans Troie n'est rien auprès de celles que beaucoup de modestes vers semblent employer pour pénétrer dans leur hôte. Les ont-ils inventées tout seuls ou bien une providence narquoise les a-t-elle imaginées afin d'atteindre, dans quelque dessein mystérieux, soit des espèces qui lui déplaisaient, soit certains individus de cette espèce que nos médecins légistes déclareraient certainement irresponsables ? Bernardin de Saint-Pierre, convaincu que le melon présentait des côtes pour indiquer qu'il devait être mangé en famille, et que les fruits poussaient sur les arbres afin que le bruit de leur chute indiquât qu'ils étaient mûrs, se serait sans doute contenté de ces hypothèses ; ces prétendues ruses soulèvent des questions plus profondes et leur étude est bien autrement instructive.

Il a fallu de grands efforts pour arriver à découvrir le chemin suivi par les douves pour arriver jusqu'au foie du mouton ; le problème était d'importance. A diverses reprises, la cachexie aqueuse, connue depuis le XVIe siècle, avait ravagé nos troupeaux. En 1812, l'arrondissement d'Arles avait perdu à lui seul 300.000 bêtes ; en 1830, la moitié des bêtes à cornes de l'arrondissement de Montmédy avaient péri ; et ces épidémies se répétaient avec une régularité désespérante, tantôt dans un département, tantôt dans un autre. L'Angleterre était encore plus éprouvée : la cachexie y était endémique et tuait chaque année 10.000 moutons. On proposa un prix de 50.000 francs pour qui découvrirait les ruses d'attaque de la douve. Presque en même temps, en 1882 et 1883, le naturaliste allemand Leuckart et le naturaliste anglais Thomas arrivèrent à la solution d'une façon absolument méthodique.

Les douves qui infestent les moutons et les bœufs dans les pays d'élevage du monde entier appartiennent à un groupe très nombreux de vers plats, tous parasites, et dont les diverses espèces ont chacune leurs hôtes de prédilection. Ces hôtes peuvent être pour l'animal adulte un mollusque, un poisson, un reptile, un oiseau, un mammifère ou l'homme lui-même. Mais le plus souvent le parasite n'arrive à eux qu'après avoir passé une partie de sa vie dans un ou deux hôtes tout différents, et même, au début, avoir vécu librement. A chaque changement dans son genre de vie, le parasite change de forme, et vous pensez s'il est facile de suivre un être aussi capricieux et aussi polymorphe. Au sortir de l'œuf, il a tout l'air d'un infusoire qui nage à l'aide d'une infinité de menues rames disposées en toison sur tout son corps ; c'est alors un *miracidium*. Ne vous effarouchez pas du mot ; il a en grec une signification des plus gracieuses ; il désignait, à Athènes, la jeune fille à l'âge où, chez nous, elle commence à allonger sa robe et à remplacer par le chignon les longues nattes pendantes. Ce *miracidium* demeure assez longtemps en liberté ; mais il finit par pénétrer dans le corps de quelques-uns de ces escargots, qui vivent dans l'eau comme d'autres vivent à terre. Se laisse-t-il avaler ou pénètre-t-il par effraction, pour ainsi dire, à travers les tissus ? La bouche de quelques espèces est munie d'un aiguillon dont la présence ne s'explique guère que par la nécessité d'opérer cette effraction. En général, le *miracidium* va se loger dans le foie du mollusque. Arrivé là, il perd ses cils et se transforme peu à peu en une sorte de sac sans organes, le *sporocyste*, dans l'intérieur duquel prendront bientôt naissance de nouveaux organismes allongés, pourvus d'une bouche, d'un estomac en forme de sac, présentant à leur extrémité postérieure deux moignons de membres et une courte queue massive et pointue ; c'est alors une *rédie*. Chez les petits oiseaux chanteurs, on trouve souvent une sorte de douve dont le sporocyste se développe dans un joli mollusque vivant sur les joncs et autres plantes des marécages, à qui sa mince coquille translucide a valu le nom d'*ambrette*. L'ambrette agite constamment, quand elle est épanouie, deux longues cornes délicates, semblables à des vermisseaux ; quand elle loge un sporocyste, celui-ci ne s'allonge pas seulement, il se ramifie ; ses branches sont annelées de jaune et de vert ; deux d'entre elles pénètrent dans les cornes transparentes du mollusque qui ressemblent alors à deux petites chenilles. Un oiseau passe, les gobe, sans se douter que cette apparence est un piège tendu à sa gourmandise, au bénéfice des douves. Il a de ce seul fait donné leur asile définitif à cinq ou six parasites.

Mais les choses ne se passent pas toujours avec cette simplicité. D'ordinaire les rédies donnent naissance soit à de nouvelles rédies, soit à des organismes encore différents, en forme de raquette, dits *cercaires*; le disque des cercaires contient tous leurs organes, qui cette fois ne diffèrent guère de ceux de l'animal adulte ; mais ce disque est muni d'une queue extrêmement mobile — le manche de la raquette, — qui va être bientôt utilisé. Les cercaires ne tardent pas, en effet, à quitter leur hôte. Quand on conserve en aquarium ces Mollusques d'eau douce, à coquille pointue, dont le nom de *limnée* est assez généralement connu, on voit souvent tomber au-dessous d'elles comme une sorte de pluie de cercaires grosses comme la tête d'une petite épingle, et qui s'agitent en tous sens. Ces cercaires deviennent des douves dans l'intestin des chauves-souris[1] ou des grenouilles[2], ou des canards[3], mais pas tout de suite. Elles s'éparpillent auparavant dans l'eau où vivent les limnées et vont isolément demander asile soit à une larve aquatique d'insecte, soit à un autre mollusque ; chaque cercaire ainsi logée perd sa queue, s'enveloppe dans une membrane protectrice et attend, tapie dans une immobilité complète, que son hôte temporaire serve d'aliment à son hôte définitif. Elle est alors dans la place, y achève son développement et y commence ses ravages.

Pourquoi tant de complications ?

On ne voit pas bien le Créateur — ou la suppléante qu'on lui donne quand on ne veut pas le nommer et qu'on appelle la Nature — se disant : « Voici un canard; maintenant que je l'ai bien construit, je vais m'amuser à le détériorer en introduisant subrepticement

[1]. *Distomum ascidia*. — 2. *D. hystrix*. — 3. *D. militare*.

dans son corps des vers parasites. Le plus simple serait, sans doute, de les faire manger par le canard : mais le canard, que j'ai fait subtil, dédaignera cette maigre pitance ; alors je vais loger mes vers dans une appétissante limnée qui les nourrira pendant un certain temps ; puis, pour être bien sûr de ne pas manquer le but, je vais à partir de ce moment distribuer mon produit entre toutes les limnées de chaque étang de manière que tout canard imprudent soit aussitôt infesté ». C'est trop de prévoyance, trop d'astuce et trop de petitesse, et le malin lui-même, tout désireux qu'il soit d'ennuyer les créatures, a trop à faire pour s'occuper d'aussi petites choses. Non. Tout simplement le *miracidium* est un être peu difficile, qui s'accommode de ce qu'il trouve au début, mais devient délicat à mesure qu'il avance en âge ; mal logé, mal nourri, il se hâte de se reproduire comme font les plantes en mauvais terrain ; sa progéniture hâtive demeure imparfaite, se perfectionne dans un hôte nouveau, mais insuffisant encore pour la conduire à bien ; elle recommence alors à se multiplier, mais en se perfectionnant de plus en plus, et arrive enfin dans un dernier abri à son état parfait[1]. Tout cela se passe entre animaux habituellement réunis, vivant chacun pour son compte et, en cas de disette, se tirant d'affaire de leur mieux.

Mais revenons à nos moutons. Ils ne vivent pas de coquillages. Comment les douves peuvent-elles les atteindre au point que l'on en trouve quelquefois près d'un millier dans un seul foie ? Des naturalistes très avisés se mirent à l'œuvre. On savait que de l'œuf des douves sortait un *miracidium* ; il était probable que

---

[1]. Ces phénomènes, que le naturaliste danois Steenstrup désigne sous le nom de phénomènes de *génération alternante*, sans d'ailleurs les expliquer, rentrent dans la loi très générale de la tachygénèse ou *aublication embryogénique* dont j'ai, dans divers ouvrages, montré toute l'importance.

ce *miracidium* se comportait comme les autres et habitait d'abord un mollusque. En 1873, Willemoës Suhm incrimina d'abord un mollusque terrestre, la limace champêtre, très commune aux îles Féroë, où la cachexie est endémique. En 1875, von Linstow soupçonna une délicate planorbe aquatique que les moutons auraient mangée par mégarde. En 1883, à l'intérieur d'une petite limnée commune dans toutes les eaux douces et qui grimpe volontiers sur les plantes des marécages où elle vit, Weinland découvrit une cercaire épineuse qui, au sortir de la limnée, perd sa queue, rampe à l'aide de ses ventouses sur les objets voisins et paraît s'enfermer, sur les feuilles mêmes, dans sa membrane protectrice; il soupçonna que c'était la cercaire du distome hépatique. La même année Leuckart et Thomas fournirent la preuve qu'il ne s'était pas trompé.

Dès lors apparaissent les moyens de préserver les moutons. Ce n'est plus qu'une affaire d'attention. La limnée coupable appelée par les naturalistes *Limnea truncatula* est un peu plus grosse qu'un grain de blé; elle est donc bien visible à l'œil nu. Tous les possesseurs de moutons devraient la connaître et éviter de conduire leurs moutons dans les pâturages où elle est commune. Pour la détruire dans ces pâturages, il faut les drainer, les assécher autant que possible afin de lui rendre l'existence difficile, et y répandre de la chaux ou du sel marin qui tuent tout à la fois les limnées et les cercaires. Quand un pâturage aura été ainsi assaini, il faudra bien se garder d'y ramener des troupeaux contaminés. Ces pâturages doivent être réservés aux jeunes agneaux dès qu'ils pourront se passer de lait maternel. Il faudra aussi éviter de nourrir les moutons à l'étable avec du foin provenant des pâturages suspects.

Le traitement des moutons atteints est difficile et peu fidèle. On a proposé les tourteaux de colza, les feuilles résineuses, les genêts, les ajoncs qui ont au moins l'avantage de ne pas recéler de causes d'infection. On a aussi proposé la gentiane, l'écorce de saule, la chicorée sauvage, l'absinthe, le genièvre, les sels de fer, la teinture d'iode à raison de 10 gouttes par décilitre d'eau, la graine de lupin, la suie à raison d'une ou deux cuillerées par jour. Un régime fortifiant, comportant en outre des sels de fer et du sel marin, semble en définitive ce qui convient le mieux. Mais tout est loin d'être éclairci dans la question du mode d'invasion des moutons et par conséquent de la prophylaxie de cette désastreuse maladie sur laquelle, à l'école d'Alfort, M. le professeur Raillet a fait d'importants travaux.

Pour l'anémie pernicieuse les choses se passent plus simplement. Le ver qui la produit[1] et qu'on trouve d'ailleurs associé à un grand nombre d'autres dans la caillette et la première partie de l'intestin du mouton et de la chèvre, appartient à la malfaisante famille des strongles qui s'attaquent à une foule d'animaux. Leur bouche est souvent renforcée par une capsule fibreuse formant ventouse, ou armée de dents propres à entamer les muqueuses et par leur morsure ouvrant la porte de l'appareil circulatoire aux multiples microbes qui n'attendent dans le tube digestif qu'une occasion de nuire. Une espèce géante[2] de ce genre, dépassant un mètre de long, détruit le rein des chiens et s'attaque quelquefois à l'homme ; une autre, minuscule, grosse comme un poil, fait parfois périr tous les lièvres d'un canton ; une troisième[3] étouffe les oiseaux de basse-cour, les faisans et les perdrix en formant dans leur gorge des paquets où les mâles et les femelles sont tendrement unis en couples inséparables; une quatrième[4] détermine chez

---

1. *Strongylus contortus*. — 2. *Strongylus gigas*. — 3. *Syngamus trachialis*. — 4. *Ankylostoma duodenale*.

les mineurs une anémie pernicieuse qui sévit aussi en Egypte sur les fellahs; une cinquième pénètre dans les artères du cheval et y détermine des anévrismes, etc. L'épidémie de « strongylose » qui se développe trop souvent sur les moutons n'est pas moins meurtrière que la cachexie et comporte des précautions analogues. Les œufs des strongles qui la déterminent se développent dans la matrice des femelles et les jeunes éclosent peu après la ponte. Ils vivent un certain temps en liberté, sans doute au voisinage des excréments des moutons, accomplissent plusieurs mues, et à la faveur de la pluie ou de la rosée des nuits, grimpent jusqu'au bout des brins d'herbe. Là ils s'enveloppent d'une membrane protectrice et attendent patiemment d'être mangés pour reprendre leur vie active. Il faut une température de 15 ou 12° pour que les embryons prospèrent; aussi est-ce au printemps, en général, que la maladie apparaît. Assécher les prés marécageux; brûler les fourrages des prairies infestées; ne pas donner de fourrages verts suspects à la bergerie; isoler les agneaux des mères parasitées que l'on peut facilement reconnaître par l'examen des excréments, ce sont à peu près les seules mesures qu'on puisse recommander[1]. Quant au traitement, il consisterait à mettre les sujets épuisés au régime sec et au repos absolu; à les nourrir d'avoine concassée, de son, de farine d'orge, de tourteaux ou de féveroles; à adjoindre à ce régime pendant huit ou dix jours consécutifs, huit grammes par jour et par bête de poudre de fougère mâle, de noix d'arec ou de *semen contra*; on donnera comme boisson de l'eau rouillée ou contenant cinq grammes par litre de créosote de houille.

Le strongle des moutons doit être encore étudié pour qu'on soit tout à fait maître de la lutte contre lui.

1. Moussu. *Bulletin de la Société d'acclimatation*, 1910, p. 92 et 145.

CHAPITRE VIII

Les algues méphitiques et les algues auxiliaires

Résumé. — Les fortes saveurs. — Le « goût de vase » des poissons. — La couleur des huîtres de Marennes. — Les associations mutuelles d'animaux et de végétaux. — La symbiose des convolutes et des algues. — Symbiose des algues et des champignons. — Les lichens. — Une théorie de la constitution des organismes.

Chacun son goût.

Il y a une cinquantaine d'années, les chemins de fer abordaient à peine le Plateau Central de notre France. Les vieilles traditions s'y étaient conservées et l'on y observait notamment volontiers le maigre du vendredi, ainsi que le repos tout à la fois hebdomadaire et dominical que les subtils hygiénistes de l'Eglise avaient imposé aux insatiables estomacs de nos robustes ancêtres. Ces jours-là, on consommait beaucoup de poisson et même du poisson de mer. C'était généralement de la raie qui avait péniblement voyagé en diligence, et l'on distinguait deux sortes de raies : la « raie douce » et la « raie forte ». La première était préférée des femmes, la seconde était recherchée par cette catégorie d'hommes qui pensent démontrer leur force et faire en quelque sorte preuve de stoïcisme en infligeant à leur palais toutes sortes de tortures; le poivre, le piment, le gingembre, les alcools concentrés, l'absinthe, les amers plus ou moins apéritifs font dans leur bouche le ménage qu'ils peuvent avec les bouffées de fumée d'une pipe consciencieusement saturée de nicotine par un long service quotidien; et ce qui démontre à quel point est fragile notre goût de la liberté, au bout de quelque temps, ces fortes « bouches » ne peuvent plus se passer de leur torture; elles la réclameraient violemment si on les en privait. Il y a d'ailleurs, comme on sait, des femmes qui aiment à être battues.

La « raie forte », c'était de la raie en pleine décomposition, de la raie dégageant de l'ammoniaque à « narine que veux-tu ? » Le curieux, c'est que, si l'on avait offert à ces amateurs de saveurs déconcertantes une bouteille de vin « sentant le bouchon » ou du poisson d'eau douce « sentant la vase », ils auraient repoussé l'un et l'autre avec horreur. On n'a aucun mérite à supporter une saveur fade qui n'irrite pas les muqueuses : aussi aucun industriel n'a-t-il eu l'idée de lancer le vin à l'essence de bouchon comme on a lancé des quinquinas divers, et le poisson pénétré d'essence de vase est-il demeuré universellement déprécié.

Eh bien, il faut réhabiliter la vase; elle n'est pour rien dans le mauvais goût du poisson. Un ingénieux naturaliste, à qui l'on doit de belles découvertes sur divers parasites microscopiques, M. Louis Léger, a fondé, à Grenoble, une station de pisciculture qui prend chaque jour plus d'importance, et a déjà rendu de nombreux services. Il y a mené à bien une série de recherches qui établissent d'une manière définitive la cause du goût de vase, précisent les conditions dans lesquelles il se développe et permettront sans doute, pour la joie des gourmets, de l'éviter.

L'innocence de la vase était déjà soupçonnée; on avait pensé que les coupables pouvaient être d'élégantes petites herbes assez communes dans les étangs et qu'on nomme des *Charas* en latin, des Charagnes en français. Ces charas atteignent quelques décimètres de long; l'une d'elles a mérité le nom de charagne fétide, qui suffit à rendre toutes les autres suspectes. Elles appartiennent à la classe des algues, la plus inférieure du règne végétal, celle des plantes qui n'ont pas encore appris à fleurir et qui, n'étant jamais sorties des eaux, n'ont pas eu à développer des racines pour chercher dans le sol de quoi s'abreuver. Sur leur tige grêle et cassante, des rameaux à peine plus grêles sont disposés en une série de couronnes.

Les charagnes sont également innocentes du « goût de vase ». M. Louis Léger a fait vivre des poissons, les uns dans des bassins dont le fond était couvert d'une vase abondante, mais qui étaient alimentés d'eau pure; les autres dans des bassins à fond de cailloux ou de sable et abondamment pourvus de charagnes : aucun n'a pris le « goût de vase ». Ce sont pourtant des algues qu'il faut accuser, mais des algues toutes petites, à peine visibles, parfois d'ailleurs si abondantes dans les étangs qu'elles en rendent l'eau trouble et verdâtre; elles sont simplement formées d'un chapelet de menus grains, englués chez quelques espèces dans une petite masse gélatineuse; on les nomme des Oscillaires parce qu'elles ont la faculté de se mouvoir, sont attirées par une douce lumière, redoutent un violent éclairage et semblent chercher à s'abriter contre lui. Elles s'accommodent des conditions d'existence les plus variées. Quelques espèces sont dénuées de substance verte et se rapprochent ainsi des bactéries qui vivent si souvent à nos dépens et sont la cause la plus fréquente de nos maladies; elles peuvent être nuisibles comme elles; tels sont les leuconostocs qui s'opposent à la cristallisation du sucre dans les raffineries. Les eaux de Barèges doivent leurs qualités spéciales et leur odeur repoussante à une oscillaire voisine des leuconostocs, qui a la propriété de fabriquer de l'acide sulfhydrique et du soufre en décomposant le sulfate de chaux.

Les oscillaires vertes flottent dans l'eau des étangs ou tombent sur le fond et s'y développent en minuscules touffes. Elles sont abondamment consommées par tous les menus animaux : larves d'insectes, vers, mollusques dont beaucoup de poissons font leur proie; elles sont avalées sans cesse quand elles sont abondantes aussi bien par les poissons carnassiers que par les poissons herbivores. Or, elles contiennent une essence odorante que M. Louis Léger a pu isoler et dont l'odeur est une exagération de la prétendue « odeur de vase ». Quand l'algue a été digérée, cette essence se répand dans tous les tissus de l'animal et lui communique son parfum spécial. Dans les étangs à oscillaires, aucun poisson n'échappe à cette imprégnation, mais elle n'arrive pas au même degré chez tous. L'essence d'oscillaire se concentre, en effet, particulièrement dans les glandes de la peau. Ces glandes sont très nombreuses chez les anguilles et les tanches qui sont, pour cette raison, les plus fortement atteintes; les gardons et les carpes viennent après; les truites, les perches, les brochets sont plus faiblement pénétrés, parce qu'ils n'absorbent que l'essence qui a déjà imprégné leur proie et s'y est diluée.

M. Louis Léger n'a pas manqué, comme bien on pense, de vérifier expérimentalement l'action de l'essence d'oscillaire; il a fait vivre des poissons dans des bassins nettoyés de toute vase et ne contenant pas de charagnes, mais infestés d'oscillaires; tous ces poissons ont pris le goût de vase.

Jusqu'à présent, on n'a aucun moyen d'éviter le développement des oscillaires dans les étangs, peut-être d'ailleurs parce qu'on ne s'en est pas préoccupé; mais dès maintenant les pisciculteurs sont tout au moins avertis qu'ils ne doivent jamais établir de viviers ou de bassins d'élevage aux dépens d'étangs infestés de ces algues s'ils veulent avoir des poissons de bonne qualité.

Comme le goût de vase des poissons disparait quand on les fait « dégorger » quelques jours dans de l'eau courante et pure, il existe probablement un moyen plus rapide ou même immédiat d'obtenir ce résultat.

*
* *

S'il est des algues fâcheuses pour la valeur culinaire des animaux qui les absorbent, il en est d'autres au contraire qui sont la marque de la bonne qualité de leur chair. C'est, en effet, à une autre algue, dont elle se nourrit, que l'huître de Marennes doit la belle teinte verte de ses branchies. L'algue contient non pas une essence odorante, mais une teinture qui résiste à la digestion et passe à l'état de gouttelettes dans les cellules glandulaires des branchies du mollusque.

Les algues microscopiques analogues à celles dont nous venons de parler abondent dans toutes les eaux ; les animaux aquatiques en avalent inconsciemment des quantités, mais certaines espèces se défendent, comme se défendent nos vers intestinaux contre les sucs digestifs, et s'établissent purement et simplement dans les tissus de l'animal où elles continuent à prospérer. Il y a des animaux dont les tissus sont toujours bourrés de ces algues; tels sont les Radiolaires, au délicat squelette d'opale qui flottent dans le plancton. Il en est qui prennent dès lors une couleur verte aussi intense que celle des feuilles; telles sont les éponges d'eau douce dont on ne peut se servir pour la toilette parce que leur squelette, au lieu d'être soyeux comme celui de l'éponge ordinaire, est fait de menues épingles de cristal de roche; telles sont aussi les hydres d'eau douce, célèbres depuis les expériences de Trembley, démontrant qu'elles pouvaient être, sans mourir, retournées comme un gant ou coupées en morceaux; tels encore les madrépores qui forment les îles de corail; diverses espèces de vers ou de zoophytes, etc. Ces algues ne tuent pas les animaux qu'elles habitent; bien au contraire, elles les nourrissent. Nous avons vu précédemment que les nombreux coraux qui forment des récifs et des îles dans le Pacifique et dans la mer Rouge ou dans l'Atlantique, sur les côtes de l'île San Tomé, ne capturent jamais aucune proie, ne prennent jamais d'aliments; mais tous leurs tissus sont bourrés d'algues, qui sont, à proprement parler, leurs nourrices. Cela se passe le plus simplement du monde. En faisant des matières sucrées ou amylacées que seuls les végétaux de couleur verte savent fabriquer avec la collaboration du soleil, des éléments de première nécessité pour les Champignons qui ne peuvent en fabriquer et pour les animaux, il semble que la Nature ait organisé la guerre dans le monde vivant. Les Champignons sont bien obligés, pour se nourrir, de s'attaquer aux plantes vertes qu'ils épuisent et font mourir en envahissant leurs tissus; les animaux, de leur côté, tirent tous les éléments des plantes soit directement, comme les herbivores qui les mangent, soit indirectement comme les carnassiers qui dévorent les herbivores. Le problème de l'alimentation a cependant été résolu pacifiquement par les modestes animaux que nous énumérions tout à l'heure. Aux algues fabricantes de matières sucrées dont ils sont bourrés, ils en empruntent une partie et leur donnent, en échange, en même temps qu'un abri, les aliments azotés dont elles ont besoin. Cet échange de bons procédés est ce qu'on appelle une *symbiose*.

Quelle paix dans nos sociétés, si l'on avait seulement songé à organiser de cette façon les relations du capital et du travail; si l'on avait créé, au lieu des instruments de guerre que sont les associations unilatérales, des conférences mixtes de la paix entre ouvriers et patrons, réglant cordialement l'échange de ce que chacun peut donner!

M. Frederik Keeble a eu la patience de suivre tous les détails de la vie de famille que mènent ensemble une de ces algues bienfaisantes et un curieux petit ver assez commun sur nos côtes où les naturalistes le connaissent sous le nom de convolutes. Il a publié ses observations dans un de ces élégants manuels qu'édite l'Université de Cambridge[1]. Les convolutes forment à basse mer, sur les plages de sable vaseux des plaques vertes, qui se déplacent à chaque marée avec le niveau de l'eau, dont elles suivent le rythme commandé par la lune. Leurs œufs sont enveloppés dans une masse mucilagineuse de la grosseur d'une tête d'épingle. Les petits vers qui en sortent sont absolument incolores; mais ils ne le demeurent pas longtemps. La masse mucilagineuse qu'ils viennent d'abandonner s'est détachée du corps de leur mère et a entraîné avec elle quelques-unes des jeunes algues dont celle-ci était déjà habitée. Après l'éclosion des vers, ces jeunes algues se multiplient rapidement par une simple division de leur corps, et s'échappent à leur tour de la coque, nageant à l'aide de quatre menues rames en forme de cils dont elles sont pourvues. Elles sont avalées par les convolutes naissants et se multiplient dans leurs tissus.

Les jeunes convolutes ont une bouche; les convolutes adultes n'ont pas de tube digestif; elles ne pourraient vivre sans les algues qui les habitent; il est probable que leur estomac s'est atrophié par défaut d'usage. Les algues, de leur côté, ont subi une régression analogue; leur nutrition est réglée par un petit corps spécial qu'on appelle, faute de mieux, leur noyau; l'algue empruntant à l'animal une part de son alimentation, son noyau devient inactif, il ne grandit plus. Il se réduit au contraire, à chaque divi-

---

1. FREDERIK KEEBLE. *Plant-Animals; a Study on Symbiosis* (Cambridge University Press).

sion produisant une nouvelle génération d'algues et finit par disparaître, comme cela arrive pour les globules rouges de notre propre sang. Ceux-ci ne peuvent pas se multiplier; l'algue sans noyau non plus. Au bout d'un certain temps, nos globules rouges sont mangés par les globules blancs qui coexistent avec eux dans le sang : la convolute mange de même ses algues devenues sans défense. Son ingratitude lui coûte la vie; comme elle n'a plus de tube digestif et ne peut pas se nourrir, elle meurt après cet acte de gourmandise. Heureusement pour nous, nous sommes organisés de manière à remplacer les globules rouges que nous avons perdus. La convolute ne régénère pas ses algues.

Cette histoire de la convolute et de ses algues est d'un intérêt plus général qu'il ne paraît au premier abord. Elle nous montre une curieuse association de deux êtres primitivement étrangers l'un à l'autre qui s'assemblent, se prêtent un mutuel concours et deviennent peu à peu si étroitement solidaires qu'ils sont réciproquement et absolument indispensables l'un à l'autre. L'algue libérée de la convolute chez qui elle s'est logée meurt bientôt; la convolute qui a dévoré ses algues ne leur survit pas. Des associations de ce genre plus ou moins intimes sont fréquentes dans le règne animal aussi bien que dans le règne végétal; il leur est arrivé de créer de toutes pièces des organismes artificiels d'origine double, absolument comparables aux organismes ordinaires issus d'un seul et unique germe. Les botanistes, jusque dans ces dernières années, ne voyaient, par exemple, aucune différence essentielle entre un de ces lichens qui recouvrent le tronc des arbres et une mousse quelconque. De nombreuses observations, dues notamment à Schwendener, à Famitzin et Branicki, à Bornet ont prouvé que les lichens sont indéniablement le résultat de l'alliance d'une algue et d'un champignon.

L'algue fournit au champignon les substances sucrées qu'il ne sait pas fabriquer ; le champignon garde l'algue dans l'écheveau des filaments dont son corps est formé, la défend contre la sécheresse et lui fournit peut-être de l'azote.

Il suffirait que dans une association de ce genre l'algue pénétrât dans les germes au moyen desquels son hôte se multiplie et envahit à mesure qu'il se développe l'organisme qui en provient pour que celui-là, double en réalité comme un lichen, parût unique. D'éminents naturalistes ont pensé — non sans quelque motif — que toutes les plantes vertes étaient ainsi faites et que leurs granules verts sont autant de microbes, pourrait-on dire, vivant chacun pour son compte. Il en serait de même d'autres granules incolores que presque toutes les cellules végétales contiennent et qu'on nomme des *leucites*, de sorte que toute cellule vivante serait, en fait, une association de granules vivant en symbiose qui seraient les véritables éléments. Cette opinion a paru tout d'abord excessive ; mais à mesure qu'avancent nos connaissances relativement à la constitution des éléments anatomiques, elle prend plus de vraisemblance. Toute cellule contient bien réellement des granulations qui se multiplient d'une manière indépendante à son intérieur, passant en même nombre dans ses deux moitiés, quand elle se divise et contribuant d'une façon qui lui est propre à la nutrition. Il y a entre ces granulations des rapports qui ressemblent beaucoup à de la symbiose. Les éléments anatomiques eux-mêmes ne gardent-ils pas assez d'indépendance dans les corps qu'ils constituent pour qu'ils puissent vivre et se développer indéfiniment dans un milieu artificiel quand on les a détachés de l'organisme dont ils faisaient partie intégrante, comme l'a démontré Alexis Carrel ?

CHAPITRE IX

Les harmonies de la Nature

Résumé. — La candeur de Bernardin de Saint-Pierre. — Cuvier, Aristote et les harmonies de la Nature. — Les services des Coccinelles. — Les hémerobes et le lion des pucerons. — Le piège du fourmilion. — Une chenille carnassière. — Les rapports et les adaptations réciproques des organismes. — La fécondation des fleurs par les insectes. — Adaptations réciproques de la forme des fleurs et de celle des insectes. — Création par les mouches d'une variété de figuiers. — L'influence des chats sur le nombre des graines de trèfle. — Les sacculines et le parasitisme. — Un œuf miraculeux.

L'entr'aide que nous venons de constater entre deux végétaux, entre un animal et un végétal, est un phénomène plus fréquent qu'on ne suppose, si bien qu'on a cru longtemps qu'il était général et que tout était harmonieusement établi dans le monde pour le maintenir dans le même état d'équilibre.

Bernardin de Saint-Pierre, qui à la fin du xviii° siècle, trouva le chemin de tant de cœurs en écrivant la *Chaumière indienne* et *Paul et Virginie*, passa presque pour un grand philosophe lorsqu'il s'enthousiasma pour les *Harmonies de la nature*. Mais les modes sont changeantes et les conceptions philosophiques aussi ; tellement qu'on ne peut aujourd'hui prononcer devant les gens qui se tiennent pour libres d'esprit ces quatre mots sans exciter un sourire, et sans qu'il se trouve quelqu'un pour rappeler la candeur du naturaliste-poète. L'invention des harmonies n'appartient cependant pas à Bernardin. La Fontaine avait déjà remarqué qu'il était extrêmement avantageux pour les paresseux qui s'endorment sous les arbres, que les chênes, lorsque leurs fruits mûrissent, ne laissent choir sur le visage des dormeurs que de modestes glands et non pas des citrouilles, bien qu'il semblât au premier abord naturel que la grosseur des fruits dût être proportionnée à la grandeur des végétaux qui les portent. Aristote, lorsqu'il cherchait le but ou, comme disent les philosophes, la fin de chaque chose, découvrait, au temps d'Alexandre, comme Bernardin de Saint-Pierre au temps de Louis XVI, des harmonies de la nature. Plus tard, lorsqu'il prétendait être en mesure, avec quelques os bien choisis, de reconstituer intégralement les formes d'un animal dont l'espèce était éteinte depuis des siècles, Cuvier supposait lui aussi que des harmonies naturelles existaient entre toutes les parties du corps des animaux. On n'a jamais ri de cette prétention, bien que Cuvier l'eût certainement puisée aux mêmes sources que Bernardin de Saint-Pierre ses harmonies. C'est que tout est dans la manière, et celle de Cuvier était trop solennelle pour prêter à la gaieté.

L'école adverse n'a pas été d'ailleurs moins éprouvée par la malignité. Lamarck ayant supposé que le cou de la girafe avait pu s'allonger en raison des efforts constants que fait l'animal pour atteindre les branches d'acacia dont il se nourrit, on prétend que Cuvier ne dédaigna pas de faire sur ce sujet ce pitoyable calembour : « Il n'y a pas que les girafes qui se montent le cou(p) ». Aussi, le mieux semble-t-il — aucune œuvre n'étant radicalement mauvaise — de prendre à chaque doctrine ce qu'elle a de bon, et de faire le silence sur ce qu'elle peut avoir de défectueux, par respect pour l'effort qu'elle a coûté, pour le courage et le désintéressement que cet effort a exigés.

Il y a bien, en réalité, des harmonies de la nature ; seulement elles n'ont pas été créées d'emblée ; les êtres vivants n'ont pas été conçus comme les pièces d'un jeu de puzzle, ayant chacune une place déterminée, à laquelle elle est strictement adaptée. Peu à peu, les espèces diverses de plantes ou d'animaux se sont fait la place qu'elles occupent, et se sont façonnées par une sorte de frottement réciproque qui les a rendues étroitement solidaires les unes des autres. Ainsi s'est établi l'ordre qui régit actuellement le monde vivant, où tout est arrivé à se combiner de manière à donner l'illusion d'une providence volontairement et infiniment prévoyante, grâce à laquelle cet ordre se maintiendrait. En fait, chaque espèce, quand elle se multiplie trop, favorise le développement d'espèces qui vivent à ses dépens et ramènent à de justes proportions son développement numérique. Il en résulte un équilibre que nous pouvons compromettre quand nous touchons inconsidérément à une espèce, mais que nous pouvons aussi, dans quelque mesure, rétablir quand il a été rompu à nos dépens. C'est ce que nous commençons à comprendre.

Récemment une cochenille exotique s'est répandue dans le Midi au point de compromettre gravement la culture des oliviers. Dans son pays natal, les dégâts produits par ce minuscule insecte sont insignifiants, parce qu'un autre insecte — tout simplement une charmante coccinelle, le *Novius cardinalis* — fait bonne garde et consomme incessamment, pour sa propre alimentation, un nombre considérable de spécimens du redoutable parasite. M. Roux, directeur au ministère de l'Agriculture, a eu l'idée de faire venir de leur pays un certain nombre de ces coccinelles, de les lâcher dans le troupeau serré des cochenilles et de leur confier leur destruction. L'expérience faite d'abord au jardin botanique d'Antibes, sous la direction de M. Georges Poirault, a pleinement réussi.

Nous aimons les coccinelles parce qu'avec leurs vives couleurs, leurs élytres luisants, leur corps arrondi en demi-sphère, elles ont l'air de bijoux vivants qui ne demandent qu'à être sertis ; leur nom signifie « petit grain » ; mais ce sont les grains de beauté des plantes. Les enfants les appellent poétiquement *bêtes du bon Dieu* ou *catherinettes*; elles méritent ces appellations sympathiques en raison de leur beauté, mais aussi pour tout le bien qu'elles font. Rien que dans notre pays, on en compte une soixantaine d'espèces, presque toutes avec élytres soit rouges, fauves ou jaunes marqués de points noirs, soit noirs avec un ou deux points blancs, jaunes ou rouges, soit même tout noirs ; chez quelques-unes, le système de coloration est sujet à des variations et se renverse parfois complètement, les points prenant la couleur du fond et le fond celle des points. Certaines espèces affectionnent plus particulièrement les plantes aquatiques, d'autres les conifères, d'autres encore les aulnes, les chênes, les hêtres ou même les bruyères ; la plupart se rencontrent sur n'importe quelle plante. L'espèce la plus grande, une des plus communes aussi, la vraie « bête du bon Dieu », est la *coccinelle à sept points* des entomologistes, ainsi nommée parce que ses élytres rouges portent chacun trois points noirs et s'en partagent un septième placé sur leur ligne de contact.

Avec le pied formé de trois larges articles de leurs courtes pattes, elles peuvent se maintenir et marcher facilement sur les feuilles les plus lisses ; mais loin de les ronger, comme le font d'autres insectes qui leur ressemblent, elles les débarrassent des pucerons qui hument leur sève et déterminent souvent leur mort. Ce sont, par conséquent, de précieux auxiliaires de notre agriculture. Elles sont elles-mêmes protégées contre la voracité des oiseaux par un procédé dans lequel Bernardin de Saint-Pierre aurait certainement vu une attention de la Providence, désireuse de nous conserver un utile auxiliaire : se sentent-elles saisir par quelque passereau mal averti, avant que leurs solides téguments aient subi aucun dommage, elles laissent sourdre au niveau des articulations de leurs pattes un liquide jaunâtre et nauséabond, qui rebute l'oiseau et lui fait lâcher sa proie. Les larves de coccinelles, semblables à de petits vers luisants sans fanal, sont aussi friandes de pucerons que les coccinelles adultes, de sorte que toute leur vie ces précieux insectes sont occupés à notre profit.

Les pucerons ont un autre ennemi, d'une figure toute différente. Il n'est pas rare, à l'automne, de voir immobile sur les vitres des maisons un insecte délicat, d'un vert pâle, avec de longues antennes, des yeux couleur d'or et de grandes ailes transparentes, rapprochées en toit comme celles des papillons de nuit, brodées d'un fin réseau de nervures qui les fait paraître semblables à une vaporeuse dentelle. C'est l'hémérobe aux yeux d'or (*Chrysopa chrysops*). Il semble que rien ne soit plus fragile qu'une telle créature ; en l'appelant hémérobe, les naturalistes ont semblé vouloir dire que la durée de son existence ne dépassait pas un soir. On peut voir cependant, des semaines entières, le même hémérobe demeurer à la même place et ne s'envoler, d'un vol que ses ailes trop grandes rendent maladroit, que si on vient à le toucher ; mais durant toute sa vie d'insecte ailé, il ne prend aucune nourriture ; les pièces de sa bouche sont trop menues, trop flexibles pour saisir quoi que ce soit. La larve est, au contraire, sans cesse agitée ; sa tête porte deux longues pinces menaçantes, signes de ses instincts sanguinaires. Elle parcourt sans cesse les colonies de pucerons et y fait un tel carnage que Réaumur l'a surnommée le *lion des pucerons*.

Ce lion des pucerons est très voisin d'une autre larve qui, elle, s'attaque aux fourmis et a mérité, de ce chef, le nom de fourmilion. Le fourmilion ne chasse pas, à vrai dire ; il se tient à l'affût. Avec une singulière astuce, sous quelque saillie de rocher surplombant une couche de sable fin, il creuse dans ce sable un entonnoir au fond duquel il se tapit ; si quelque imprudente fourmi s'aventure sur les pentes croulantes de l'entonnoir, les grains du sable roulent sous ses pattes et l'entraînent au fond, entre les pinces du patient braconnier. Plus robuste que l'hémérobe, le fourmilion adulte a la même forme générale et vole souvent en plein soleil.

M. Künckel d'Herculais, dont l'esprit ingénieux a si souvent pénétré les secrets de ce monde des insectes qui a passionné le vénérable et illustre Henri Fabre, a signalé, il y a quelques années, un autre adversaire tout à fait inattendu des cochenilles de l'olivier ; c'est la chenille d'un papillon de nuit, l'*Erastria sicula*. Les cochenilles et les pucerons sécrètent un liquide sucré dont les fourmis sont tellement friandes que certaines d'entre elles élèvent, pour leur usage particulier, des pucerons en guise de vaches laitières. Le liquide sucré que les cochenilles de l'olivier répandent autour d'elles sert de milieu de culture à un champignon qui forme sur les feuilles de l'arbre des taches semblables à des taches de suie, d'où le nom de *fumago* qui lui a été donné. Les chenilles de l'*Erastria* viennent à leur tour manger tout à la fois le *fumago* et les cochenilles. C'est le seul exemple de chenilles carnassières que l'on connaisse, et elles le sont devenues, sans doute, parce qu'elles ont été mises en goût pour avoir mangé pêle-mêle l'insecte, le champignon et les feuilles d'olivier qui devaient constituer leur régime initial. Il est probable que les coccinelles n'ont elles-mêmes adopté le régime carnassier que pour avoir habituellement rencontré sur les feuilles, dont elles se nourrissaient d'abord, les pucerons autrement succulents. C'est, une fois de plus, l'« occasion qui a fait le larron ».

La fécondité des insectes qui se nourrissent de plantes est telle que la totalité des végétaux du globe serait rapidement détruite si rien ne venait en limiter les effets. Ce serait la mort des insectes, mais aussi la mort de tout ce qui vit sur la Terre, puisque seuls les végétaux sont capables de préparer les aliments des animaux. Heureusement — et c'est bien là une harmonie de la nature — les insectes végétariens, si dangereux pour la persistance de la vie sur le Globe, sont maintenus en nombre raisonnable de mille façons. Ils peuvent être, tout comme nous, attaqués par des microbes qui, malheureusement, n'épargnent pas le ver à soie. Certaines chenilles sont envahies par de véritables champignons, des *Torrubia*, qui se dressent sur elles de la plus étrange façon au moment de fructifier; des légions de mouches diverses, à quatre ailes, viennent pondre leurs œufs dans le corps même de nombreuses larves. Les larves d'un des plus grands coléoptère de notre pays, le capricorne héros, vivent dans l'épaisseur des chênes dont elles rongent le bois; une de ces mouches, remarquable par sa taille et son agilité, l'*Ephialtes manifestator* trouve moyen de glisser jusqu'à elles, à travers le bois, la longue tarière dont elle est pourvue, de percer leur peau et de déposer un œuf dans l'intimité de leurs tissus. D'innombrables chenilles sont ainsi détruites par ces mouches de toutes tailles et de toutes formes qui pondent dans leur corps, ou les paralysent d'un coup d'aiguillon, les emportent et les enferment dans leur nid souterrain pour servir d'aliments à leurs larves, après leur éclosion.

Les grenouilles, les crapauds, les rainettes, les salamandres, les lézards dévorent de leur côté une quantité prodigieuse d'insectes; mais les grands ennemis de ces terribles ravageurs sont les oiseaux. Presque tous les font entrer pour une part dans leur régime alimentaire ou s'en nourrissent exclusivement; ceux-là mêmes dont nous redoutons les déprédations, comme les oiseaux granivores, les pies, les corbeaux et les geais, ne font que prélever une dîme sur les récoltes qu'ils sauvent. On réussit, au siècle dernier, à détruire les moineaux en Angleterre, comme on y a détruit les loups; il fallut, quelques années après, les réintroduire en hâte, tant les insectes s'étaient montrés indiscrets. Malheureusement, les oiseaux ont, depuis quelque temps, d'implacables ennemis : ce sont les femmes. Le fol engouement que des maisons puissantes d'importation et d'habiles commerçants leur ont inspiré pour les plumes a amené une destruction des volatiles, même les plus vulgaires, qui dépasse tout ce qu'on peut imaginer, et cela sur le Globe entier. Une maison de Paris, à elle seule, dans le courant d'un seul mois, a vendu pour 846.000 francs de plumes, près d'un million. Les aigrettes, les oiseaux de paradis, les lophophores, les coucous dorés d'Afrique, les merles bronzés, les martins-pêcheurs, les coqs de roche ont été les principales victimes; mais la classe entière des oiseaux a été mise à contribution. L'effet de cette destruction sans merci se fait déjà nettement sentir. Toute femme qui arbore des plumes sur son chapeau lâche sur nos récoltes des milliers d'insectes, contribue à faire renchérir la vie que l'on trouve déjà si coûteuse et à créer de la misère. Les oiseaux les plus féconds ne pondent guère que cinq ou six œufs; les insectes en pondent des milliers et sont infiniment plus nombreux; à ce compte, la lutte est par trop inégale, et si l'on n'y met ordre promptement, la diminution du nombre des oiseaux entraînera fatalement, avant peu, d'irréparables désastres agricoles.

Les oiseaux, d'ailleurs, ne détruisent pas seulement les insectes ; les pies, les corbeaux, les chouettes surtout, sont d'implacables ennemis de ces mulots, qui, chaque fois que la saison leur est favorable, envahissent la Beauce et font le désespoir des agriculteurs. Après la suppression de presque tous les arbres de la vaste et fertile plaine ; la loi de séparation des Eglises et de l'Etat aura pour conséquence prochaine la disparition des clochers, dernier abri des oiseaux de nuit, sottement cloués déjà aux portes des granges, et les mulots apparaîtront un jour à la façon d'une plaie d'Egypte, en tel nombre qu'il faudra leur céder la place. Tout se tient, sur notre Terre ; tout y demeure en équilibre tant que nous n'intervenons pas, avec notre puissance de destruction aujourd'hui démesurée, pour troubler l'harmonie universelle. C'est pour nous une question de salut que de chercher à connaître les conditions de cette harmonie et de nous astreindre à les respecter. Il y a une morale naturelle qui se venge quand on enfreint ses lois.

* *
*

Voici d'autres exemples de ces merveilleux rapports réciproques par lesquels les organismes vivants sont unis.

Par les magnifiques jours d'un printemps qui va passer la main à l'été, ce ne sont pas seulement les rues de Paris qui s'animent et se bariolent de mille nuances que d'industrieux chimistes ont su découvrir, cachées sous l'écran noir d'un morceau de charbon, et qui font de tant de costumes féminins de véritables poèmes. Tout dans la campagne s'égaye et se pare, et tandis que les oiseaux construisent, en chantant, les nids capitonnés autour desquels battront bientôt des légions de jeunes ailes, des insectes de toutes sortes : abeilles, mouches ou papillons bourdonnent autour des fleurs qui, paresseusement étalées sur le vert coussin des feuilles, semblent s'être mises en frais de toilette pour attendre ces visiteurs. Ceux-ci vont, viennent, se posent, octroient à chaque fleur un rapide salut et s'envolent comme s'ils accomplissaient, par devoir, une tournée de politesse. N'y a-t-il dans tout ce mouvement qu'une agitation sans but ? La conversation des insectes et des fleurs partage-t-elle la banalité de celles qui s'établissent, au jour de Madame, dans tant de salons à la mode ? Ou bien tout ce frivole empressement cache-t-il quelque grande œuvre de la Nature dont les insectes et les fleurs seraient les diligents ouvriers ? La vieille philosophie dont s'inspirèrent Aristote et Bernardin de Saint-Pierre ne se permettait aucun doute sur ce point. Tout dans la Nature lui semblait harmonieusement combiné pour atteindre un but dont le Créateur gardait, à la vérité, le secret, mais qui n'en était pas moins précis ; les faits ne manquaient pas à l'appui de cette thèse ; ils se sont même beaucoup multipliés depuis qu'on observe attentivement les rapports des insectes et des fleurs, si bien que la biologie florale, comme le dit M. Künckel d'Herculais, est devenue toute une science faite de véritables merveilles. Déjà Kœlreuter en 1761, Sprengel en 1793 en signalent quelques-unes ; mais ce sont les belles études de Charles Darwin sur les *Plantes insectivores*, sur les *Effets de la fécondation mixte et de la fécondation croisée dans le règne végétal*, et celles de Sir John Lubbock, devenu plus tard lord Avebury, sur la *Forme des fleurs* qui donnent l'élan. Hildebrandt et Delpino, dès 1867, représentent les insectes comme spécialement chargés de présider au mariage des fleurs et d'empêcher les mariages consanguins que l'Eglise condamne pour les simples mortels, mais que pratiquent depuis des siècles, à leurs risques et périls, les familles souveraines. En 1873, Hermann Müller fonce, en bon Allemand, sur le problème des rapports des insectes et des fleurs, et déclare sans hésiter que les insectes ont été façonnés par les fleurs et les fleurs par les insectes, tant il observe entre eux de liens intimes. Cette intimité est, malheureusement, nous le verrons, de la même nature que celle qui, dans une ville encombrée comme Paris, s'établit entre les cochers, les chauffeurs et les humbles piétons. Il y a des piétons qui utilisent les premiers et d'autres qui sont écrasés par leurs véhicules. La Nature est pleine de ces contradictions; au fond elle est sans doute indifférente; elle n'a nullement les intentions bienveillantes ou malveillantes que nous lui prêtons parce que nous supposons qu'elle nous ressemble; elle laisse les créatures s'arranger comme elles peuvent; parfois elles s'arrangent admirablement entre elles; d'autres fois elles s'ignorent ou se font la guerre, et nous donnent le navrant spectacle d'un gaspillage effréné de la vie.

Commençons par les merveilles. La fleur des sauges azurées ou pourprées est divisée en deux lèvres : la lèvre supérieure est en forme de casque, l'inférieure s'étale en tablier au-dessous d'elle Les plantes dont la fleur est construite comme celle de la sauge forment la grande famille des labiées à laquelle se rattachent le thym, le serpolet, la lavande, les menthes, la mélisse, le patchouli et beaucoup d'autres plantes parfumées. Ce parfum les signale aux insectes friands du nectar qui perle au fond de leur corolle. La lèvre inférieure de celle-ci est comme une sorte de table complaisamment préparée pour que les insectes viennent s'y poser et puiser, bien à leur aise, le jus sucré qu'ils recherchent. Au cours de cette opération, ils secouent les étamines qui les saupoudrent de leur pollen; quand, repus, ils s'envolent, ils emportent avec eux ce pollen sur les fleurs nouvelles qu'ils vont visiter et deviennent ainsi des agents actifs de leur fécondation. Chez les sauges, des précautions minutieuses semblent prises pour leur assurer ce rôle. L'entrée de la corolle est fermée par deux clapets semblables à de petits pétales portés chacun par un balancier à l'autre bout duquel sont deux sacs remplis de pollen qui constituent l'étamine; le balancier est fixé par son milieu à une tigelle qui s'attache au fond de la fleur. Qu'une abeille essaye de pénétrer jusqu'au nectar, elle doit, pour y parvenir, repousser les deux clapets, faire basculer, par conséquent, le balancier, et dans ce mouvement les sacs à pollen viennent s'appliquer sur l'insecte qu'ils couvrent de poussière fécondante. En visitant une autre fleur, l'abeille dépose sur son pistil le pollen qu'elle a emporté et qui doit vivifier ses ovules.

Chez les aristoloches, les choses s'arrangent d'une autre façon. Toutes les difficultés sont accumulées pour que chaque fleur ne puisse se féconder elle-même. Les jeunes fleurs sont dressées sur la tige; elles ont la forme d'un cornet dont la pointe, comme dans tout cornet bien fait, s'élève au-dessus de l'orifice de manière à pouvoir se rabattre sur lui et le fermer. Au fond du cornet sont, avec le nectar, les étamines très courtes, recouvertes par des lobes du pistil qui les masquent complètement et s'opposent à la sortie du pollen. Celui-ci, pour être utile, devrait être déposé à leur surface extérieure, tandis qu'il est au-dessous. L'intérieur du cornet est tapissé de poils dirigés vers son fond. Qu'une abeille errante pénètre dans le cornet, elle sera en quelque sorte guidée vers le fond par les poils qui demeureront couchés sous elle quand elle avancera; et elle devra forcer les lobes du pistil pour arriver aux étamines, puis au nectar qu'elle recherche. Si auparavant elle a pu visiter quelque fleur plus ancienne, encore ouverte et s'y charger du pollen, en essayant de franchir l'obstacle que lui opposent les lobes du pistil, elle abandonnera à leur surface le pollen dont elle était saupoudrée; elle atteindra bientôt les étamines, et quand elle se sera repue de nectar, elle se disposera à partir; mais alors les poils inclinés vers le fond du cornet qui l'avaient aidée dans sa descente s'opposeront à sa sortie; elle se débattra dans sa prison et fera éclater les étamines, qui déverseront sur elle une nouvelle provision de pollen. Heureusement pour elle la prison va bientôt s'ouvrir; la fécondation des ovules a été opérée grâce au pollen abandonné par la mouche à la surface des lobes du pistil; dès lors ceux-ci se redressent; la herse de poils du cornet se flétrit; rien ne s'oppose plus au départ de la mouche qui peut aller féconder une nouvelle fleur. Comme pour empêcher les mouches fécondantes de s'engager dans une œuvre inutile, les fleurs fécondées, de dressées qu'elles étaient, deviennent pendantes, en même temps la pointe saillante du cornet se rabat et ferme son orifice déjà difficile à atteindre à cause de son orientation nouvelle vers le sol. Aucune mouche ne peut plus pénétrer dans son intérieur.

Chez les figuiers, nouvelle et étonnante complication, grâce à l'intervention d'un parasite. La figue est un fruit d'une nature toute particulière, et qui a quelque chose de l'artichaut. Ce qu'on appelle le *foin* de l'artichaut, c'est en réalité l'ensemble de ses fleurs, et les feuilles que l'on mange sont seulement un appareil de protection pour celles-ci. Supprimez ces feuilles, imaginez que le fond de l'artichaut se soit creusé et que ses bords se soient relevés puis rapprochés, de manière à former une sorte de bouteille sur la paroi interne de laquelle toutes les fleurs seraient fixées : vous aurez réalisé une figue. Un petit orifice toujours ouvert conduit dans la bouteille où les insectes peuvent facilement pénétrer. Les fleurs contenues dans la figue sont de deux sortes; les plus rapprochées de l'orifice ne possèdent que des étamines; elles sont mâles; celles du fond sont réduites à un pistil : elles sont femelles. Il est probable que dans les formes primitives de figuier, des insectes quelconques entraient dans la figue, la parcouraient en tous sens en quête de nectar ou d'un abri convenable pour pondre, et transportaient le pollen des fleurs mâles sur les fleurs femelles; celles-ci une fois fécondées, les figues mûrissaient. Elles mûrissent même sur nos figuiers cultivés, en l'absence de toute fécondation des fleurs femelles; et si c'est un avantage pour nous, ce n'en est pas un pour la plante puisque ses figues ne contiennent plus de graines.

Les choses se passent autrement pour les figuiers sauvages de l'Asie Mineure et des côtes de la Méditerranée[1]. Il existe deux variétés de ces arbres, l'une dont les fleurs femelles n'ont qu'un pistil surmonté d'un style très court; l'autre où ce style est long. Les jeunes figues sont toutes visitées indifféremment par une petite guêpe du genre *Blastophaga*, qui a pris l'habitude de pondre dans les fleurs femelles, à style court, de la première variété; ces fleurs sont dès lors stérilisées, et il ne reste plus sur ces figuiers, après la visite des guêpes, que les fleurs mâles. Si elles existaient seules, l'espèce des figues serait de ce chef perdue. Mais tout s'arrange. La larve de l'insecte prend la place de l'embryon de figuier qui devrait se développer dans la graine, si bien que les figues où aucun blastophage n'a pénétré, au lieu de mûrir comme celles des figuiers cultivés, se flétrissent et tombent, tandis que celles dont toutes les fleurs femelles sont parasitées arrivent à pleine maturité. Il se développe même dans l'année trois générations successives de figues auxquelles correspondent trois générations de blastophages. Cependant les figuiers à fleurs femelles longuement

---

1. LECLERC DU SABLON, *Les Incertitudes de la Biologie.*

stylées sont prêts à subir la fécondation; les blastophages qui sont nés dans le figuier de la première variété et qui en sont sortis couverts de pollen les visitent comme les autres, mais la longueur des styles des fleurs femelles s'opposent à ce qu'ils puissent y pondre; dans leurs essais ils sont brossés en quelque sorte par les styles qui se chargent de pollen; les fleurs sont alors fécondées et les figues deviennent ces figues de Smyrne si particulièrement appréciées. On obtient à coup sûr leur développement en suspendant dans les branches des figuiers hermaphrodites, ou figuiers de Smyrne, des figues chargées de blastophages, cueillies sur des figuiers mâles ou caprifiguiers. Cette opération s'appelle la caprification. On remarquera qu'ici non seulement des dispositions spéciales assurent la fécondation des fleurs par les insectes, comme dans le cas des sauges et celui des aristoloches, mais les insectes, grâce il est vrai à l'existence antérieure de deux sortes de fleurs femelles, ont créé de véritables figuiers sexués : des figuiers mâles, les caprifiguiers, et des figuiers hermaphrodites, mais fonctionnant en réalité comme des figuiers femelles, les figuiers de Smyrne. En revanche, les caprifiguiers ont créé un mode spécial de développement des blastophages.

Il est donc bien réel que, suivant une loi dont j'ai montré jadis toute l'importance[1], il y a eu ici adaptation réciproque de deux organismes très différents. C'est un argument en faveur de la théorie d'Hermann Müller, et cet argument est loin d'être le seul, mais il y a d'autres sons de cloche.

On pourrait dire aussi, par exemple, que les fleurs se livrent à mille coquetteries à l'égard des insectes. Comme de belles dames, elles les attirent par leurs vives couleurs, leur parfum pénétrant, le nectar

---

1. *Les Colonies animales et la formation des organismes*, p. 710.

qu'elles contiennent et qu'elles semblent leur offrir. Quand la fleur elle-même n'est pas suffisamment éclatante, les feuilles voisines viennent à son aide et prennent parfois un éclat splendide, comme c'est le cas pour les magnifiques *Poinsetia* et les *Bougainvillea* qui étalent depuis quelques années leurs feuilles écarlates aux devantures des fleuristes, pour les modestes mélampyres des bois, plusieurs espèces de sauges, de thyms, de lavandules, etc. On a décrit sous le nom d'appareils vexillaires tous les dispositifs qui paraissent ainsi propres à attirer l'attention des insectes : les lobes du pistil des iris, les étamines de plusieurs plantes voisines du gingembre, le cornet où se loge l'inflorescence en massue de divers arums et qui prend l'éclat des pétales, l'étendard des fleurs des papilionacées, le labelle des fleurs d'orchidées, la couronne de brillantes fleurs stériles qui entourent les modestes fleurs fertiles des *Hortensia* et des *Hydrangea* sauvages, et qui ont fini, grâce à des procédés spéciaux de culture, par envahir toute l'inflorescence, comme cela est arrivé également pour nos viornes transformées en boules-de-neige. Il est bien vrai, d'autre part, que nombre de fleurs semblent construites pour obliger les insectes avides de nectar à payer, en fécondant la fleur qui le détient, le festin qu'elle leur réserve : les pensées, les antirhinum ou gueules-de-loup, par exemple, sont dans ce cas. Il est non moins vrai que sans les insectes le pollen de certaines autres ne pourrait jamais quitter la place où il s'est formé; chez les orchidées et les asclépiadées, dont le dompte-venin de nos pays est le type, les grains de pollen, au lieu de former une poussière impalpable, s'agglomèrent en deux petites masses couplées en forme de bissac. Il faut qu'un insecte vienne prendre le bissac pour le transporter sur une autre fleur. Inutile de dire qu'en agissant ainsi l'insecte

17.

n'a aucune intention particulièrement bienveillante pour la fleur; il ne songe qu'à sa propre alimentation ou à sa progéniture, comme les papillons de jour qui visitent les œillets, les lychnides ou les lauriers, comme les sphinx qui viennent le soir plonger leurs longues trompes dans les fleurs tubuleuses et parfumées des chèvrefeuilles, des tubéreuses ou du tabac, ou encore comme cette noctuelle qui vient pondre dans l'ovaire des fleurs de yucca et les féconde en même temps, grâce au pollen qui a saupoudré ses ailes quand elle visitait une autre fleur.

Quelquefois les fleurs viennent à leur aide dans cette tâche. Les *Cataselum* sont des orchidées dont les pétales se prolongent en longs filaments formant une sorte de moustache. Cette moustache est sensible. Quand un insecte vient à se poser sur elle, elle provoque une brusque contraction de l'unique étamine de la fleur, qui projette vivement sur le visiteur son bissac pollinique.

Les insectes ne sont d'ailleurs pas exclusivement, comme on l'a dit, les « anges du pollen ». Tous les moyens sont bons, suivant les circonstances, pour transporter la précieuse poussière : le vent qui enlève le pollen des conifères, des graminées, des chênes, des châtaigniers, des aulnes, etc.; les colibris qui vont de fleur en fleur saisir leurs menues proies au fond des corolles; les chauves-souris et jusqu'aux humbles escargots.

Il n'y a donc pas d'adaptation particulièrement étroite des insectes et des fleurs, et l'on ne voit pas d'ailleurs comment les insectes auraient pu s'y prendre pour influer sur les formes des fleurs qui sont inertes. Il faut l'intervention d'un agent chimique étranger pour les modifier, comme l'a montré M. Armand Gautier. Cet agent, un insecte peut le fournir; c'est le cas pour les galles que font naître sur les feuilles ou se développer aux dépens des bourgeons la piqûre d'un Cynips, la présence d'une colonie de pucerons, celle de certains acarus, etc. Un simple contact ne suffit pas; il est infiniment plus probable que les fleurs, très aptes à varier, ainsi que le montrent surabondamment nos expositions d'horticulture, ont réalisé spontanément les formes que nous leur voyons; certaines dispositions acquises de la sorte auraient été fatales à leur espèce en empêchant toute fécondation directe si les insectes n'étaient intervenus; ils ont sauvé ces espèces. Quant à eux, ils sont actifs; les efforts qu'ils ont faits pour atteindre le nectar ont pu modifier leurs organes buccaux et l'on peut dire que les abeilles et les papillons, notamment, ont été créés non pour les fleurs, mais par elles.

*
* *

Les rapports réciproques des organismes peuvent avoir de plus générales et parfois inattendues répercussions.

Dans son livre fameux sur l'*Origine des espèces*, Charles Darwin développe cette proposition, en apparence paradoxale, que le nombre des graines de trèfle que l'on peut recueillir dans un champ dépend du nombre de chats qui rôdent dans le voisinage. Quel rapport peut-il bien y avoir entre la fécondité des fleurs et les chats? Darwin explique qu'une fleur de trèfle ne peut produire des graines que si le pollen d'une autre fleur a pénétré dans l'urne à demi close qui lui sert de corolle; ce pollen ne peut y entrer tout seul; il faut qu'il y soit introduit par la trompe de quelque insecte buveur de nectar, et cet insecte est généralement un de ces gros bourdons velus qui, semblables à d'énormes abeilles, tantôt roux, tantôt noirs, galonnés de jaune ou de blanc, butinent comme elles parmi les fleurs, et comme elles font des nids de cire pour y pondre et y accumuler du miel. Ces nids sont cachés sous terre, dissimulés dans la mousse, invisibles pour l'homme, mais à la portée des mulots qui souvent les visitent, se gorgent indifféremment de cire ou de miel et dévorent aussi les larves des bourdons, voire à l'occasion les bourdons. Les bourdons doivent même leur sembler un mets de choix, comme ils le sont pour beaucoup de jeunes campagnards, qui les coupent en deux pour sucer leur estomac plein de miel en préparation.

Les mulots sont ainsi pour les bourdons des ennemis redoutables; là où ils sont nombreux, les bourdons deviennent rapidement rares et les trèfles inféconds ; mais les mulots ont aussi des ennemis, les chats, qui limitent rapidement leur nombre; en mangeant les mulots, les chats assurent la multiplication des bourdons, et, par ricochet, la formation des graines de trèfle.

Les cultivateurs de Beauce feraient peut-être bien de méditer cette histoire. Ils se plaignent de périodiques invasions de mulots; or, les mulots ont pour ennemis irréductibles les chouettes qui, la nuit, les guettent comme les chats. Le jour, les chouettes se cachent, mais il leur faut pour cela des arbres touffus; les Beaucerons ont dégarni d'abris leurs monotones et riches plaines ; il n'y a plus d'arbres pour les chouettes; les mulots se multiplient et les récoltes diminuent.

Nous revenons ainsi à cette idée que le monde vivant n'est au fond qu'une vaste société, un vaste syndicat, le syndicat de la vie, auquel chacun fait, qu'il le veuille ou non, quelque sacrifice personnel, mais où chacun profite aussi de tous. Par des frottements mêlés de chocs, qui durent depuis des millions d'années, un équilibre mobile avec les circonstances extérieures s'est peu à peu établi entre les éléments divers de ce syndicat. Dès qu'on touche à l'un d'eux, tous en ressentent quelque contre-coup. Peut-être l'art de gouverner consiste-t-il surtout à rechercher les éléments lointains dont une modification donnée pourra produire, de répercussion en répercussion, un résultat cherché, et les gouvernements tombent-ils, en général, surpris par les répercussions qui suivent, en cortège, quelques modifications imprudemment apportées à des éléments en apparence indifférents. Aussi faut-il admirer la singulière outrecuidance des « penseurs » qui tentent, au cours de leur courte existence, la substitution de leurs conceptions sociales personnelles à celles résultant de la collaboration inconsciente des milliards de cerveaux qui ont pensé depuis qu'il y a des hommes et qui ont créé cette invincible puissance que l'on appelle la force des choses.

CHAPITRE X

Indifférence ou hostilité des Insectes et des Fleurs.

Résumé. — Les théories et les faces diverses des choses. — Avocats et gens de science. — Dispositions qui assurent la fécondation croisée chez les fleurs; ses effets. — Les mouvements des étamines. — Les insectes mangeurs de pollen. — Les insectes perceurs de fleurs. — Les papillons frugivores. — Les plantes carnivores. — Les fleurs-pièges.

Il est extrêmement difficile aux hommes d'envisager une question sous tous les aspects qu'elle peut présenter. Nous ne voyons en général, les choses que d'un côté; c'est pourquoi tant de disputes inutiles s'élèvent entre nous; c'est pourquoi les Parlements ne peuvent aboutir, sans d'interminables discours, à voter les lois les plus urgentes, et c'est aussi pourquoi, dans chaque procès en cours d'assises, un avocat général et un avocat tout court exposent la même affaire de telle manière que l'accusé apparaît successivement comme un affreux criminel et comme un citoyen digne de toute estime, momentanément égaré par quelque vénielle passion, ce qui aurait pu arriver à chacun de nous.

Les gens de science ne sont pas exempts de cette infirmité. Lorsqu'ils ont assemblé un certain nombre de faits qui semblent se grouper autour d'une idée séduisante, ils s'éprennent volontiers de cette idée et la laissent envahir leur esprit. Dès lors, comme ces amoureux qui découvrent dans tout visage quelque trait du visage aimé, ils la voient poindre en toute chose, et finissent par en faire la dominatrice des phénomènes. C'est ce qui est arrivé pour le finalisme d'Aristote, pour la sélection naturelle de Darwin, pour la croyance à l'unité et à la continuité du monde, et pour bien d'autres systèmes, dont le plus merveilleux est cette « Philosophie de la nature » imaginée par Oken, qui ravagea les écoles allemandes au commencement du XIXe siècle, atteignit jusqu'à Gœthe, et par laquelle Cuvier reprochait même à Geoffroy-Saint-Hilaire de s'être laissé contaminer. Elle était dominée par la pensée flatteuse que l'homme est le résumé de l'univers; que tout ce qui existe se retrouve en lui et réciproquement; or, le plan de l'organisme humain est condensé dans le squelette; le squelette n'est qu'une suite de vertèbres; la vertèbre représente donc le plan même du monde, et devant les mystères qu'elle recèle, le front de tout penseur doit s'incliner. Les élèves d'Oken tiraient de là quelques conclusions secondaires qui ne manquaient pas d'intérêt pratique, comme celle-ci : L'homme est le centre du monde, il a lui-même un centre, son nombril. Tout organisme doit être symétrique par rapport à ce centre; d'un côté du nombril il y a la queue, de l'autre la tête; la queue est faite de vertèbres, la tête doit donc, malgré les apparences contraires, être faite elle aussi de vertèbres. C'est l'origine de cette théorie vertébrale du crâne qui a fait veiller tant de naturalistes, vider tant d'encriers, et n'a pas dit encore son dernier mot.

J'ai exposé dans le chapitre précédent un certain nombre de faits qui semblent indiquer l'existence d'une merveilleuse harmonie entre les insectes et les fleurs; à s'en tenir à ces faits on serait tenté de croire, comme Hermann Müller, qu'une ingénieuse providence a combiné les choses de telle façon que les fleurs ne puissent accomplir leur œuvre de reproduction sans l'intervention des insectes, que leurs couleurs brillantes ou leur parfum n'aient d'autre but que de les attirer et que leurs formes si diverses n'aient été imaginées que pour leur faciliter leur tâche. Elles en seraient même arrivées quelquefois à leur ressembler comme les Ophrys, ces jolies orchidées de nos prairies, à qui leur forme et leur couleur ont valu les noms d'*Ophrys frelon, Ophrys mouche, Ophrys abeille, Ophrys bombyx*, et encore *Ophrys araignée* ou *Ophrys oiseau*. Ces ressemblances, loin d'être de simples coïncidences, comme on pourrait le supposer, seraient une sorte de « camouflage » par lequel serait trompé et attiré l'insecte fécondateur.

Finalement, tout le mal que se serait donné la nature pour former entre les insectes et les fleurs un ménage régulier aurait eu pour objet d'assurer aux plantes les bénéfices de la fécondation croisée et d'empêcher les mariages consanguins qui sont une cause d'affaiblissement pour les races les mieux trempées. Darwin cite d'autres dispositions qui, paraissant tendre au même but, semblent confirmer cette interprétation. Au bord des eaux, par exemple, pousse dans nos pays une magnifique plante à fleurs d'un beau rouge, la Salicaire. Ses fleurs ont douze étamines : six grandes et six petites; leur ovaire est surmonté d'un style qui, sur des pieds différents, peut être soit plus grand soit plus petit que toutes les étamines, soit de longueur intermédiaire. Il y a donc ici trois sortes de fleurs; il en est de même chez diverses Oxalides et chez les *Pontederia*, curieuses plantes aquatiques dont les feuilles, renflées à leur base, constituent des flotteurs remplis d'air qui maintiennent la plante à la surface de l'eau, dans laquelle plongent ses racines finement ramifiées. Les grandes étamines des Salicaires fécondent seulement les fleurs à long style, les petites étamines les fleurs à court style, et les fleurs à style moyen ne peuvent être fécondées que par les grandes étamines des fleurs à long style et les petites étamines des fleurs à court style. Il en résulte divers modes de croisement parmi lesquels ceux qui se reproduisent entre longues étamines et longs styles ou entre courtes étamines et courts styles sont les plus féconds.

Les Primevères, le Lin, le Sarrasin, les Quinquinas, dont les étamines sont égales, ont aussi deux sortes de fleurs, les unes à long, les autres à court style, entre lesquelles quatre sortes de métissages peuvent être réalisés et ce sont encore les métissages entre fleurs à long style et fleurs à longues étamines, c'est-à-dire entre les plantes dont les fleurs sont le plus différentes, qui donnent les meilleurs résultats.

De longues expériences portant sur de nombreuses espèces de plantes montrent que dans les plantes qui n'ont qu'une seule forme de fleurs les métis ont une supériorité marquée sur les individus appartenant à une même lignée. Ils fleurissent plus tôt, plus abondamment, supportent mieux les variations de température, les excès du froid ou de la chaleur, et vivent plus longtemps.

Malgré tous ces avantages, il y a des plantes chez lesquelles toutes les précautions semblent prises pour assurer l'autofécondation. Telle est la paradoxale Parnassie des marais. Elle n'est pas rare, et on la reconnaît tout de suite à la blancheur éclatante de sa corolle aux pétales épais, une corolle, pourrait-on dire, de fleur cossue. Elle a un appareil nectarifère des plus apparents; au-dessus de chacun des cinq pétales se trouve un appendice vert ayant la forme d'une main dont les doigts ouverts et nombreux se termineraient chacun par une petite boule engluée de nectar. Les insectes cependant ne la visitent guère et elle n'a pas besoin d'eux. Les cinq étamines, d'abord courtes, s'allongent successivement et chacune d'elles, quand elle a atteint sa longueur définitive se dresse, se courbe, vient se poser sur le sommet de l'ovaire et répand sur lui son pollen.

Les étamines des fleurs de Rue, de Fraxinelle, de Capucine, de Géranium, de Saxifrage, etc., ont des mouvements analogues tendant au même but. Il en est de même des étamines d'Epine-vinette qui se meuvent d'ailleurs au moindre attouchement. Celles des *Volubilis* s'allongent brusquement au moment de la fécondation et viennent frotter leurs anthères chargées de pollen contre le stigmate de l'ovaire. La nature capricieuse, qui tout à l'heure favorisait la fécondation croisée, semble favoriser maintenant la fécondation directe, et l'on ne peut trouver d'autre formule pour exprimer ces contradictions que celle-ci : « *Tout ce qui est possible se fait* ». Dans les choses possibles, il ne faut pas s'étonner qu'il y en ait de merveilleuses parmi toutes celles qui se sont réalisées depuis des millions d'années que la vie s'est emparée de la Terre.

Les insectes qui, au lieu de transporter le pollen, le mangent ou le récoltent pour le faire manger à leurs larves ne sont pas rares, et c'est là un autre curieux démenti à la théorie de la fraternelle alliance des insectes et des fleurs.

Les grosses cétoines, semblables à des hannetons dorés, viennent se poser au cœur des roses et, dans ce lit somptueux, se gorgent, non de nectar, mais de pollen; les trichies, dorées comme elles, ou barrées de jaune et de noir, n'en sont pas moins friandes et les abeilles possèdent même des appareils spéciaux pour récolter le pollen qui entre dans la composition de la pâtée de leurs larves. A vrai dire, beaucoup d'autres insectes prétendus fécondateurs se soucient tellement peu des fleurs qu'ils mangent infiniment plus de pollen qu'ils n'en transportent et font ainsi chèrement payer leurs involontaires services; ils s'attaquent, il est vrai, de préférence aux fleurs qui

présentent de nombreuses étamines telles que les
pavots, les hélianthèmes et les roses, ou qui en ont
de très grosses comme les pommes de terre; mais
c'est par gourmandise.

D'autres insectes ont trouvé trop compliqués les
obstacles accumulés à l'entrée de certaines fleurs
pour les obliger au rôle de fécondateurs et les ont
tout bonnement tournés. Tout le monde connaît les
gueules-de-loup[1], ces fleurs singulières dont la
corolle à deux lèvres s'ouvre comme pour mordre
quand on la presse entre deux doigts, près des commissures de ses lèvres. Derrière celles-ci, la fleur se
prolonge en une sorte d'urne au fond de laquelle
s'accumule le nectar. Consciencieusement, pour aller
chercher le jus sucré, les abeilles se posent sur la
lèvre inférieure de la fleur, soulèvent la lèvre supérieure, s'engagent dans la gueule ainsi ouverte,
frôlent successivement, en passant les quatre étamines rassemblées, deux longues et deux courtes,
contre la lèvre supérieure, chargeant ainsi leurs ailes
de pollen, boivent le nectar, et s'en vont par le
chemin déjà parcouru, non sans avoir ramassé avec
leurs pattes une nouvelle quantité de pollen tombé
sur un tapis de velours tendu sur la lèvre inférieure.
Tout est ici conforme à la théorie. Mais voici venir
les bourdons moins patients, et peut-être trop gros
pour se poser sur la lèvre inférieure de la gueule. Ils
saisissent tout simplement la fleur entière entre leurs
pattes, font un trou près du fond de l'urne dont les
lèvres forment le rebord, et par ce trou hument le
nectar sans avoir touché aux étamines.

Il y a même, ce qui paraît un comble, des papillons qui dédaignent les fleurs. Le plus beau des
papillons diurnes de nos forêts, le superbe grand-

---

1. Leur nom scientifique est *Antirhinum*, qui signifie en grec
littéralement contre-nez, c'est-à-dire ce masque réduit qu'on
appelle un *loup*.

mars aux ailes d'un bleu changeant barrées de blanc, se plaît à aspirer les sucs des bouses de vache. L'ophidère des îles Mascareignes et l'ophiusie du cap de Bonne-Espérance sont plus délicats. Ces papillons de nuit préfèrent aux fleurs d'oranger les oranges elles-mêmes. M. Künckel, bien connu par ses travaux sur les métamorphoses des insectes, sur les moyens de lutter contre les invasions des sauterelles, sur le développement des mylabres, voisins des cantharides et par une longue série d'autres observations délicates, leur a découvert une trompe pointue, taillée en fer de lance. Ils enfoncent cette trompe dans l'écorce de l'orange, arrivent jusqu'à la pulpe et se gorgent de son suc. Le papillon, après son repas, retire sa trompe et s'en va. Ceci ne semble pas, au premier abord, tirer à conséquence; la petite quantité de suc que peut prélever un papillon ne saurait amoindrir beaucoup une orange. Malheureusement, le trou qu'a fait sa trompe demeure béant et laisse sourdre une petite quantité de jus sucré. Il se trouve toujours à portée quelque spore de moisissure qui s'en nourrit et s'allonge en un filament jusqu'à la petite porte ouverte. Le filament pénètre par là dans le fruit, s'y ramifie à l'infini, l'envahit tout entier, après quoi l'orange, pourrie, tombe. Non seulement le papillon a omis de remplir son rôle d'insecte fécondateur, mais il a détruit le fruit produit d'une fécondation opérée sans lui. Les ophidères et les ophiusies sont ainsi devenues des insectes nuisibles au même titre que les larves de mouches qui se logent dans les cerises, que les chenilles qui vivent dans les pommes, que les charançons divers dont les larves rongent les grains de blé, les pois et les noisettes.

Par contre, certaines fleurs peu endurantes prennent largement leur revanche; elles capturent les imprudents qui viennent se poser sur elles. M. Künckel d'Herculais a réuni de nombreux traits relatifs à l'histoire de ces fleurs-pièges, meurtrières, elles aussi, sans le vouloir, et, du reste, sans aucun profit, des insectes qui les visitent. Elles appartienent à des familles qui semblent, au premier abord, de tout repos. Les douces pervenches ont pour voisins les apocyns dont de nombreuses espèces sont fatales à tout insecte qui vient se poser sur eux; tels sont l'apocyn de Syrie, le petit apocyn du Canada, signalé par Cornety dès 1635, l'apocyn à feuille d'androsème dont les habitudes meurtrières ont été remarquées en 1674 par Boccone, et celui que Lamarck appelle apocyn-gobe-mouche. Diverses asclépiades capturent aussi des abeilles et des papillons; il en est de même de l'*Hedychium coronarium*, plante voisine du gingembre, qui habite l'Inde et qui a été acclimatée à la Guyane et au Brésil. Les orchidées elles-mêmes ne laissent pas toujours échapper les insectes qui viennent cueillir leur pollen, et tout aussi dangereuses sont diverses plantes apparentées de près aux fuchsia, aux épilobes et aux œnothères inoffensifs de nos pays. Quelquefois, les insectes sont simplement englués dans les poils de la fleur par le nectar même qu'ils viennent humer. Mais, le plus souvent, ils provoquent la contraction de certaines parties sensibles qui se resserrent sur eux et les maintiennent vigoureusement captifs. D'ordinaire, c'est par la trompe qu'ils sont saisis. Malgré tous leurs efforts, de robustes sphinx ne peuvent se dégager de l'étreinte de certaines grandes orchidées qui les retiennent par cet organe. C'est un meurtre à la fois ridicule et inutile, bien fait pour écarter l'antique croyance que tout, dans la nature, est soigneusement calculé, ou même cet optimisme qui conduit à penser que dans le conflit éternel et colossal des organismes, un tel équilibre arrive à s'établir que chacun est utile à tous et tous à chacun. En réalité, chacun travaille pour soi, à l'aide d'instruments qu'il a graduellement acquis soit en raison de ce travail même, soit par l'action aveugle du milieu où il est placé. Il y a, sans doute, à toute l'activité déployée par les êtres vivants un but suprême, mais ce but nous échappe et nous ne constatons que ses résultats les plus prochains.

Parfois ces résultats sont merveilleux, et notre rôle est alors de rechercher comment ils ont été atteints; d'autres fois, ils semblent, comme les captures que nous venons de relater, aller à l'encontre de toute logique. N'est-il pas contradictoire que des fleurs tuent des insectes qui pourraient être, pour leur propre espèce, de précieux agents de fécondation?

Il n'y a pas, du reste, que les fleurs qui capturent les insectes; les feuilles se mettent aussi de la partie. Darwin a écrit tout un livre sur les *Plantes carnivores* qui digèrent les insectes qu'elles capturent. Telles sont les *Drosera* de nos marécages, dont les feuilles sont couvertes de véritables tentacules préhenseurs qui se rabattent sur les insectes et les engluent dans les gouttelettes de sirop transparent qu'ils portent à leur extrémité; la célèbre dionée gobe-mouche, dont la feuille bilobée porte sur le milieu de chaque lobe trois petites pointes sensibles qui font rapprocher brusquement, au moindre attouchement, les deux lobes entre lesquels l'insecte demeure prisonnier; les *Aldrovandia* et les utriculaires de nos eaux douces qui se comportent à peu près de la même façon vis-à-vis des petits crustacés; les *Petunia* et certains œillets couverts de glu; les étonnants népenthès aux feuilles terminées chacune par une urne munie de son couvercle; les *Sarracenia* dont les feuilles ont un long pétiole enroulé en un cornet que le limbe peut recouvrir et qui embouteillent ainsi les insectes attirés par le liquide fétide qui s'assemble au fond du cornet.

Ici, du moins, la capture a quelque utilité pour la plante qui se nourrit de son gibier; mais pourquoi ces braves plantes sont-elles ainsi devenues d'impitoyables chasseresses, au lieu de vivre, de l'air du temps, des rayons du soleil et de l'eau tombée des nuages sur le sol? C'est que leurs feuilles, au lieu de miellée, sécrètent un suc digestif qui, au cours des temps, a trouvé son emploi.

CHAPITRE XI

Les Parasites.

Résumé. — Origine des parasites. — Leur déchéance. — L'astuce des Roubaudia. — A parasite parasite et demi. — Les Roubaudia contre leurs parasites. — Le parasitisme en cascade. — Les merveilles du parasitisme. — Les larves emboîtées. — La multiplication des jumeaux dans l'œuf.

Parmi les faits qui établissent le mieux à quel point les êtres vivants dépendent les uns des autres, ceux qui relèvent du parasitisme sont particulièrement frappants. Il est infiniment probable que tous les parasites ont vécu d'abord librement, et ne se sont abandonnés à une vie de *far niente* continu qu'à la suite de la rencontre accidentelle de quelque plantureuse Capoue. Tous en ont été punis de la même façon. L'activité, c'est la vie, c'est le progrès, c'est le bonheur; sans elle tout tombe en déchéance, s'atrophie, se traine dans une languissante atonie, et disparait. N'utilisant plus leurs organes des sens à la recherche d'une nourriture que leur hôte leur fournit en abondance, les parasites deviennent peu à peu aveugles, sourds, insensibles; leurs muscles inutilisés dégénèrent; leurs membres disparaissent; parfois ils n'ont même plus de forme qui leur soit propre et se bornent à remplir les espaces laissés libres par les organes qui les avoisinent et entre lesquels quelques parties de leur corps réussissent à se glisser. Leur lamentable histoire est un chapitre poignant de cette morale en action qui est écrite dans les choses, et qui lorsque nous aurons su la dégager tout entière, imposera sa lumineuse clarté à nos descendants. Dans les sacs remplis d'œufs auxquels se réduisent souvent ces êtres irrémédiablement déchus, aucun trait ne décèle une parenté quelconque avec un être vivant en liberté ; heureusement pour les généalogistes, la déchéance est tardive ; les jeunes y échappent, et on peut alors reconstituer l'histoire de leur race.

Les crabes, par exemple, portent souvent sous leur abdomen aplati un sac jaunâtre du volume d'une petite noix, sans aucun organe externe apparent, mais plongeant dans le corps du crabe une sorte de pédoncule muni de suçoirs indéfiniment ramifiés qui enserrent dans leurs mailles tous les organes de celui-ci et s'allongent jusqu'à l'extrémité des antennes et des pattes. Ces suçoirs nourrissent le parasite comme les racines d'un arbre nourrissent l'arbre. Les sacculines — c'est le nom qu'on donne à ces organismes d'aspect si rudimentaire — naissent cependant sous la même forme que les splendides et succulentes crevettes que l'on appelle à Marseille des scaramotes ; comme les larves de ces beaux crustacés elles ont des yeux, des pattes, nagent agiles et gracieuses, grandissent, se métamorphosent, en passe de devenir plus parfaites encore, puis tout à coup, ayant rencontré quelque crabe, s'arrêtent, se fixent sur lui, pénètrent dans ses tissus, comme l'a excellemment décrit M. Yves Delage, et de ce moment leur croissance rapide n'est plus qu'un avilissement chaque jour plus grand d'un organisme qui semblait voué à de tout autres destinées.

N'en déplaise aux doux philosophes qui vivent déjà dans les régions mystiques pour lesquelles nos pauvres corps infirmes et incomplets s'entraînent à fabriquer des âmes, la différence profonde et irrémédiable des deux sexes pour qui ils réclament si allègrement l'égalité s'accuse nettement dans la façon dont ils se comportent à ce point de vue du parasitisme comme en tant d'autres circonstances; très souvent les femelles seules adoptent ce genre de vie; l'activité caractéristique de leur sexe en préserve les mâles.

Il ne faut cependant pas trop médire des parasites. Leur état misérable n'est qu'une conséquence de la défense, en quelque sorte désespérée, que la vie sait opposer à toutes les attaques qui pourraient tendre à la détruire. Les êtres vivants semblent avoir pour devise : « Profitons de tout pour vivre, usons de tous les moyens pour durer. » Et c'est parce qu'il en est ainsi que nous paraissent si merveilleux les artifices par lesquels les parasites arrivent à s'imposer à leur hôte.

*
* *

Le jeune naturaliste qui a si bien étudié les mouches tsé-tsé propagatrices de la maladie du sommeil chez l'homme et du *nagana* chez les animaux, M. C. Roubaud, a ajouté un curieux chapitre à cette histoire de l'exploitation des animaux les uns par les autres [1].

Il a rencontré dans l'Afrique équatoriale des espèces de guêpes vivant en société et fabriquant des nids de carton, comme ceux de nos guêpes indigènes; puisqu'il faut bien fixer les idées, on me pardonnera de citer leurs noms, bien qu'ils soient sans doute destinés à être vite oubliés, on les nomme des *Icaria* et des *Belonogaster*, qu'on peut traduire en français, si vous voulez, par ceux d'Icarie et de Bélonogastres. Ces dernières sont de grands insectes de forme singulière; leur abdomen est uni à leur thorax par un long filament; il semble une sorte de fruit suspendu à son pétiole. Leur piqûre est extrêmement douloureuse et très redoutée. Pendant

---

1. *Académie des sciences*, 21 novembre 1910.

la mauvaise saison, elles se réfugient dans les habitations où elles construisent un nid provisoire, suspendu à deux filaments et composé de cellules coniques, juxtaposées, fermées par un couvercle hémisphérique. C'est dans ces cellules que se développent les larves; toute la famille émigre lors de la belle saison.

Autour des nids de bélonogastres, on voit sans cesse voleter avec une souplesse et une agilité remarquables de jolies mouches de couleur rousse, découvertes par M. Roubaud, que l'entomologiste Villeneuve leur a donné pour parrain, en les nommant *Roubaudies rousses*. C'est un hommage que doivent subir les naturalistes qui découvrent un animal ou un végétal nouveau, mais qui leur procure souvent d'assez vilains filleuls. Les roubaudies ne sont pas d'une délicatesse exemplaire. Ce sont des mouches-apaches, comme toutes celles de leur famille, d'ailleurs. Elles ne cambriolent cependant pas pour elles-mêmes ; leur régime personnel est le même que celui des innocents papillons ; elles vivent du suc des fleurs; mais vienne la période de la reproduction, les femelles, remplies d'une centaine d'œufs ou de larves écloses à leur intérieur, s'en vont guetter les nids de bélonogastres et cherchent à s'y glisser. Cependant les guêpes font bonne garde. Si la mouche demeure au dehors et ne peut se délivrer de sa progéniture, celle-ci se venge. Impatientes, les larves percent la paroi de l'utérus de leur mère et se répandent parmi ses viscères: mère et filles continuent à vivre, et quand les temps sont révolus meurent ensemble. Si la mouche réussit à tromper la surveillance des guêpes et à pénétrer dans le nid, elle pond indifféremment sur les œufs, sur les larves écloses ou simplement sur la paroi des alvéoles.

Ses larves écloses se mettent aussitôt en devoir de pénétrer dans les œufs ou dans les larves de leurs hôtes. Pour les œufs, qui sont le logis de choix, c'est l'affaire de quelques minutes ; pour les larves, surtout si elles sont vieilles, il faut plus de temps et limiter l'attaque aux articulations des segments du corps où le tégument est le plus mince. Plusieurs larves de mouche peuvent pénétrer dans le même hôte ; mais elles se gênent mutuellement et une seule, qui mériterait le nom de *ver solitaire*, arrive à maturité. Les larves qui pénètrent dans les œufs demeurent quelque temps immobiles, l'extrémité postérieure de leur corps appliquée contre l'orifice de pénétration, sans doute pour assurer leur respiration ; puis elles se répandent dans le liquide de l'œuf. Celles qui entrent à l'intérieur des larves de guêpe, en trouant leur peau, circulent aussitôt parmi les viscères, se nourrissent de sang et respirent par la peau ; mais bientôt elles se fixent sur un des gros conduits dont les rameaux distribuent l'air dans tout le corps. Le conduit se défend d'abord, se gonfle autour de la larve parasite et l'englobe ; mais celle-ci demeure victorieuse, rompt les murs de sa prison et n'en conserve qu'une sorte de calice qui la maintient attachée au gros conduit aérien. Le sang est encore son unique nourriture. La larve de guêpe continue, de son côté, sa croissance, comme si de rien n'était, et arrive sans grand trouble au moment où elle devrait échanger sa lourde forme de ver contre celle d'une guêpe svelte et ailée.

Comme le font la plupart des guêpes, des abeilles et des papillons, elle file alors un cocon et s'y endort ; aussitôt la larve de roubaudie, ensommeillée jusque-là, entre, au contraire, dans une phase d'activité qui mérite aussi bien au propre qu'au figuré l'épithète classique de dévorante. Elle déchire et mange tous les organes de son hôte, en refoule la peau presque vide contre l'entrée du cocon, et en sort bientôt pour aller se coller au fond de l'alvéole. Dans l'abri même qui avait été préparé pour sa victime, elle accomplit la métamorphose qui en fera une mouche.

La jeune guêpe se serait délivrée toute seule de la prison de papier que constitue l'alvéole, en brisant sa paroi à l'aide de ses puissantes mâchoires ; la mouche n'a pas de mâchoires ; elle ne possède qu'une trompe molle, faite pour aspirer les gouttes de sirop qui perlent au fond des corolles. Elle devrait mourir au fond du logis qu'elle a volé. Cela arrive quelquefois ; mais le sort ironique a fait des guêpes mêmes qu'elle a si odieusement trahies ses propres libératrices, et comme si le monde des insectes était l'œuvre non pas de Dieu, mais de quelque démon malfaisant, c'est l'asservissement de la guêpe à un péché capital, la gourmandise, qui va préparer la perte de ses futurs descendants. Alléchée par ce qui reste du cadavre de la larve qu'elle flaire au travers de son couvercle et dont elle n'hésitera pas tout à l'heure à se nourrir, une guêpe vient bientôt rompre ce couvercle et la mouche s'envole.

Il y a cependant une justice immanente : les roubaudies sont assez souvent punies de leurs méfaits par un tout petit moucheron à quatre ailes qui n'a probablement pas encore reçu de nom et que l'on trouve très fréquemment errant à la surface des nids des bélonogastres. Lui aussi cherche sa proie, et, comme dit le proverbe : « A parasite, parasite et demi ». Notre moucheron, comme toutes les mouches à quatre ailes dont les abeilles et les guêpes font partie, est pourvu d'un long aiguillon ; mais au lieu de s'en servir pour faire de douloureuses blessures, il s'en sert comme d'une tarière pour percer la paroi de l'alvéole, la peau de la larve de bélonogastre qu'il contient, et, à travers tous ces obstacles, déposer ses œufs dans le sang même de la larve de roubaudie. C'est une opération fort compliquée et qui ne doit pas toujours aboutir.

Plus d'une fois, sans doute, le moucheron laisse tomber ses œufs dans le corps de la larve de bélonogastre sans atteindre celle de roubaudie ; ses larves se développent alors, mais elles sont vouées à une mort certaine ; la larve de roubaudie qu'elles devaient détruire prend les devants et, sans façon, les dévore avec les viscères de son hôte quand elle arrive à sa période d'activité. Si l'opération réussit, c'est par centaines que les larves du moucheron se développent dans la larve de roubaudie. Celle-ci se métamorphose à la façon de nos mouches ordinaires, à l'intérieur de son ancienne peau détachée, durcie et gonflée en une espèce de tonnelet, fermé par un couvercle qui, au moment de l'éclosion, s'ouvre spontanément. Les larves du moucheron n'ont par conséquent aucune peine à se dégager et sont délivrées de l'alvéole par la guêpe, comme l'aurait été la roubaudie.

On croirait cette très véridique mais surprenante histoire édifiée à plaisir par quelque malin esprit pour mystifier les observateurs trop curieux. Une guêpe construit soigneusement un nid pour y pondre et l'on s'attend à en voir sortir des guêpes pareilles. Cela se voit, mais il en peut aussi sortir de simples mouches ou des nuées de moucherons. Que penser ? C'est l'histoire de la boîte miraculeuse d'où le prestidigitateur tire à volonté des dragées, des haricots ou de jolies souris blanches.

Ces faits donnent la mesure de la variété des rapports que les organismes peuvent présenter entre eux, des *alea* que ces rapports comportent et du caractère accidentel des conditions qui ont présidé à leur réalisation. Ils ne sont pas exceptionnels, tant s'en faut, dans l'histoire du parasitisme. Le parasitisme en cascade, pour ainsi dire, que décrit M. Roubaud, avait déjà été observé maintes fois chez des insectes voisins. Il n'y a pas d'amateur de papillons qui, ayant soigneusement élevé les chenilles de quelque espèce de beaux sphinx n'ait eu la surprise pénible de ne voir sortir que des mouches de la chrysalide tant choyée. Mais le parasitisme fait bien d'autres miracles.

Quand un organisme est mis à l'abri des aléas que comporte si souvent la recherche de la nourriture, qu'il est abondamment nourri, d'une façon continue, comme dans le cas des parasites, son activité se tourne vers la formation des éléments reproducteurs, et alors tout peut arriver. Les larves des mouches qui font naître les galles des épis de blé produisent d'autres larves à leur intérieur sans revêtir auparavant la forme ailée de leur mère; chez des vers parasites des poissons, les gyrodactyles, des larves formées de cette façon en forment d'autres à leur intérieur avant de naître, de sorte que la fille est déjà reconnaissable dans sa mère alors que celle-ci est encore contenue dans la grand'mère ; trois, parfois quatre générations sont ainsi emboîtées chacune dans la précédente. Le comble a été observé par M. Marchal, membre de l'Institut. Chaque œuf d'un moucheron parasite des petites chenilles qui vivent en société sur le fusain, dans une toile tissée en commun, évolue de manière qu'il en sorte non pas une mouche unique, mais une centaine de petites mouches!

Il ne faudrait pas que les législateurs comptassent, dans l'espèce humaine, sur un pareil miracle de multiplication pour arrêter la dépopulation.

CHAPITRE XII

L'Horticulture.

Résumé. — Autour de la pomme de terre. — Parmentier. — Le Sphinx tête-de-mort et la Phtorimée. — Origine de la pomme de terre. — Les miracles de l'horticulture et la génétique. — Les champignons adjuvants. — La chute des fleurs.

La pomme de terre, la modeste et paisible pomme de terre, pain des pauvres quand elle demeure en robe de chambre, régal des riches quand elle accompagne, convenablement soufflée, un succulent châteaubriant, la bonne parmentière commence à nous être disputée elle aussi par des parasites de tout rang. Sa robuste santé est tantôt ébranlée par d'insidieux champignons tels que le *Phytophtora infestans*, tantôt menacée par d'abominables chenilles, et, ce qui aurait fort réjoui Parmentier, s'il avait pu le prévoir, quand la pomme de terre va mal, tout va mal dans notre pays.

Non seulement elle devient malade, mais elle se fait mystérieuse. On ne sait plus d'où elle vient, ni ce qu'elle était avant d'être la généreuse mystificatrice qui semble nous offrir des fleurs banales et des fruits exécrables, alors qu'elle accumule en secret pour nous, dans des laboratoires souterrains, les nourrissantes fécules qui gonflent ses tubercules.

Et voilà que sur Parmentier lui-même l'Histoire hésite. Un de ses admirateurs, M. René Lapierre, lorsqu'il voulut publier et écrire le panégyrique de l' « inventeur de la pomme de terre »[1], eut déjà quelque peine à se reconnaître dans sa famille ; le premier qui écrivit la vie de notre héros en fait mourir le père en 1740 ; Antoine-Augustin Parmentier était né lui-même en 1737 ; le voilà donc orphelin à trois ans, et, de ce seul fait, particulièrement intéressant. Seulement, l'acte de décès de Mme Parmentier mère porte qu'elle décéda à l'âge de soixante-dix ans et fut inhumée en présence de « son mari » en 1776. Antoine-Augustin avait à ce moment trente-neuf ans et il n'était encore orphelin que de mère. Ce chroniqueur distrait et ceux qui, par la suite, le copièrent copieusement ont simplement confondu son père avec son grand-père.

Alors que devient la jolie historiette que raconte dans ses Mémoires Mme de Bassanville ?

En 1753 vivait à Montdidier un pharmacien qui alliait à une science consommée de chimiste une telle rapacité qu'on appelait son officine la *Maison de l'or maudit*. Par une morne et pluvieuse soirée d'hiver, un jeune homme tout ému se présente chez lui, et d'une main tremblante lui tend une ordonnance.

— C'est un louis, dit sèchement l'apothicaire.
— Mais ma mère se meurt et je suis sans argent.
— Tant pis !
— Alors, supplia l'enfant, prenez-moi comme apprenti, je vous servirai pour rien, nuit et jour.

Une offre aussi économique aurait touché Harpagon lui-même. L'homme à l'or maudit accepta, et c'est ainsi, dit la légende, qu'Antoine-Augustin Parmentier acquit les premières notions de pharmacie. Acceptons le récit : une telle préface convient à la vie d'un homme à qui s'applique si merveilleusement le mot

---

1. RENÉ LAPIERRE. *A.-A. Parmentier, sa vie, son œuvre, hommages rendus à sa mémoire*. Imprimerie-librairie de Montligeon (Orne).

de Brillat-Savarin : « La découverte d'un mets nouveau fait plus pour le bonheur de l'humanité que la découverte d'une étoile ». C'est peut-être une légende, mais l'histoire n'est-elle pas faite de légendes ? On n'a pas toujours pratiqué le document avec le soin jaloux qu'y apportent nos jeunes historiens.

Les beaux gestes ne manquent pas, du reste, dans la vie de Parmentier. Plus tard étant devenu pharmacien militaire, il égara par distraction, au cours d'un voyage à Montdidier, une assez forte somme d'argent. De braves gens la retrouvèrent et la remirent à leur curé ; mais Parmentier en avait fait son deuil ; il jugea que cet argent, providentiellement arrivé entre les mains du représentant le plus qualifié de la charité, ne devait sortir du presbytère que pour revenir aux pauvres, et il chargea le curé de le leur distribuer.

Il entrait tout naturellement dans sa fonction de suivre les armées, mais rien ne l'obligeait à distribuer des drogues sur les champs de bataille ; il s'y dépensait cependant si bien qu'il y fut grièvement blessé et cinq fois fait prisonnier durant la campagne de Hanovre. Contant gaiement ses mésaventures militaires, il concluait : « Les hussards prussiens sont les plus habiles valets de chambre que je connaisse ; ils déshabillent un homme en un tour de main. Honnêtes d'ailleurs, sauf qu'ils gardent l'argent et les habits ». Ils n'avaient pas encore le goût des pendules.

C'est au cours de ses longues campagnes qu'il apprit à connaître, dit Cuvier, un peu durement pour l'ancien régime, « deux choses également ignorées de ceux pour qui ce serait le plus un devoir de les connaître : l'étendue, la variété des misères auxquelles il serait encore possible de soustraire les peuples, si l'on s'occupait plus sérieusement de leur bien-être, et le nombre et la puissance des ressources que la nature offrirait contre tant de fléaux si l'on voulait en répandre et en encourager l'étude ».

Ces ressources de la nature, en l'espèce la pomme de terre, comment Parmentier avait-il eu l'idée de les utiliser ? Ici la question s'embrouille encore. Suivant Léon Gozlan, ce serait en Limousin, au cours d'un de ces « tours de France » qu'aimaient à faire pédestrement les jeunes gens du bon vieux temps, que Parmentier aurait vu pour la première fois le tubercule qui devait illustrer son nom. La plante qui le produit y était déjà cultivée sous Louis XV, mais à l'usage des pourceaux seulement; elle avait été introduite en Europe de 1580 à 1585, d'abord par les Espagnols, ensuite par les Anglais Thomas Herriot et Walter Raleigh [1].

Personne n'avait encore osé la faire servir à l'alimentation humaine. C'est en Allemagne que Parmentier devait la retrouver; les Prussiens d'alors ne se mettaient guère plus en frais que ceux d'aujourd'hui pour nourrir leurs prisonniers ; ce que l'on réservait aux pourceaux partout ailleurs paraissait suffisant pour eux ; la pomme de terre faisait la base de leur alimentation. Mais Parmentier, on l'a vu, était de belle humeur ; loin de faire le difficile, il prit goût à son nouveau régime, et devenu libre, engagé comme élève chez le pharmacien Mayer, de Francfort, il eut l'idée — était-ce une spirituelle vengeance ? — d'engager son patron à en manger avec lui. L'argument dont il usa, dit-on, n'eût peut-être pas été décisif pour tout le monde. Mayer, le voyant mordre à belles dents dans une pomme de terre crue, n'avait pu s'empêcher de s'écrier : « Mais ce n'est bon que pour les pourceaux ! — Les pourceaux ne mangent-ils pas des truffes ? » riposta Parmentier.

Ils mangent aussi beaucoup d'autres choses qu'on ne saurait leur disputer. Quoi qu'il en soit, les pommes de terre furent mises à la marmite. Comme son élève,

---

1. A. DE CANDOLLE. *L'Origine des plantes cultivées*. Bibliothèque scientifique internationale.

Mayer les jugea excellentes. Dès ce jour Parmentier était résolu à les introduire dans l'alimentation de ses compatriotes. Il rentra en France en 1763 et commença aussitôt sa campagne. Il avait naturellement contre lui tous ceux que gêne quelque nouveauté. « La pomme de terre donne la lèpre! » s'écriait l'avocat Linguet. Il fallut la disette des années 1767, 1768, 1769 pour faire sortir des cartons du bureau central de l'Agriculture les Mémoires que l'ancien pharmacien de la guerre de Hanovre ne cessait, depuis cinq ans, de lui adresser. Maurepas, le duc de La Vallière, Condorcet, Buffon, Voltaire même se laissèrent convertir. Enfin Louis XVI concéda au pharmacien philanthrope un terrain immense dans la plaine des Sablons, à Neuilly. Bonnes filles, les pommes de terre consentirent à pousser dans cet espèce de Sahara; l'été venu, elles le couvrirent de fleurs, et le jour de la Saint-Louis, Parmentier put aller à Versailles en offrir un bouquet au roi. Le roi ne lui donna pas d'argent, mais lui permit d'embrasser la reine et mit à sa propre boutonnière quelques fleurs du bouquet. S'il n'était pas d'une haute générosité, le geste était élégant. Tout Paris voulut voir l'aride plaine de Neuilly miraculeusement transformée en parterre. La cause était gagnée. Parmentier donna un grand dîner à ses détracteurs. Franklin, Lavoisier étaient parmi les invités. De même que récemment à un des célèbres déjeuners de la Société d'acclimatation où tout était au soja, le haricot bon à tout faire d'Asie, au déjeuner de Parmentier tout fut à la pomme de terre : potages, pain, purée, croquettes, gâteaux, les liqueurs même. La « folie du bonhomme », comme disaient naguère les courtisans, gagna tous les convives. Les sables pouvaient donc désormais faire concurrence aux terres fertiles de la Beauce, et, de la même façon, enrichir la France! Parmentier fut autorisé à cultiver la plaine de Grenelle, comme il avait cultivé celle des

Sablons ; la troupe fut mobilisée pour garder la nouvelle culture... pendant le jour. C'était donc bien précieux, pensèrent les voisins, ce qui poussait là, qu'on le faisait si jalousement surveiller ! La nuit, les soldats rentraient à la caserne ; on vint cambrioler les champs de Grenelle. La ruse avait réussi : désormais la pomme de terre était populaire.

Le rôle qu'a joué Parmentier dans la propagation de la pomme de terre devait naturellement être contesté à son tour, et le « bonhomme » a eu l'humiliation d'être traité de charlatan. Le savant bibliothécaire de la Société d'agriculture, M. G. Gibault, s'est appliqué à montrer qu'avant Parmentier la pomme de terre était déjà cultivée en divers pays. Un jeune docteur en droit, M. Lafargo, a conté, dans une thèse brillante, comment le précieux tubercule avait été introduit à Limoges, puis envoyé à Tulle par l'évêque de Limoges. Ces précisions ne diminuent en rien le mérite de Parmentier. Il est certain que, de son temps, la pomme de terre était déjà assez répandue, mais considérée partout comme un produit inférieur, et qu'il ne songea même d'abord qu'à en faire du pain pour les temps de disette, ce qui réussit mal. Plus tard seulement il « s'emballa », passez-moi le mot, pour elle, et il eut le mérite d'emballer aussi ses concitoyens et de conquérir pour sa protégée une place sur les meilleures tables. On sait si elle l'a gardée.

Dès le début de sa campagne, on avait semé « la Parmentière » au Jardin des Plantes, et les plantes issues de graines s'étaient montrées d'une singulière variabilité ; on avait réussi à en tirer jusqu'à quarante-cinq races différentes par la grosseur, la forme, la couleur, la richesse en fécule des tubercules. On choisit les meilleures variétés pour les répandre, et bientôt des champs de pommes de terre apparurent partout où le blé ne pouvait pousser ; des landes que l'on croyait vouées à une éternelle infertilité vinrent ajouter une richesse nouvelle au patrimoine de nos paysans.

Alors commença l'invasion des parasites. Le premier en date paraît avoir été un énorme papillon, si terrifiant que les naturalistes l'ont affublé du double nom d'*Acherontia atropos*, qui rappelle tout à la fois les fleuves et les divinités des Enfers. Il est crépusculaire, comme il convient aux fantômes; son vol rapide est silencieux; sa livrée sombre se marbre de teintes vireuses, et sur son dos des taches noires sont disposées de manière à figurer une tête de mort. Seul parmi tous les papillons, dont il est le géant, il pousse des cris de souris quand on vient à le saisir; c'était plus qu'il n'en fallait pour en faire un être surnaturel et maléficieux. Au Moyen Age, il se montra, à diverses reprises, en grand nombre dans certaines provinces; on le prit pour un messager du diable et il fut dûment excommunié. La famille de papillons à laquelle il appartient semble d'ailleurs avoir de tout temps intrigué les naturalistes, puisqu'ils l'ont de bonne heure dédiés aux plus mystérieux des êtres mythologiques : c'est la famille des *Sphinx* et l'*Acherontia atropos* est, pour ceux d'entre eux qui ne s'embarrassent pas trop de subtiles distinctions et de dénominations helléniques, le Sphinx tête-de-mort.

D'où nous est venu ce papillon macabre? Est-ce un compatriote? Est-ce un étranger qui aurait conquis ses lettres de naturalisation? Sa magnifique chenille jaune pâle, obliquement barrée de bleu sur les côtés, grosse comme un gros doigt et longue d'un décimètre, s'est si bien accommodée de nos cultures de pommes de terre, qu'on a pensé que la plante et l'insecte étaient compatriotes, et alors est née une jolie légende. A toutes ses troublantes apparences, le sphinx tête-de-mort ajoute une mauvaise qualité : c'est un voleur. Il pénètre nuitamment dans les ruches des abeilles; son épaisse toison de poils serrés, ses robustes téguments le mettent à l'abri de leur aiguillon; sans souci de l'essaim frémissant qui le harcèle avec fureur, il se gorge de miel puis s'en va, ayant épuisé d'un seul coup une provision qui suffirait à nourrir des centaines d'abeilles. Et s'il est vrai que cet affreux et imperturbable bandit vienne du pays des Apaches, voyez le raisonnement.

Les industrieuses abeilles, depuis son arrivée dans nos pays, ont noté l'époque où, après s'être pour quelques jours enterré vivant, sous forme de chenille, — encore une étrangeté — il ressuscite à la fin de l'été et sort de son tombeau, superbement ailé, pour des noces accompagnées de festins de nectar qui ne durent guère que deux semaines. Durant ces deux semaines, les abeilles rétrécissent avec de la cire les portes de leurs demeures, de manière que seules elles puissent y passer. La quinzaine écoulée, n'ayant plus rien à redouter, elles démolissent cette barrière gênante. Ainsi, depuis la découverte de l'Amérique, les abeilles auraient su reconnaître un danger, appris à s'en garer, modifié leurs mœurs et organisé leur travail en conséquence. Elles seraient donc intelligentes, et la barrière qu'on a voulu élever entre l'intelligence des animaux supérieurs et l'instinct des insectes sombrerait du coup.

Malheureusement, voilà que toutes les recherches faites pour découvrir en Amérique le sphinx tête-de-mort sont demeurées infructueuses. Un naturaliste français qui connaît bien les papillons, M. Lecerf, croit qu'il a vécu de tout temps sur le littoral de la Méditerranée, et serait un indigène de la Côte d'Azur, dont la chenille, peu difficile pour sa nourriture, mangeait indifféremment jadis des feuilles de frêne, de lilas, d'olivier, de jasmin; elle associait à ce régime la douce-amère, le lyciet, la morelle noire, la jusquiame et jusqu'au vénéneux datura, toutes plantes de la même famille que la pomme de terre qui, de son nom scientifique, s'appelle morelle tubéreuse. En répandant partout celle-ci, Parmentier ne fut pas seulement le bienfaiteur de ses semblables, il fut aussi celui du filleul de la Parque Atropos. Sa chenille n'était plus obligée de se contenter d'une nourriture de hasard; elle avait partout de vastes champs à sa disposition; elle avait uniformisé son régime. Il faut bien dire qu'elle ne s'est généralement pas montrée trop indiscrète, et mangeant uniquement des feuilles, n'a pas nui outre mesure à nos cultures.

Il n'en est pas de même d'un autre papillon, minuscule celui-là, guère plus gros que la petite teigne qui vole l'été dans nos appartements et dont la chenille, dévorant nos étoffes de laine et nos fourrures, se cache, pendant qu'elle les perce, dans un étui fait de leurs débris, en attendant qu'elle devienne la délicate bestiole aux ailes argentées qui a mérité le nom pittoresque et paradoxal de *trou volant*. La teigne des pommes de terre est en train de devenir célèbre sous le nom de *Phtorimée operculelle*, que je traduis du latin.

Sa chenille, souterraine, pénètre dans les pommes de terre, les perfore en tous sens et répand dans ses galeries de nauséabondes déjections qui ne laissent au tubercule aucune valeur alimentaire. Cette chenille n'a pas plus de 9 à 12 millimètres de longueur. Elle a été étudiée avec le plus grand soin par M. L. Bordas, un naturaliste dont les études sur les insectes nuisibles à l'agriculture constituent désormais une des œuvres de patience les plus considérables qu'aient produites, depuis Léon Dufour, les savants français. M. L. Bordas est un ancien instituteur, devenu docteur ès sciences à force de travail, et qui honore, dans une place modeste de professeur adjoint, la faculté des sciences de Rennes. Il a fait venir du Var, où elles commettent déjà des ravages étendus, les chenilles de la Phtorimée et les a soumises à toutes sortes de recherches et d'expériences[1].

Ces chenilles ont une grande vitalité; après un séjour de six à huit heures dans de l'alcool à 78°, elles reviennent encore à la vie et résistent de la même façon aux moyens de destruction les plus violents. Difficiles à atteindre déjà au sein des tubercules, où elles vivent jusqu'à six ensemble, il leur suffit, pour se mettre à l'abri des liquides et des gaz délétères, de fermer les orifices de leur appareil respiratoire; elles s'endorment alors et attendent tranquillement que le milieu où elles vivent se soit purifié. Aussi les divers essais de destruction qu'on a tentés contre elles sont-ils demeurés sans résultat. Il faudra sans doute, pour s'en débarrasser, s'attaquer aux chrysalides et aux papillons, dont l'étude biologique fournira des indications pratiques fort importantes.

D'où viennent les Phtorimées? Sur ce point encore on ne sait rien de précis. Ce sont très probablement des insectes des régions chaudes de notre pays qui vivaient n'importe comment et que nos abondantes cultures ont induits en tentation; mais c'est une simple supposition. Du reste, à mesure que l'on creuse les questions d'origine, elles commencent généralement par se troubler avant de s'éclairer : depuis quelque temps, l'origine de la pomme de terre paraît elle-même indécise. Elle vient d'Amérique, et même des parties chaudes de l'Amérique, du Chili à la Nouvelle-Grenade; c'est entendu. Elle y était cultivée déjà du temps des premiers voyageurs. A ce moment dans les régions tempérées de l'Amérique orientale, aucune plante analogue n'était en culture, mais Commerson y trouva à l'état sauvage une autre espèce qu'on nomma *Solanum commersoni;* une troisième espèce, le *Solanum maglia,* se trouvait au Chili; une

1. *Comptes rendus de l'Académie des sciences,* 12 et 26 février 1912.

quatrième, le *Solanum immite*, au Pérou; une cinquième, le *Solanum verrucosum*, au Mexique. Aujourd'hui, en présence des variations innombrables que la culture a fait éprouver aux plantes sauvages, une question se pose. Notre pomme de terre est-elle une espèce distincte ou une variété culturale de l'une de ces espèces sauvages? Les espèces sauvages n'ont, en général, que des tubercules de la grosseur d'un pois ou tellement amers qu'ils sont immangeables. Ne peuvent-ils être transformés dans des terrains ou sous des climats favorables en gros tubercules succulents? En 1901, M. Labergerie a entrepris de résoudre le problème[1]. Après une série de cultures, il a réussi à transformer le *Solanum commersoni* en un végétal très analogue par ses tubercules à notre vulgaire pomme de terre. Ses observations ont été confirmées par le professeur Heckel, de l'Université de Marseille, et M. Planchon, professeur à celle de Montpellier. Comme M. Labergerie, ces savants ont constaté une curieuse variabilité des diverses espèces de *Solanum*, et le *Solanum maglia* lui-même a pu être amené à l'état de pomme de terre ordinaire. Voici donc deux espèces qui d'inutilisables sont devenues comestibles; elles ont donné naissance à deux séries de nombreuses variétés dont les formes extrêmes convergent les unes vers les autres et tendent à se confondre sous l'influence de la culture.

D'autre part, M. Labergerie a remarqué[2] que le voisinage d'une culture de *Solanum commersoni* ou même le remplacement d'une de ces cultures par la culture d'une de nos races les mieux assises de pommes de terre communes suffit à ébranler la constance de celle-ci et à lui faire subir de nombreuses variations.

1. J. Costantin. *Le Transformisme appliqué à l'agriculture*. Bibliothèque scientifique internationale, p. 260.
2. Communication à la Société nationale d'agriculture, 14 février 1912.

Dès lors, se pose un autre problème : le tubercule de la pomme de terre ne serait-il pas une sorte de maladie des solanées produite par un parasite microbien, particulièrement bienfaisant, qui vivrait dans certains sols et dont les germes y demeureraient vivants une fois qu'ils y auraient été introduits? C'est un côté d'une question plus générale qui s'impose d'une façon pressante à l'attention des chimistes, des biologistes et des agriculteurs, celle de l'intervention des microbes dont le sol est bourré, dans la fertilité et dans l'évolution des plantes qui croissent à sa surface.

Mais si des microbes sont capables de produire sur les végétaux des modifications qui peuvent devenir permanentes et héréditaires, où s'arrête leur puissance? Ne sommes-nous pas en présence de l'un des nombreux mécanismes qui ont modifié les formes vivantes et qui ont créé leur déconcertante variété? N'est-ce pas là une des causes possibles des variations brusques et héréditaires des animaux et des plantes? Le rôle des microbes, celui même des parasites, en général, s'étendrait ainsi d'une manière inattendue et il faudrait les réhabiliter.

Cette question que je posais déjà en 1881, lorsque j'exprimais dans mon livre, *les Colonies animales et la formation des organismes* [1], la loi de l'adaptation réciproque des organismes, a été récemment reprise par M. le Dr Galippe, pour le cas intéressant où des microbes, pénétrant dans l'œuf, viennent modifier son développement [2].

*
* *

Les horticulteurs nous montrent chaque année à quel point les plantes sont dociles aux sollicitations des habiles artistes qui cherchent à les embellir. Quoi

1. Pages 234 et 703.
2. *Comptes Rendus de l'Académie des Sciences*, 1914.

de plus somptueux que ces expositions annuelles aux Champs-Élysées, que cette charmante manifestation printanière, baptisée par des jeunes femmes au langage audacieux le « vernissage des fleurs » ? Et elles n'ont peut-être pas tort, ces métaphoristes osées, de confondre l'exposition de ce que nos jardiniers ont produit de plus merveilleux avec une exposition de peinture ; c'est bien la plus éblouissante fête des couleurs qui se puisse concevoir et c'est aussi la fête des parfums délicats et subtils.

Un peu avant la guerre, les femmes ressemblaient à des pédoncules capricieusement tordus, uniquement destinés à supporter la vaste inflorescence qu'elles appelaient leur chapeau, et qui semblait — tel le chapeau des champignons — la partie la plus importante de leur personne. Moins modestes, loin de se résigner à ce rôle de porte-bouquet, à l'époque la plus brillante du second Empire, elles s'étaient elles-mêmes déguisées en fleurs renversées ; sur la cloche en treillis de la crinoline s'épanouissaient, comme des pétales, les fuseaux chatoyants de leurs ambitieuses robes de soie, qui les faisaient ressembler à d'énormes tulipes marchant à l'aide de leurs étamines. Il n'était pas alors trop ridicule d'employer, quand on leur parlait, un langage contre lequel protesteraient aujourd'hui par un long rire notre simplicité républicaine et notre tendance à l'irrévérence envers des compagnes qui préfèrent leur indépendance aux égards dont nous les accablions naguère. Le directeur de l'élégant jardin des plantes de Clermont-Ferrand, le professeur Lecoq, avait imaginé de protéger ses plates-bandes contre des mains indiscrètes par ce galant avis : « Les fleurs qui portent des crinolines sont priées d'épargner celles qui n'en ont pas ».

Et ce madrigal contenait plus de vérité qu'il ne semble ; il ne faisait que traduire l'affinité secrète qu'il nous faut bien reconnaître entre cet épanouissement ultime du végétal qu'est la fleur et cet épanouissement ultime de la beauté humaine qu'est la femme. L'une et l'autre accusent leur perfection, comme aussi la noblesse de leur rôle, qui est de perpétuer leur race, par des moyens identiques : matériels chez la fleur qui tient de la nature l'éclat de sa corolle, ses effluves enivrants et les gouttes de nectar qui scintillent au soleil; psychiques chez les femmes irrésistiblement entraînées vers tout ce qui distingue les fleurs, semant dans leur costume les teintes infiniment variées de leur riche palette, empruntant aux roses, aux violettes, aux muguets leurs délicates senteurs et demandant aux feux des diamants et des gemmes de remplacer les fugitifs arcs-en-ciel jaillissant sous les caresses de l'aurore de ces perles éphémères que la plaintive Ophélie appelait « les larmes de la nuit ».

De même que les femmes se sont laissé docilement transformer et martyriser par les caprices tyranniques de tous les industriels du costume et de la parure, les fleurs se sont métamorphosées avec la plus inépuisable complaisance sous la main des horticulteurs. Ils ont, selon leur fantaisie, exaspéré, anéanti ou profondément métamorphosé leurs caractères en apparence les plus essentiels; ils ont stérilisé leurs étamines pour les incorporer dans leur corolle ; multiplié, allongé, déchiqueté, tordu de mille façons leurs pétales ; dilaté ou compliqué la modeste et régulière couronne des chrysanthèmes, des dahlias, des pavots, des pivoines, des anémones pour en faire ces monstres échevelés, gracieux ou déconcertants dont la famille se complique chaque jour de quelque apparition nouvelle. Non contents d'altérer leurs formes, ils ont changé leurs teintes, semé des rayures, des taches, sur un coloris d'abord uniforme, et les ont combinées de mille façons.

L'exposé des procédés qu'ils ont employés pour violenter ainsi la nature, le récit des résultats qu'ils ont obtenus, leur coordination dans une magistrale synthèse serait une œuvre des plus intéressantes. Peut-être sortira-t-elle des *Congrès de génétique* organisés sous le patronage de l'un de nos plus éminents horticulteurs, M. Philippe de Vilmorin.

Qu'est-ce que la génétique ? me demanderez-vous. Tout simplement la science nouvelle qui se propose de rechercher, de préciser et de codifier les règles à suivre pour produire des formes vivantes inédites, et même pour obtenir à notre gré telle forme donnée d'avance. Dans cette voie naguère encore presque inexplorée, on a fait, en ces dernières années, les tentatives les plus audacieuses et les plus réussies. Les méthodes ne varient guère cependant. On sait depuis longtemps que toutes les plantes nées de graines contenues dans un même fruit et à plus forte raison dans des fruits nés sur un même pied ne se ressemblent pas. Elles peuvent présenter entre elles de différences de la nature de celles qui ont donné naissance aux nombreuses variétés de vignes, de pommiers, de poiriers, de pommes de terre, de blés, etc. L'éminent professeur de chimie de la Faculté de médecine, M. Armand Gautier, a montré que la présence dans les parties vivantes du végétal d'une minime quantité de certaines substances suffisait à produire ces variations. Depuis, reprenant l'œuvre qui avait coûté vingt-cinq ans d'efforts à notre compatriote Charles Naudin, assistant au Muséum d'Histoire naturelle et membre de l'Institut, le botaniste hollandais de Vries a recherché ces variations parmi les plantes sauvages et parmi les pieds issus d'une même graine ; il a marié ensemble les plantes d'une même lignée, présentant la même variation, et il a réussi à créer ainsi de véritables races stables où cette variation était définitivement fixée[1]. C'est un premier procédé,

1. H. DE VRIES. *Espèces et variétés*. Bibliothèque scientifique internationale. Alcan, éditeur.

dit de sélection, qu'emploient les horticulteurs. En choisissant dans chaque semis, comme reproducteurs, les individus qui présentent au plus haut degré les caractères que l'on veut développer, on voit peu à peu, suivant les races et les espèces, les pétales s'agrandir, se tordre, se friser, se découper, se marbrer de taches ou de stries qui se multiplient jusqu'à se toucher et a substituer une couleur nouvelle à la couleur primitive. Ces modifications ne sont d'ailleurs pas indéfinies ; il y a une limite à l'agrandissement des fleurs et à ses changements de couleur : la rose bleue, par exemple, est demeurée un miracle à accomplir.

Les belles races obtenues par sélection sont encore sujettes à varier, mais elles peuvent être propagées indéfiniment par la greffe, le marcottage, le bouturage et les procédés analogues. En général, ces races artificielles se laissent facilement croiser entre elles, comme aussi nombre de races et même d'espèces naturelles. C'est un second moyen d'obtenir des types nouveaux, et il y a là un vaste champ d'opérations que Louis de Vilmorin, il y a une soixantaine d'années, a largement ouvert aux horticulteurs. Il opérait d'abord sur des races de betteraves dont il voulait augmenter la teneur en sucre ; mais la méthode qu'il empruntait d'ailleurs à l'élevage des animaux domestiques est générale et s'applique tout aussi bien aux fleurs qu'aux plantes industrielles. La *rose du Bengale* a été importée chez nous vers 1800, la *rose multiflore* en 1837, la *rose de l'île Bourbon* en 1820 ; elles ont fourni depuis de nombreuses variétés : c'est en les croisant les unes et les autres avec nos roses anciennes, fleurissant au printemps, qu'on a obtenu les *roses hybrides remontantes*, qui fleurissent deux fois par an. Les hybrides et les métis qui naissent de ces croisements ne demeurent pas, comme on l'imaginerait volontiers, une exacte moyenne entre leurs parents quand on vient à les unir entre eux. Il y a une trentaine d'années, après Charles Naudin, un moine nommé Mendel, demeuré longtemps oublié, essaya de préciser ce qui arrive en pareil cas. Les lois qu'on lui attribue, en oubliant par trop son prédécesseur, s'appliquent à l'homme et aux animaux aussi bien qu'aux plantes. Dans l'espèce humaine, par exemple, des mulâtres de teinte moyenne qui se marieraient exclusivement entre eux ne transmettraient pas cette teinte uniforme à tous leurs descendants ; il se constituerait parmi ceux-ci trois groupes : un d'individus presque blancs, un d'individus presque noirs, un d'individus de teinte intermédiaire. Grâce aux lois de Naudin-Mendel, on peut calculer quels seront les résultats des croisements de ces trois groupes, arriver à éliminer le sang blanc, ou le sang noir ou à créer une lignée dans laquelle les blancs, les noirs et les mulâtres seront indéfiniment mélangés. Les botanistes, en qui les astronomes et les mathématiciens ne voyaient jadis que de pacifiques et innocents compteurs d'étamines, se sont livrés avec ardeur, pour les plantes, à ces calculs de probabilité, et ils sont arrivés à donner aux pratiques de l'horticulture les caractères d'une véritable science.

Les superbes orchidées des pays chauds ont, grâce à ces pratiques, fourni d'innombrables variétés qui font la gloire des amateurs. Toutes les étrangetés sont réunies dans ces plantes étonnantes. Leurs fleurs aux pétales latéraux étendus comme des bras, semblent se lamenter, menacer, se targuer ; les unes, tels les superbes *Cattleya*, étalent orgueilleusement leur large pétale médian, comme des courtisanes fières d'être richement vêtues ; d'autres le ramassent, le courbent, le creusent, tels les sabots de Vénus, les verts cypripèdes, et paraissent tendre leur bourse aux passants ; il en est qui ont l'air de rire ; d'autres, telles que les ophrys, simulent des araignées ou des abeilles et les *Phalænopsis* ont l'air de papillons ; certaines dédaignent la terre, s'accrochent aux arbres, et ainsi suspendues, vivent de l'air du temps, tandis que la vanille parfumée court, comme une liane capricieuse, parmi les branches. On dirait des fleurs de luxe, mais mauvaises; si bien que dans le Venusberg, c'est à elles que Wagner a confié le soin d'enivrer les sens de Tannhäuser. Longtemps leur naissance a été enveloppée de mystère; leurs graines, semées dans les meilleures conditions, malgré les soins les plus minutieux, ne germaient pas ou ne germaient que capricieusement. Elles s'y refusaient notamment dans les terres neuves et dans celles qui n'avaient jamais contenu d'autres orchidées; en revanche, si elles tombaient sur quelque feuille d'une plante de leur famille, le minuscule embryon informe et presque inorganisé que contient leur graine entrait aussitôt en évolution.

Suivant une voie ouverte par Prillieux, Noël Bernard a pénétré le secret de ces caprices Les orchidées font, parmi les plantes, figure de grands seigneurs; elles ne peuvent vivre sans serviteurs. Les fleurs modestes laissent tomber sur leur pistil la poussière fécondante de leurs étamines, leur pollen, la confient au vent ou en saupoudrent les insectes qui viennent les visiter ; les orchidées font du leur deux paquets pour chaque étamine, et il faut qu'une abeille vienne prendre ces paquets et les transporter sur une autre fleur pour la féconder. Les graines des autres plantes émettent triomphalement leur jeune racine et leur jeune tige dès qu'une chaleur humide les y encourage, et s'empressent de puiser dans le sol et dans l'air les aliments nécessaires à leur croissance. Les graines d'orchidées sont incapables de germer toutes seules. Il faut qu'un champignon vienne les y aider, et elles ne germent que là où elles rencontrent les semences microscopiques de ce champignon, répandues partout dans les vieilles serres à orchidées, dans le sol ou quelqu'une de ces plantes a déjà poussé ou sur celles qui sont en pleine végétation. Au contact de la graine, la semence du champignon s'allonge en un tube indéfiniment ramifié, pénètre dans ses tissus, forme avec elle un peloton qui peut atteindre la grosseur d'une noisette et qui puise dans l'humus les aliments qui lui conviennent. L'embryon, inachevé jusque-là, s'organise, et la jeune plante ne tarde pas à apparaître. Une de nos orchidées indigènes qui ne verdit qu'en mourant, la néottie nid-d'oiseau, s'en remet toute sa vie et totalement à son champignon du soin de la nourrir; les orchidées vertes se bornent en général à demander son assistance pour extraire du sol certaines catégories d'aliments. Rarement elles arrivent à se passer entièrement de son concours[1].

Il est assez fréquent que deux organismes différents s'associent de la sorte pour triompher de circonstances qui seraient fatales à chacun d'eux s'il demeurait isolé. Les syndicats ne sont nullement d'invention humaine ; ils tempèrent, dans le règne animal comme dans le règne végétal, les effets de la lutte pour la vie et il leur arrive, comme chez nous, de ne profiter finalement qu'à certains aigrefins, habiles, comme on dit, à tirer la couverture à eux. Les lois naturelles sont, en effet, générales. Parmi celles qui régissent les phénomènes de la vie, beaucoup s'appliquent également aux végétaux, aux animaux et aux hommes. C'est ainsi que dans la très grande majorité des êtres vivants, deux sexes sont, comme chez nous, nécessaires à la procréation. Les individus de l'un des sexes forment avec ceux de l'autre sexe un syndicat nécessaire à la continuité de la vie sur le Globe; mais ce syndicat, si légitime, a eu, comme

---

1. CHODAT. *Principes de la Botanique.* Baillière éditeur.

beaucoup d'autres, toutes les peines du monde à s'équilibrer. Dans le nôtre, les femmes se prétendent aujourd'hui opprimées ; même si cela était vrai, la domination masculine ne serait qu'une revanche très péniblement conquise. M. Lecomte, professeur de botanique au Muséum, s'exprime ainsi au début d'une brochure fort intéressante sur *la Chute des fleurs* : « Telles que les mâles de certains animaux dont la vie est essentiellement éphémère, les fleurs à étamines de nombreuses plantes se détachent automatiquement et tombent après avoir produit et disséminé leur pollen[1] ». L'incapacité de se nourrir, celle tout au moins d'accumuler dans leur organisme des aliments de réserve est, en effet, le caractère dominant du sexe masculin, tout à la fois chez les plantes et chez les animaux inférieurs.

Les mâles de beaucoup de vers et de crustacés sont de véritables nains par rapport aux femelles ; ceux des moustiques ne prennent aucune nourriture. Les étamines, qui tiennent dans la fleur l'emploi du sexe masculin, n'échappent pas à la règle : elles se nourrissent mal ; aussi tombent-elles très vite, entraînant avec elles les pétales, tandis que le pistil qui représente le sexe féminin et contient les graines poursuit son développement. La chute totale et précoce des fleurs uniquement pourvues d'étamines, conséquence de l'incapacité de se nourrir de ces dernières est si générale que cette chute est préparée d'avance par la formation sur le pédoncule de la fleur d'une sorte d'articulation qui se rompt à la moindre secousse. Chez la vallisnérie, plante aquatique dont les feuilles s'allongent en verts rubans dans les rivières, les fleurs mâles, très nombreuses, se détachent, à peine formées, et viennent flotter à la surface de l'eau. Les fleurs femelles, au contraire, demeurent attachées à

---

1. Mémoires de la Société d'histoire naturelle d'Autun, t. XXIII.

la tige; elles sont portées par un long pédoncule contourné en tire-bouchon qui se déroule au moment de la fécondation et amène la fleur à la surface de l'eau parmi les fleurs mâles. Une fois le mariage accompli, le pédoncule resserre son hélice et la fleur revient s'abriter sous les eaux pour se métamorphoser en fruit. M. Lecomte fait remarquer que lorsque la production du pollen prend un grand développement, l'incapacité de se nourrir, c'est-à-dire le caractère du sexe mâle semble s'étendre à la fleur entière, dont elle détermine la chute précoce; c'est ce qui arrive à la pomme de terre et peut-être au marronnier d'Inde et à l'arbre de Judée, qui couvrent au printemps le sol d'une jonchée blanche ou rose.

Pauvre sexe masculin! Ce serait donc lui le sacrifié, et il l'est si bien qu'il disparait dans les circonstances critiques qu'ont dû traverser certaines espèces; les femelles s'adjugent alors son rôle et deviennent mâles pour un temps. Toutefois, il est indispensable aux fleurs elles-mêmes : les fleurs non fécondées tombent de très bonne heure et se flétrissent comme les fleurs mâles. Pour former leurs réserves alimentaires, les éléments essentiels de la graine future ont usé les substances qui assurent leur puissance nutritive; le pollen leur en apporte une provision nouvelle; à son défaut, la nutrition s'arrête, la fleur se flétrit rapidement sans produire de fruits.

La chute des fleurs a lieu d'ordinaire pendant la nuit; lorsqu'en l'absence de la lumière, nécessaire à leur transpiration, l'eau s'accumule dans leurs tissus, les gonfle et les alourdit, leur articulation cède alors sous leur poids.

Quoi de plus familier que la chute des fleurs? C'est sans doute pourquoi on n'avait pas songé à l'expliquer. M. Lecomte a montré combien d'intéressantes données peut fournir l'observation attentive des faits les plus vulgaires.

CHAPITRE XIII

Les foies gras et la théorie de l'espèce.

Résumé. — L'oie de Toulouse et l'oie d'Embden. — Histoire d'oies — Hugo de Vries et les variations brusques des plantes. — Production expérimentale du fanon des oies de Toulouse chez les poules. — Les poules carnivores de M. Houssay et les aigles. — Le transformisme du poète. — Les mœurs étranges des perroquets de la Nouvelle-Zélande. — Le plaidoyer de Maissiat en faveur de l'ours et les circonstances atténuantes..

Toulouse, ainsi que l'ancienne Rome, possède un Capitole et des oies renommées.

Les oies de Rome conquirent la reconnaissance des Romains et une belle page dans l'histoire parce qu'elles avaient l'ouïe fine, le sommeil léger et une voix claironnante, merveilleusement apte à sonner le branle-bas ; c'étaient des qualités d'animaux sauvages. Les qualités des oies de Toulouse sont au contraire celles d'animaux d'une civilisation raffinée : une chair succulente, et une heureuse aptitude à transformer des aliments vulgaires en une graisse fine et savoureuse, véritable graisse de prélat, qui pénètre tous les tissus, leur communique sa saveur, et quand elle les a saturés, s'infiltre dans le foie, s'accumule dans ses cellules en fines gouttelettes, les gonfle démesurément, au point de tripler leur volume et de porter jusqu'à trois kilos le poids du foie tout entier.

Ces foies monstrueux ne poussent pas tout seuls. On ne les obtient que parce que les oies de Toulouse ont un admirable estomac, qui se laisse emplir de force sans protester. On l'emplit soir et matin jusqu'à craquer, ce complaisant estomac, tout simplement à l'aide d'un entonnoir qu'on enfonce dans le bec de l'oiseau et dans lequel on verse du maïs autant que son jabot peut en contenir. Un mois de ce régime, et trente litres de maïs suffisent pour obtenir une oie de dix kilos. L'oiseau ne s'en porte pas mieux ; l'obésité a ses inconvénients, même pour les oies. Mais loin d'être malade, le foie qui s'engraisse ainsi est un foie demeuré jeune qui s'acquitte presque trop bien de ses fonctions de grenier pour les réserves alimentaires, et diffère essentiellement des foies malades, tournés au gras, comme on dit, et incapables de fonctionner dont se gratifient couramment les alcooliques.

L'oie de Toulouse se recommande donc surtout par les plus sérieuses qualités digestives. Sans doute ces qualités ne l'excitent pas à la vigilance ; elles la portent plutôt au silence et au sommeil : mais on n'a pas un Capitole à sauver tous les jours, tandis que les foies gras sont de toutes les fêtes. Ne fût-ce que pour ce motif, la paisible et plantureuse oie toulousaine est, pour le moins, aussi digne d'un culte que l'oie guerrière de Rome.

La seule volaille qui puisse lui être comparée est l'oie anglaise d'Embden. Mais combien plus grande est la majesté de la nôtre ! Tout le devant de son cou, de sa poitrine, de son ventre est occupé par deux vastes replis emplumés, situés l'un derrière l'autre, rappelant la simarre des magistrats, et qui pendent entre les pattes jusqu'à toucher terre. Les mouvements de l'animal en sont ralentis, et sa démarche prend un caractère de solennité qui s'accorde à merveille avec son aimable obésité. Ces replis emplumés constituent le *fanon*, lui aussi tout empli de graisse fine ; ce fanon manque aux oies anglaises, et atteste la supériorité culinaire de notre bonne oie du Languedoc.

Aussi bien que l'oie romaine, celle-ci a une histoire. Elle était jadis simplement costumée comme l'oie anglaise ; son fanon apparut brusquement chez ses ancêtres, élevés à l'Institut agricole de Beauvais. En accouplant ensemble les individus qui le possédaient, on est arrivé à le conserver à leur progéniture, et à créer ainsi une race parfaitement stable, jalousement gardée, dans laquelle se perpétuent tout à la fois l'aptitude à l'engraissement et la magistrale simarre.

Pour quelle cause cette dernière s'est-elle brusquement montrée chez les oies de l'Institut agricole de Beauvais, tandis que les oies d'Embden en sont demeurées dépourvues? La reproduction est pleine de ces surprises. Il naît tous les jours des moutons à cinq pattes, des veaux à deux têtes, et les choses allaient beaucoup plus loin, pensait-on jadis, quand le diable s'en mêlait. Pierre Rommel raconte, en 1680, l'histoire d'une femme qui aurait donné naissance à une oie vivante dont le Dr Mattæi, de Freiberg, orna sa basse-cour; il ne parlait pas au figuré. Une autre femme de Fribourg aurait conçu un chat dans son estomac, d'après ce même « savant ». Ne riez pas trop ; un chirurgien n'a-t-il pas dû montrer, de notre temps, à une de ses malades qu'il voulait guérir d'une fâcheuse obsession, un lézard vivant qu'il était censé avoir extrait de ses entrailles? Pendant longtemps il a été question dans les livres d'histoire naturelle du XIIIe siècle d'une oie qui naissait des fruits d'un arbre, l'*oie arborigène*.

Les naturalistes ne croient plus à d'aussi miraculeuses naissances; toutefois, les modifications que subissent de génération en génération les êtres vivants, ne sont pas aussi lentes qu'on l'imagine d'ordinaire. Déjà, en 1865, Charles Naudin, après les longues recherches dont nous avons parlé, mettait en garde les naturalistes contre l'hypothèse des variations lentes et graduelles; les variétés et les espèces, disait-il, se sont formées brusquement, et Hugo de Vries a publié, il y a quelques années, un livre de 548 pages, tout entier consacré à l'étude des modifications subites et héréditaires que présentent, sans cause connue, par hasard, semble-t-il, les plantes issues de graines recueillies sur une même plante[1]. Ces variations subites ne sont pas d'ailleurs considérables. Tout à coup, dans un semis de graines provenant d'une plante à feuilles lisses, on voit, par exemple, apparaître quelques plantes à feuilles velues. Les graines de ces plantes aberrantes continuent parfois à donner des plantes à feuilles velues; elles commencent une race nouvelle. C'est ce que Hugo de Vries appelle une *mutation*, et il pense, comme Charles Naudin, que des mutations de ce genre, brusques et inexpliquées, au moins pour le moment, ont produit le plus grand nombre des espèces animales ou végétales. On a beaucoup exagéré depuis le rôle de ces mutations dont les causes sont fréquemment déterminables; des anomalies héréditaires se produisent néanmoins assez fréquemment, aussi bien chez les animaux que chez les plantes. M. le professeur Bouvier en a signalé notamment chez certaines Crevettes. Dans une intéressante note à l'Académie des sciences, un naturaliste de Lyon, M. Conte, en a cité également un certain nombre. Assez souvent des poussins naissent avec un bec dont les mandibules se croisent au lieu de s'opposer exactement l'une à l'autre, comme c'est la règle. Ordinairement ces poussins se nourrissent mal et meurent sans postérité; cependant un oiseau de notre pays a reçu le nom de « bec-croisé »[2] justement parce qu'il a norma-

---

1. C'est l'ouvrage cité page 234 comme faisant partie de la Bibliothèque scientifique internationale.
2. *Loxia curvirostra.*

lement un bec ainsi construit, dont il se sert fort adroitement pour écarter les écailles des pommes de pin, et aller chercher entre elles les graines dont il se nourrit ; une difformité nuisible chez le poulet est devenu au contraire un outil perfectionné chez le bec-croisé.

Parmi les poules qu'il élève, M. Conte a eu lui-même la bonne fortune de voir apparaître un fanon tout pareil à celui des oies de Toulouse, dans des conditions qui semblent éclairer nettement l'origine de celui-ci. La partie antérieure du fanon, la plus grande des deux, correspond au jabot de la poule ; elle est entièrement occupée par ce jabot qui est énorme quand la poule vient de manger, et prend l'aspect d'une grosse tumeur pesant jusqu'à 338 grammes. Si ce poids n'avait été acquis que tardivement, chez une vieille poule, la peau aurait probablement cédé sous lui, comme cède quelquefois la peau de l'abdomen chez les vieillards par trop obèses. Mais au contraire, la peau ainsi pressée chez un jeune animal a réagi contre la rupture en s'épaississant, en se chargeant de graisse, et, par son épaississement, a constitué le fanon.

Dès lors, on devine ce qui s'est passé chez l'oie de Toulouse. Cette oie a été depuis longtemps engraissée de génération en génération, au moyen d'une alimentation intensive, et les individus les plus précoces, les plus aptes à bien digérer ont été naturellement choisis comme reproducteurs. La gymnastique à laquelle la suralimentation forcée a soumis le tube digestif a amené une augmentation de ses dimensions, et comme toute la poitrine de l'oiseau est soutenue par un squelette puissant et inextensible, c'est sur la base du cou et sur l'abdomen, dépourvus de tout soutien solide, que s'est fait sentir principalement la pesée des viscères ; de là les deux fanons, celui du cou et celui du ventre. C'est donc au mode même de fonctionnement de ses organes digestifs que l'oie de Toulouse doit ses caractères extérieurs les plus apparents. Le créateur de la théorie de l'évolution, le grand Lamarck, se trouve ainsi avoir doublement raison quand il chasse de la science le hasard, en déclarant que nous nommons ainsi un ensemble de causes que nous ne connaissons pas, mais que le premier devoir des hommes de science est de rechercher, et quand il attribue aux animaux le pouvoir de déterminer eux-mêmes, quoique d'une façon inconsciente, la forme de leurs organes, par l'usage qu'ils en font.

Qu'un organe soit fréquemment utilisé, il augmente de volume et de poids, emplit toute la place que laissent libre les organes voisins et refoule tout autour de lui ceux qui sont moins résistants. Qu'un organe ne soit pas, au contraire, sollicité à fonctionner, il se réduit, se laisse refouler par les organes actifs, s'atrophie au point de devenir inutilisable et finit par disparaître. Certains animaux vivent fixés au sol : ils perdent tous leurs organes de mouvement et de sensibilité ; ceux qui s'introduisent dans d'autres organismes pour se nourrir à leurs dépens, sans avoir à se mettre en frais, arrivent, nous venons de le dire, à ne plus être que d'énormes sacs remplis d'œufs comme les sacculines dont il a été précédemment question; ceux qui se confinent dans les ténèbres perdent leurs yeux, tandis que leurs organes de tact se perfectionnent. De ce balancement incessant des organes perpétuellement en lutte résulte l'adaptation peu à peu parfaite des animaux aux conditions dans lesquelles ils vivent. Ils sont si bien façonnés par ces conditions que depuis Aristote jusqu'au siècle dernier, savants et philosophes s'étaient imaginé qu'ils avaient été créés exprès pour elles.

Un physiologiste très distingué, M. Frédéric Houssay, a récemment tenté de démontrer par des expériences précises cette influence de la nature et de la quantité du travail sur les viscères des animaux. Il a, comme M. Conte, pris pour sujet de ses expériences des poules. Les poules ne sont pas difficiles sur la nourriture ; elles grattent le sol de leurs ongles robustes et plats en dessous ; tout ce qu'elles déterrent de comestible, grain de mil ou vermisseau, leur est bon ; elles s'attaquent même à d'assez gros gibier et ne dédaignent pas notamment les lézards. M. Houssay a entrepris de les rendre absolument carnivores. Il n'avait pas dans les métamorphoses la foi naïve de l'érudit mythologue Louis Ménard, qui se qualifiait lui-même de païen moderne et qui ayant lu les œuvres de Darwin, avait lâché des lézards dans l'île des Cygnes ; il allait depuis les attendre sur les quais de la Seine, pensant que, dans leur désir de revoir les grandes rives du fleuve, ils se changeraient en poissons ou tout au moins en salamandres, afin de le traverser à la nage ; mais tout de même M. Frédéric Houssay espérait quelques transformations, et il a eu la surprise heureuse de les voir se produire beaucoup plus tôt qu'il ne pensait. Contrairement à ce qui arrive pour les oies gavées de Toulouse, le jabot et le gésier des poules nourries de chair ont diminué notablement de volume, leur intestin s'est raccourci ; leur rein en revanche, sécrétant une quantité bien plus grande d'acide urique, est devenu notablement plus volumineux et plus pesant ; leur graisse a pris la couleur blanche et la consistance du suif. Ces derniers traits indiquent nettement qu'on ne peut recommander aux éleveurs de mettre à ce régime les volailles qu'ils veulent faire primer dans les concours ; pour la délicatesse de la chair, elles seront toujours vaincues par les bonnes grosses poules qui glanent, dans les moulins, les grains de blé échappés des sacs.

Chez les poules rendues carnivores, les organes de

nutrition et de sécrétion ne sont pas seuls atteints. Dès la seconde génération, la mue qui suit la ponte devient plus importante; presque toutes les plumes tombent, mais en revanche, et cela n'est pas à négliger, la ponte est plus abondante. Autre point intéressant : les jeunes coqs ne sont pas influencés de la même façon que les poulettes ; chez celles-ci l'ensemble des organes internes, à l'exception des poumons et du cœur, deviennent proportionnellement plus pesants par rapport au poids total du corps que chez les coqs. Les caractères qui se développent ainsi par l'usage exclusif du régime carnivore sont justement ceux par lesquels les animaux naturellement herbivores se distinguent des carnivores. Le gros ventre du bœuf contraste manifestement avec la sveltesse de l'abdomen du lion ; il contient effectivement un intestin de cinquante mètres, tandis que l'intestin du lion n'en a que six ou sept. Le mouton, beaucoup plus petit, a encore un intestin de vingt-huit mètres ; celui du porc, qui est omnivore, se raccourcit déjà; il n'a guère que vingt mètres de long.

Des expériences de M. Houssay se dégage d'abord un intérêt pratique. Le régime carné provoquant une abondante sécrétion d'urine prédispose nettement à la goutte et à l'arthritisme ; il agit même sur les productions épidermiques, et peut-être n'est-il pas sans influence sur la calvitie précoce des arthritiques. Ces conclusions corroborent celles auxquelles est arrivé un autre physiologiste, M. Fauvel, d'Angers, qui en se soumettant lui-même à un régime alimentaire exclusivement végétal, est arrivé à réduire considérablement les déchets qui encombrent l'organisme quand on abuse d'une alimentation inverse.

Mais il y a plus. Si M. Houssay n'a pas fait de ses poules des aigles, il les a tout de même rapprochées des oiseaux de proie en rapetissant toutes les parties de leur tube digestif, en réduisant leur jabot et leur gésier. Pour achever l'aigle, il resterait à faire beaucoup d'autres choses : rendre le bec plus crochu, effiler les ongles et donner plus de mobilité à la phalange qui les porte ; allonger les ailes, fortifier leurs muscles abaisseurs, fermer les fentes énormes que présente le sternum en arrière. Il ne semble pas que rien de tout cela soit plus difficile que de modifier le plumage des coqs et d'exagérer les différences sexuelles au point où ont réussi à le faire les Japonais pour le coq de Yokohama. Peut-être des gallinacés habitués depuis plusieurs générations à ne vivre que de chair, arriveraient-ils à rechercher d'eux-mêmes les proies vivantes, à leur donner la chasse, à les capturer par force ou par ruse, et il leur faudrait bien alors s'exercer à donner plus d'amplitude à leur vol. Les efforts musculaires auxquels ils seraient obligés pour augmenter sa puissance, accroîtraient certainement l'importance des muscles abaisseurs des ailes, qui constituent ce qu'on nomme le blanc du poulet ; à mesure que ces muscles deviendraient plus puissants, ils modifieraient la forme du sternum sur lequel ils s'insèrent. Avec la collaboration de l'oiseau lui-même on arriverait ainsi sans doute à diminuer — jusqu'où ? personne ne peut le dire — la distance qui sépare un oiseau de basse-cour d'un oiseau de proie,

La chose est d'autant plus probable que l'on a déjà pu constater chez des oiseaux vivant en liberté de singuliers changements de régime. Il y a, par exemple, à la Nouvelle-Zélande, deux genres de perroquets tout à fait remarquables et que l'on ne trouve que dans cette île au climat tempéré, les *Strigops* et les *Nestors*. Les premiers, au plumage mêlé de vert et de gris, se creusent des terriers comme les lapins, ne sortent que la nuit et ont pris tout à fait la physionomie et le plumage lâche des hibous. Ils ont cessé d'être grimpeurs et d'habiter les arbres ; ils vivent à terre et se nourrissent de mousse et de jeunes pousses, au lieu de manger des fruits et des amandes. Les seconds, au plumage cendré avec le dos et le ventre rouges, ont un grand bec d'oiseau de proie. Ils étaient autrefois végétariens comme tous les perroquets ; mais à mesure que l'élevage du mouton a pris plus d'extension à la Nouvelle-Zélande, ils se sont attaqués à ces paisibles animaux, leur crèvent les yeux dont ils se régalent, leur font des plaies sur le dos pour se repaître de leur graisse et sont devenus un véritable fléau pour les éleveurs.

Dans un spirituel plaidoyer en faveur de l'ours qu'il avait humoristiquement annexé à un grave mémoire scientifique, l'anatomiste Maissiat réclamait la sympathie de ses lecteurs en faveur de ce pauvre animal, qui ne demandait qu'à vivre paisible, mais avait été malencontreusement doté par la nature d'une coquine de dent canine dont il était la pitoyable victime. Jeune et alerte, l'ours, disait-il, mène gaiement une vie champêtre, à la recherche du miel dont il se nourrit innocemment : mais les ans arrivent, les membres raidis se refusent aux longues courses ; les rhumatismes ne permettent plus les randonnées à la recherche des ruches ; l'ours devient morose ; les passants l'importunent ; d'un coup de gueule il repousse un beau jour quelque mouton inconscient qui s'est approché de trop près ; l'ours n'a aucune mauvaise intention, il a agi dans un moment de mauvaise humeur ; mais la dent a porté, le mouton a saigné ; l'ours épouvanté a commencé à lécher la pauvre bête pour panser sa blessure ; par mégarde il a avalé le sang ; il s'est senti réconforté ; plutôt que de mourir de faim, il recommence à la première occasion. Le voilà, par la faute de sa diabolique canine, devenu meurtrier sur ses vieux jours. Il ne faut pas le haïr, mais le plaindre.

Le plaidoyer de Maissiat est d'une application assez générale ; il n'a été perdu ni pour les cours d'assises, ni pour les cœurs de journalistes indulgents aux criminels. Peut-être le nestor de la Nouvelle-Zélande a-t-il été victime de son bec, comme l'ours de sa dent, comme le meurtrier du revolver qu'il portait par mégarde sur lui. Peut-être aussi le bec du nestor s'est-il acéré en raison des mauvaises mœurs de son possesseur. Il faudrait voir. Mais personne ne regarde ; ces observations demandent trop de temps. Buffon préconisait la création d'une ménagerie d'Etat pour suivre en détail ces longues expériences ; nous avons des ménageries aujourd'hui, mais elles ne font leur frais que si elles deviennent des amusettes pour le public, et faute d'une dotation suffisante, elles dépérissent ou sont détournées du but scientifique pour lequel elles ont été créées. Heureusement une réaction semble se faire et peut-être pourra-t-on reprendre bientôt des recherches qui aboutiraient à nous rendre maîtres des formes vivantes et à les plier au gré de nos besoins.

CHAPITRE XIV

L'Intelligence et l'instinct chez les animaux.

Résumé. — Histoire d'une corneille, d'un chat, de deux chiennes et d'un carouge. — Une chienne sage-femme. — Intelligence des chiens. — Les instincts qui s'éteignent. — Les chiens qui parlent. — Les chevaux calculateurs d'Elberfeld. — Déception.

On peut s'instruire plus qu'on ne pense en compagnie des oiseaux, des chiens et des chasseurs, rien qu'en suivant des yeux les actions des uns et en écoutant les histoires des autres.

Ces derniers exagèrent, c'est entendu ; mais il y a souvent un fond de vrai dans ce qu'ils racontent et l'on arrive parfois à dégager un diamant caché dans les bulles de savon qu'ils ont soufflées sur lui. On revient ensuite aux bêtes qui sont toujours véridiques et qui ont été fort calomniées.

La Fontaine, par exemple, paraît avoir été prodigieusement injuste envers le corbeau en faisant de lui la dupe vaniteuse du renard. Un de ces oiseaux fut, pendant près de deux mois, mon compagnon assidu. Ce n'était même pas le grand corbeau majestueux, batailleur et rusé de nos pays de montagne : c'était une de ses petites sœurs des plaines, une simple corneille au manteau noir, mordoré ; j'ignore si elle en eût remontré au renard, mais certainement le plus malin mangeur de poules n'eût pas réussi à lui faire abandonner, fût-ce pour faire parade de sa voix, le moindre morceau de fromage. J'ai eu moi-même sur ce sujet plus d'une dispute avec elle. J'avais conquis ses bonnes grâces en lui offrant, chaque fois que je la rencontrais, quelque bribe de cette denrée peu connue cependant parmi les oiseaux sauvages. Elle avait la plus grande confiance dans mes libéralités et volait vers moi d'aussi loin qu'elle pouvait m'apercevoir. Ce n'était pas, du reste, par affection exclusive : elle avait quelques fournisseurs à qui elle témoignait, pour la même raison, la même tendresse. Elle avait très bien remarqué qu'on n'a pas toujours du fromage dans ses poches, mais elle savait aussi qu'il y en avait dans la maison. Quand, n'étant pas servie, elle y voyait entrer quelqu'un de ses pourvoyeurs habituels, elle était parfaitement certaine qu'il en rapporterait quelque morceau et fêtait sa réapparition en battant des ailes, en ouvrant le bec et en poussant toutes sortes de petits croassements d'impatience, comme si elle eût attendu la becquée. Elle avait donc parfaitement compris tous ces actes et prévu ce qui en résulterait pour elle. Si on essayait de lui enlever quelque fragment trop gros qu'elle tenait dans son bec, alors c'était la bataille, et il fallait céder.

Une fois repue, elle continuait à accepter encore ce qu'on lui tendait, mais ne l'avalait pas; elle le mettait en réserve dans sa gorge, à la base de son bec, à la place même où se trouve la vaste poche qui sert au pélican de magasin à poissons; on comprend qu'une habitude de ce genre ait pu amener graduellement la formation du sac grotesque que cet étonnant oiseau porte suspendu entre les deux branches de sa mandibule. Si on interrompait la distribution sans l'avoir achevée, notre corneille se décidait à avaler sa provision et recommençait son petit manège de quémandeuse. Une fois son garde-manger regarni, elle s'envolait prestement, de peur qu'on l'obligeât à le vider.

Aussitôt en sécurité, elle fouillait la terre de son bec, y creusait un petit trou dans lequel elle dégorgeait ce qu'elle voulait garder pour le lendemain, cachait soigneusement le trou sous des feuilles sèches, s'assurait que sa cachette était suffisamment dissimulée, puis mettait de petites pierres sur les feuilles pour les maintenir en place, malgré le vent. Tous ces actes, variés suivant les circonstances, étaient manifestement appropriés à leur but, intelligents par conséquent; seuls, leurs mobiles initiaux : le goût de l'épargne, le sens de la propriété, l'idée de dissimuler des objets pour en conserver la libre disposition pouvaient être considérés comme des tendances héréditaires, des idées innées se rattachant à ce que l'on nomme habituellement l'instinct. Mais n'apportons-nous pas nous-mêmes, en naissant, des goûts, des propensions, des idées qui constituent notre caractère et contre lesquels la plupart des gens, malgré l'éducation la plus soignée, se déclarent impuissants? Une personne fort pieuse, à qui on reprochait d'offenser « le bon Dieu » par ses accès de colère, répondait naïvement, mais non sans violence : « Le bon Dieu? Mais il n'avait qu'à ne pas me faire ainsi! » Il y a beaucoup d'animaux réputés nuisibles qui pourraient invoquer cette excuse et, si ma corneille avait su parler, elle aurait sans doute expliqué de la sorte sa propension irrésistible au vol.

Comme sa commère la pie, elle était attirée par tous les objets non pas brillants, comme on dit d'habitude, mais simplement nouveaux pour elle; si elle emportait, dès qu'elle se croyait seule, les pièces de monnaie, les dés à coudre, les petits ciseaux, elle emportait aussi bien un verre à boire qu'elle prenait habilement dans son bec, et on l'a vue s'envoler chargée d'une poupée en caoutchouc plus grosse qu'elle. Elle cachait ces inutiles produits de ses larcins tout comme les morceaux de pain ou de fromage, et savait parfaitement les retrouver quand l'envie la prenait de jouer. Elle s'était un beau jour emparée de deux médaillons dorés suspendus à une chaîne de métal ; trois semaines après, elle allait les retirer du tronc creux d'un vieux saule où elle les avait dissimulés et, sans la moindre honte, se mettait à jongler avec ce trésor mal acquis. Elle appropriait parfaitement d'ailleurs ses cachettes à la forme et aux dimensions des objets qu'elle dérobait. Deux enfants, pour la voir opérer, mirent à sa disposition un couteau ; elle ne fut pas longue à emporter cette petite merveille jusqu'au fond d'un jardin, la considéra sur toutes ses faces, la tournant et la retournant de toutes façons, puis se mit en devoir de s'en assurer la possession. Après avoir exploré quelques cachettes qui lui parurent insuffisantes, elle avisa un trou de taupe, y glissa le couteau et dissimula avec des feuilles l'orifice du trou.

Pourquoi prenait-elle ainsi et conservait-elle si soigneusement des objets qui ne pouvaient lui être d'aucune utilité physiologique? Voler pour manger, c'est péché véniel : le « bon juge » acquittait autrefois les mères qui prenaient à l'étalage des boulangers, sans s'embarrasser d'aucune formalité d'échange, le pain nécessaire à leurs enfants. Des oiseaux d'Australie, voisins des étourneaux, les chlamydères, sont des collectionneurs aussi ardents que les milliardaires sans scrupules qui font dévaliser à leur profit nos pauvres vieilles églises de campagne et les musées mal gardés. Ils construisent pour l'usage de leur famille une petite maison de branchages, et y accumulent tout ce qu'ils trouvent de brillant ou de vivement coloré. Dans les régions où ils sont communs, quand on a perdu un bijou, on va explorer les cabanes des chlamydères, et on l'y retrouve plus sûrement qu'au bureau de la préfecture de police où on devrait honnêtement déposer les objets perdus, trouvés sur la voie publique. Les chlamydères volent parce qu'ils ont la passion des collections ; on n'est pas maître de ses passions, c'est un adage connu dans le monde où on trouve quelque agrément à en être victime. Aussi nos jurys sont-ils aussi indulgents pour les crimes passionnels que le « bon juge » pour les vols de pain.

Notre corneille n'était ni particulièrement gourmande, ni collectionneuse ; elle avait la passion qui a fait à nos concierges une si mauvaise réputation : la curiosité. Dès qu'elle voyait un groupe de personnes inconnues, elle s'approchait pour les contempler ; elle suivait avec le plus vif intérêt les opérations de maçons en train de construire une maison dans son voisinage ; des enfants étant survenus, qui s'amusaient à faire flotter sur une petite rivière toutes sortes d'esquifs de leur invention, elle ne les quittait plus, et immobile sur la berge, inclinait la tête de la façon la plus comique, tantôt à droite, tantôt à gauche, comme pour mieux juger de ce qui se passait. Elle avait tout à fait l'air d'un bon bourgeois qui regarde comment on s'y prend pour tirer de la Seine un autobus naufragé.

Un excellent homme, tout plein d'une touchante admiration pour les vertus des animaux, M. Henri Lautard, dans un livre amusant intitulé *Zoophilie*[1], raconte leurs hauts faits et nous les propose en exemple. C'est une excellente intention ; on ne lira pas ce livre sans accorder à nos frères inférieurs, comme on dit si souvent, une bonne part de la sympathie que M. Lautard réclame pour eux. Mais les animaux ont, comme chacun de nous, un caractère fait d'un inextricable mélange de qualités et de défauts. Ils ont, on vient de le voir, des passions, savent les dissimuler ou les maîtriser au besoin, et, comme nous, ils éprouvent un vif plaisir à s'y abandonner à l'occasion.

---

1. Société française d'imprimerie et de librairie, rue de Cluny, 15.

✱✱✱

Chicane est une chienne laveracq fort tendre et fort docile en apparence, quand on la tient à l'œil ; mais vous suppose-t-elle distrait, elle s'échappe sans bruit, et malgré de nombreuses corrections, s'en va donner la chasse à tous les chats et à tous les poulets du voisinage, dont elle fait parfois de copieux massacres. Sa parfaite hypocrisie se double d'une certaine lâcheté. Elle a vécu longtemps en compagnie d'un gros chat fort conscient de son importance personnelle et de ses droits. Au début, les choses n'allèrent pas toutes seules ; mais le chat faisait mine d'allonger à la chienne de maîtres coups de griffe, quand elle l'approchait de trop près ; cela lui suffit pour se faire respecter au point qu'il allait, par les froides nuits, se réchauffer et dormir entre les pattes de la chienne. Seul d'ailleurs de sa race, ce chat profitait de cette mansuétude lentement acquise.

Le chat lui-même avait agi de la sorte avec un carouge, bel oiseau d'Amérique assez semblable à notre loriot, noir et jaune comme lui, très intelligent, très familier, et qui avait fini par vivre en liberté dans le même appartement. Un jour le chat et le carouge se rencontrèrent, l'un descendant, l'autre montant, dans un étroit escalier de service. L'oiseau avait l'habitude de saluer ses connaissances en leur faisant plusieurs révérences et en prononçant d'un ton caressant le mot *tio-tio*, par lequel on avait pris l'habitude de le désigner. En apercevant le chat il lui fit, comme à un personnage ami, ses salutations habituelles. Quoique naturellement assez gourmand d'oiseaux vivants, le chat, étonné de tant d'aplomb, s'arrêta ; de son côté l'oiseau, voyant le peu d'effet produit par sa politesse, n'insista pas. Tous deux se regardèrent un instant comme pour essayer de pénétrer leurs intentions réciproques ; puis au même instant le chat prit le parti de remonter l'escalier et le carouge de le descendre.

Les animaux en usent d'ailleurs souvent ainsi les uns vis-à-vis des autres. Notre corneille s'était imposée de la même façon à la chienne Chicane. La première fois qu'elle la vit, la chienne se mit en arrêt ; elle se disposait manifestement à forcer l'arrêt et à commencer une poursuite en règle. Sans s'émouvoir, la corneille s'avança d'un pas tranquille et vint amicalement piquer de son bec le nez de la chienne. Après s'être un moment ébrouée, celle-ci fut se coucher au soleil, poursuivie par l'oiseau qui lui arrachait les longs poils de la queue et qui, de ce moment, fut considéré comme un être supérieur, pouvant tout se permettre.

On dit couramment : « Ennemis comme chien et chat. » Une chienne caniche, Babette qui vivait avec le chienne de chasse dont nous venons de parler et qui suivait quelquefois ses mauvais exemples, faisait absolument mentir le proverbe. Les psychologues auraient pu prendre, dans le contraste des façons de faire de ces deux animaux, quelques idées précises sur les différences mentales qui accompagnent les différences de la forme extérieure chez des individus de races diverses. Les caniches n'ont pas le flair des chiens de chasse, mais ils sont remarquablement intelligents ; Henri Milne-Edwards en avait un qui lui apportait ses pantoufles quand il les demandait. On a dit qu'ils pouvaient apprendre à parler, et un anthropologiste de quelque fantaisie, professeur de faculté cependant, prétendait même en avoir connu un qui criait : « Vive l'empereur ! » quand il voyait passer un régiment. Ce vivat était sans doute quelque peu aboyé, et avait besoin d'être complété par l'imagination des témoins. Mais si les caniches ne parlent pas, par ses gestes, par ses cris, la compagne de la laveracq savait admirablement se faire comprendre. Une nuit que les deux chiennes étaient attachées à la même chaîne, Babette mit prématurément au monde cinq petits chiens; Chicane, cependant bonne mère, massacra toute cette progéniture avant qu'on pût intervenir. A quelque temps de là, Babette fut, par hasard, témoin de la délivrance d'une jeune chatte. Aussitôt elle se mit en devoir de lui porter secours, comme aurait pu le faire une matrone experte, nettoyant et léchant les petits, caressant la mère et se montrant tout agitée par l'événement. Entendant sa maîtresse rentrer, elle se précipita vers elle, jappant, sautant, tournant sur elle-même, si bien qu'on ne pouvait douter que quelque chose d'extraordinaire s'était produit. Il fallut, bon gré, mal gré, la suivre dans la pièce où se trouvait la nouvelle famille dont la contemplation semblait lui causer la plus vive joie. Etait-ce pour elle une compensation de sa récente mésaventure? Ce qui est certain, c'est qu'elle se méfiait de la laveracq, qu'elle lui livrait une bataille féroce dès qu'elle s'approchait de la pièce où étaient confinés les jeunes chats et qu'elle en gardait la porte avec un soin jaloux.

Tout cela ressemble tellement à nos façons de faire et de sentir que nous sommes bien forcés de conclure que certains animaux, tout au moins, ont des facultés cérébrales de même type que les nôtres. En revanche, nous avons des habitudes et des traditions qui ressemblent singulièrement à ce que nous nommons leurs instincts.

Les grands animaux carnassiers, par exemple, dissimulent autant que possible leur passage en enterrant soigneusement leurs déjections. Notre chat domestique, si précautionneux, a conservé dans une assez large mesure cette habitude de prudence et de discrétion. On lui en sait gré et c'est ce qui lui a fait, parmi ses amis, une réputation de minutieuse propreté et de délicate pudeur. Il recherche, pour abandonner le superflu de sa digestion, un sol meuble que l'on réalise dans les appartements avec de la cendre ou de la sciure de bois. Une fois libéré, il se retourne et de ses pattes de devant gratte le sol pour recouvrir ce qu'il va laisser derrière lui. Il le fait, du reste, avec un certain détachement, un peu comme un promeneur distrait rend un salut à quelqu'un dont il a oublié le nom.

Le chien, lui, n'a conservé qu'un très vague souvenir de l'éducation que reçurent ses ancêtres de leurs parents. Il se borne à indiquer ses bonnes intentions en grattant le sol par quelques coups de ses pattes postérieures qui rejettent un peu de poussière n'importe où, sans se préoccuper de quelque façon que ce soit de la trajectoire qu'elle a pu suivre. Le chat et le chien nous présentent ici deux étapes successives de la dégénération d'un instinct devenu inutile, qui va s'amoindrissant à mesure que s'affirme la sécurité qu'apporte à l'animal la domesticité et que cette sécurité dure depuis un temps plus long. Beaucoup d'instincts devenus inutiles s'amoindrissent ainsi. Notre politesse est bourrée d'esquisses d'actes de ce genre qu'on n'accomplit que pour se classer parmi les gens bien élevés et qui, lorsqu'ils se multiplient et s'appliquent à tout, finissent par caractériser un groupe de gens agissant toujours sans se demander pourquoi et par pure imitation : ce sont les snobs et les snobinettes qui font la fortune des couturiers et la joie des esprits malins.

*
* *

S'il est extrêmement difficile de faire le départ de ce qui est intelligence, de ce qui est instinct chez les animaux, parce qu'ils ne parlent pas, il l'est plus encore de savoir jusqu'où va leur intelligence, et c'est pourquoi les avis sont on ne peut plus partagés sur les chevaux calculateurs, lecteurs et causeurs d'Elberfeld, qui naguère acquirent une véritable célébrité. La question a été examinée à l'Institut général psychologique, fondé à Paris grâce à la très généreuse initiative de M. Serge Youriévitch, attaché à l'ambassade de Russie, sans qu'il ait été possible d'arriver à démêler exactement la signification et la portée des faits observés.

Toute l'histoire de ces chevaux a été cependant exposée avec une précision et une clarté parfaites, en même temps qu'avec la plus grande impartialité par M. A. Ménégaux, assistant au Muséum national d'histoire naturelle à une séance de cet Institut ; elle a fait l'objet d'une discussion approfondie ; un appareil extrêmement ingénieux et sûr a été proposé par M. Yves Delage afin d'arriver à un contrôle impersonnel et automatique des expériences. Il s'agit ici, en effet, de psychologie humaine tout autant que de psychologie animale, ce qui en double l'intérêt.

C'est en 1904 qu'on entendit parler pour la première fois de chevaux calculateurs; ils étaient à l'école depuis 1890 ; et ils avaient pour maître un vieil instituteur primaire, nommé von Osten, qui après avoir éduqué de jeunes Prussiens s'était retiré à Berlin au n° 10 de la Griebenowstrasse où il s'était mis en tête d'éduquer des chevaux. La passion de l'enseignement primaire, quoi ! Rien n'est plus louable que cette passion, et il serait même à souhaiter que tous les instituteurs primaires n'eussent que celle-là.

Von Osten ne pouvait ouvrir une école publique pour chevaux ; il se borna à donner des leçons particulières à son coursier ordinaire, Hans. Hans mourut au bout de cinq ans ; il avait appris, non sans quelques difficultés, à distinguer sa droite de sa gauche ; il connaissait les mots *recht* et *links* par lesquels on désigne en allemand ces deux côtés du corps, et il obéissait sans se tromper quand on lui disait dans cette langue : *trotte, halte, traverse la rue*, etc. Je crois bien que la plupart des cochers de Paris sont convaincus que *Cocotte* en sait autant, sans quoi ils ne se livreraient pas à tous les abus de langage dont ils assourdissent ses oreilles, lorsqu'elle ne marche pas à leur gré. Hans, il est vrai, savait aussi soulever à l'ordre le pied droit ou le pied gauche, regarder en haut ou en bas et compter jusqu'à cinq. On ne peut dire que ce fut un brillant élève ; mais il avait commencé tard, et en éducateur expérimenté, von Osten voulut voir ce qui arriverait si, au lieu de s'adresser à un vieux cerveau raccorni de rossinante, il se mettait à pétrir une toute jeune cervelle. Il remplaça Hans Ier par un étalon de cinq ans, un coureur orlof au front bombé, aux mouvements vifs, à l'œil animé, très sensible, très excitable, un peu fantaisiste, par conséquent, et colère, mais qui avec sa belle robe noire, sa crinière ondulée et sa longue queue faisait la plus favorable impression ; ce fut Hans II. Le bel étalon donna toute satisfaction à son maître, qui d'ailleurs ne le quittait pas de la journée, et, quelque temps qu'il fît, demeurait près de lui, vivant, pour ainsi dire, de sa vie dans la petite cour qui servait de salle d'école ou de préau, comme on voudra. En un rien de temps Hans II s'assimila tout ce que Hans Ier avait mis cinq ans à apprendre. Quand il connut ce qu'on appelait une quille, von Osten lui apprit à compter ces objets et à user de chiffres en métal pour désigner leur nombre ; il sut que les hommes avaient une gauche et une droite — comme les chevaux ; il distingua ce qui était placé à sa gauche de ce qui était placé à sa droite et réciproquement ; il arriva même à comprendre la langue allemande « aussi bien qu'on peut l'apprendre quand on ne sait pas la grammaire ». Ces résultats parurent suffisamment encourageants pour que le brave instituteur conçût le projet hardi d'enseigner à son disciple le calcul. Il employa des méthodes analogues à celles dont il usait jadis pour ses écoliers; elles réussirent tout aussi bien, et de progrès en progrès, Hans II apprit successivement à épeler, à lire, à connaître les notes de musique, les monnaies, les cartes, les heures indiquées par les aiguilles d'une montre. On ne devait pas s'ennuyer avec lui, et on comprend mal que vers 1904, von Osten ait songé à vendre ce compagnon merveilleux. Il s'adressa pour cela à l'armée. L'animal était plus digne du certificat d'études primaires que beaucoup de nos fils de paysans au sortir des petits châteaux communaux dont ils supportent mal le séjour légal. Les officiers qui vinrent le voir lui firent une si belle réclame que von Osten crut pouvoir demander au kaiser lui-même, de vouloir bien faire examiner Hans II, autour duquel s'était d'ailleurs élevée une de ces bruyantes polémiques qui font la célébrité. Après une période de réflexion qui dura neuf mois, Guillaume II fit simplement engager le tenace instituteur « à continuer ses efforts » (1904). Toutefois, le ministre de l'Instruction publique de Prusse exprima son admiration pour le cheval calculateur et liseur. Le célèbre Schillings, des naturalistes d'une haute compétence comme le Dr L. Heck, directeur du jardin zoologique, le Dr Matschie, conservateur au musée d'histoire naturelle de Berlin, se déclarèrent convaincus. La polémique devint chaque jour plus ardente, chacun prenant parti, comme d'habitude, sans trop savoir pourquoi, suivant son tempérament. Finalement une commission de doctes personnages se réunit pour étudier de près tous les actes du cheval prodige et de son maître. Un de ses membres, Oscar Pfungst, reprit à l'Institut de psychologie de Berlin les expériences de von Osten et conclut : « Hans ne sait ni lire, ni compter, ni calculer ; il ne connait ni les monnaies, ni les cartes, ni le calendrier, ni l'heure. Il ne peut répéter un nombre prononcé devant lui. Il n'a aucune trace d'entendement musical et pas de mémoire. Nous avons éprouvé toutes les facultés de l'animal, mais aucune n'a résisté à la critique ».

C'était dur. D'autre part un peintre italien, Emilio Reudich, affirma avoir remarqué chez von Osten et Schillings, regardant les pieds de Hans, des mouvements de 1/5 de millimètre d'amplitude qui suffisaient à guider l'animal et à lui donner la solution des questions qui lui étaient posées[1]. Il avait même appris à une chienne de berger à répondre ainsi d'après des signes imperceptibles pour les personnes présentes. Oscar Pfungst admit pleinement cette explication, sans mettre d'ailleurs en doute la bonne foi de von Osten ; il s'agissait de mouvements involontaires de la tête qui se produisaient chez tous les observateurs pourvu qu'ils connussent la réponse à faire. Les interrogateurs indiquaient ainsi eux-mêmes inconsciemment ce qu'il fallait dire. Naturellement il s'en suivait qu'un mystificateur, conscient cette fois de ces mouvements, pouvait les utiliser pour faire dire ou faire tout ce qu'il voulait par un cheval bien dressé. Cela n'est pas d'ailleurs, on le reconnaîtra, sans être une excellente note pour l'intelligence du cheval, et bien qu'il y ait sous ce rapport une importante différence, n'étonnera pas trop les cavaliers qui savent avec quelle docilité et quel discernement les chevaux de manège obéissent à la moindre pression du mors ou du genou et aux diverses inflexions de la voix[2].

Les attaques, les moqueries plurent de plus belle sur le malheureux von Osten, elles devinrent presque unanimes ; on alla jusqu'à demander une condamnation contre l'impudent mystificateur, qui avait organisé l'indigne comédie à laquelle tant d'illustres Berli-

---

[1]. Rapport de M. Ménégaux à l'Institut général psychologique, p. 114.
[2]. Voir le livre du Dr Gustave Le Bon sur le *Dressage du cheval*.

nois s'étaient laissé prendre. Von Osten s'il n'avait été vraiment qu'un pince-sans-rire « kolossal » comme on dit sur les rives de la Sprée, n'aurait vu là qu'un réjouissant succès ; il en mourut, maudissant son cheval qui lui avait valu de telles avanies, mais le léguant toutefois à un ami courageux, M. Karl Krall, riche commerçant d'Elberfeld, qui a publié à Leipzig, sous le titre *les Animaux pensants*, un livre de 532 pages tout entier consacré à la réhabilitation de von Osten et au récit d'expériences nouvelles sur la psychologie des chevaux. Cette fois, la question prend une ampleur tout à fait inattendue. Non seulement M. Karl Krall, continue l'éducation de Hans II, mais il entreprend celle de deux étalons arabes, choisis parmi les plus intelligents d'un haras : l'un, Muhamed, âgé de deux ans, l'autre, Zarif, de deux ans et demi, auxquels il en adjoint plus tard un troisième. Ces âges correspondent respectivement pour le cheval à celui de seize ans environ pour l'homme, c'est déjà tard pour aller au collège.

Muhamed et Zarif, quoique de tempérament différent, se sont cependant montrés bons élèves ; Zarif, d'une intelligence plus lente que celle de Muhamed, et d'abord un peu rétif à la besogne intellectuelle, est arrivé, par une application soutenue, à l'égaler, tous deux gardant d'ailleurs leurs aptitudes spéciales. *On devient cuisinier, mais on naît rôtisseur*, n'est-ce pas ? Le proverbe s'applique aux chevaux comme à l'homme, et cela est déjà intéressant. Peu importent ici les moyens d'éducation, l'ordre des résultats obtenus et le temps qu'il a fallu pour les acquérir ; l'essentiel est de connaître l'étendue de ces résultats, et si l'on en croit le livre de M. Krall, elle serait stupéfiante.

Dès les premiers mois, les élèves apprirent à comprendre les ordres oraux ou écrits, donnés en allemand ou en diverses autres langues, y compris le grec, tracés en lettres gothiques, latines ou grecques. Krall leur disait : « Fais ce qui est écrit ! » Et il écrivait au tableau : « Soulève ton pied droit, ton pied gauche ; indique la droite, la gauche, le haut, le bas ; fais les signes oui, non, rien ; secoue la tête ; montre la langue ; donne un baiser ; baisse la tête ; hennis deux fois, trois fois ; renifle ; bâille, etc. » Ou bien il interrogeait : « Quel est le pied que je soulève, le bras que j'étends ? » Sans doute, ce langage n'était ni de la poésie de Victor Hugo, ni de l'éloquence de Jaurès, mais pour des chevaux !... Ils ne chantaient pas ; tout de même ils apprirent à reconnaître les notes de la gamme, à écrire les noms de morceaux de musique exécutés devant eux et celui des compositeurs. Tous les invités de l'Elysée ne sont pas capables d'en faire autant. Un jour que j'avais l'honneur d'y déjeuner, la musique de la garde républicaine exécuta une marche pendant qu'on passait des salons dans la salle à manger :

— Tiens, dit un de mes voisins, la marche d'*Hamlet*.

— Ah ! voilà la marche nuptiale du *Songe d'une nuit d'été*, dit un autre ; — *Lohengrin*, le *Tannhäuser* eurent leur tour. — N'insistons pas.

Les chevaux d'Elberfeld calculent aussi mieux que beaucoup de polytechniciens ; ils savent faire des additions, des soustractions, des multiplications, des divisions, et non pas seulement sur des nombres très simples comme 3, 4, 5, etc. ; ils peuvent additionner 6.714 et 1.351 ; soustraire 1.423 de 5.674 ; multiplier $3 + 4$ par $2 + 2$, ou $4 + 6$ par $15 - 6$; diviser $12 + 6$ par 3, ce qui suppose deux ou trois opérations successives ; extraire des racines carrées, puis les ajouter ou les soustraire comme

$$\sqrt{81} + \sqrt{49} \text{ ou } \sqrt{81} - \sqrt{25}$$

résoudre des équations du 1er degré, etc. Muhamed a même réussi à extraire la racine cubique de nombres tels que 12,167 qui est 23, à additionner la racine cubique de 39.304 avec celle de 10.648, celle de 39.106 avec celle de 10,648 et de 9.621 ; il en est aux racines bicarrées. Tous les élèves des classes de mathématiques spéciales de nos lycées savent que la théorie de ces opérations et la pratique qui en résulte sont fort compliquées, et je puis, sans offenser personne, supposer que beaucoup de mes lecteurs ne sauraient comment s'y prendre; j'aurais besoin moi-même de m'y remettre, quoiqu'on m'ait jadis familiarisé soigneusement avec ce genre de calcul. M. Quinton, qui a l'esprit ouvert à tout, a montré que ces opérations pouvaient être facilitées par des trucs de calcul mental, tels que ceux employés par le fameux Inaudi. Tout de même, on n'aurait pas imaginé que ces trucs fussent à la portée des chevaux, et si connus de leurs éducateurs. Enfin les chevaux d'Elberfeld savent épeler les mots et les écrire quand on les prononce devant eux; l'orthographe en est encore un peu phonétique; mais ils en comprennent si bien le sens qu'ils ont eu l'audace d'user spontanément de leurs talents pour demander des carottes. A l'aide de leur écriture conventionnelle spéciale, ils peuvent causer, par conséquent, soit entre eux, soit avec leur patron à qui ils savent adresser des pétitions. Ils aiment la plaisanterie et la mystification, et font, quand on les ennuie, des fautes exprès, comme des écoliers boudeurs.

Tout cela paraît, au premier abord, d'une si criante invraisemblance que le professeur Dexler, de l'Université de Prague, s'en est indigné au point d'écrire : « Le livre de Krall est une vilaine tache dans notre littérature scientifique contemporaine. Né dans l'atmosphère empoisonnée de la fumisterie et de la fourberie, ce livre est un monument élevé au culte de la bêtise. » Et c'est bien le cas de dire, en effet, comme les montreurs de « phénomènes » : Il faut le voir pour le croire. Des hommes distingués qui ont tous à leur actif de fort beaux travaux scientifiques : le professeur Sarasin, de Bâle; le professeur Claparède, de Genève, dont le nom fut porté par un critique scientifique des plus sévères ; le professeur Mackenzie, de Gênes ; le professeur Ziegler, de Stuttgart, et beaucoup d'autres ont cru. Haeckel lui-même a félicité M. Krall. Ce sont de hauts patronages, et il faut bien reconnaître que si tous ces savants ont été victimes d'une illusion, Malebranche, Descartes, Buffon, Cuvier ont été victimes de l'illusion contraire qu'ils ont contribué à propager. Il n'y a sûrement pas, comme ils le professaient, un abîme entre les facultés psychiques des animaux et celles de l'homme. C'est cette opinion qui a rendu si obscure l'énigme, aujourd'hui en grande partie déchiffrée, des instincts des insectes. Les livres de Henri Fabre sont tout pleins des troublantes merveilles qu'accomplissent, avec un cerveau en apparence rudimentaire, ces êtres d'une taille si disproportionnée avec ce dont ils sont capables. Il a fallu, dans un passé lointain, toute une longue série de raisonnements simples, ajoutés bout à bout de génération en génération, pour arriver aux actes qui ont inspiré l'enthousiaste admiration non seulement des naturalistes, mais de lettrés tels que Maeterlinck et Edmond Rostand. Ces raisonnements ont été faits cependant, nous le verrons dans le prochain chapitre, par les ancêtres infimes des guêpes, des abeilles, des termites, des fourmis et de bien d'autres, et avec quel cerveau imparfait en apparence !

Il faut donc voir.

Certes les médiums, les spirites de toute espèce, les sourciers eux-mêmes dont il sera question plus loin nous ont habitués à tant de fraudes, à tant de simulations difficiles à déceler, des hommes si éminents sont tombés dans leurs pièges, qu'on ne saurait trop se méfier ; mais Priestley avait coutume de dire : « Dans les sciences, l'absurde même peut être vrai », et c'est pourquoi l'Institut général psychologique a adressé à M. Krall la demande de soumettre ses chevaux à des expériences nouvelles à l'aide de l'appareil dont il a été question au début de ce chapitre. A la proposition que lui avait faite, au nom de cet Institut, M. d'Arsonval, qui en est le président, M. Krall a répondu en lui proposant de venir auparavant lui-même à Elberfeld ou d'y envoyer une autre personne qui soit très habituée aux animaux, afin de tout voir et de se rendre compte si les chevaux veulent bien travailler avec lui. On sait effectivement qu'un cheval n'obéit pas au premier venu ; il faut, pour obtenir son obéissance d'emblée, une aptitude spéciale. Et c'est là la grande difficulté de ces expériences. Un animal n'est pas une machine aveugle qui fonctionne fatalement dès que certaines conditions nécessaires et suffisantes sont réunies. En admettant même que tout organisme ne soit qu'une machine, nous ne connaissons pas suffisamment ses conditions de fonctionnement pour le manier comme une automobile ou un aéroplane qui ne sont pas d'ailleurs sans causer encore quelques surprises. Il faut compter avec l'humeur de l'animal, son état de santé, ses caprices. Il y aura toujours dès lors des gens qui auront vu et que ceux qui n'auront pas vu devront croire sur parole. Ce serait beaucoup exiger que ces derniers soient tous également confiants, et par suite les discussions recommenceront.

Qui sait enfin si ces chevaux capables de causer entre eux ne se communiqueront pas leurs impressions et ne se syndiqueront pas, en quelque sorte, même contre l'appareil de M. Delage, à seule fin de mystifier les hommes trop curieux ? Alors...

Malheureusement, en raison de la fatigue de ses chevaux, de sa propre fatigue et finalement de modifications qu'il a dû faire dans son installation, l'entrevue avec M. Krall a dû être ajournée... *sine die*. Mais si nous ne savons pas encore jusqu'où va l'intelligence des chevaux, nous sommes, on va le voir, un peu mieux renseignés sur les instincts des insectes.

CHAPITRE XV

Henri Fabre et le monde des Insectes.

Résumé. — Henri Fabre entomologiste. — Histoire touchante d'un papillon de jour. — Les souvenirs entomologiques de Fabre. — La philosophie. — Les idées de Favier. — Les guêpes et les abeilles. — La danse nuptiale des scorpions. — Comme Marguerite de Bourgogne. — La fête de Sérignan. — Poète, musicien, peintre, naturaliste. — Les poésies de Fabre. — L'ami du professeur. — Le mystère de l'Instinct. — Les travaux d'un observateur.

Naturalistes, philosophes et hommes de lettres ont mis à la mode le pèlerinage de Sérignan, sur le chemin de Maillanes où vécut Mistral, dans le pays d'Orange. On y allait fêter un sage, un vrai sage, qui est mort le 18 octobre 1915, mais dont on pourra encore vénérer l'asile dont l'État va assurer la conservation, grâce à l'itiative du Dr Legros, député de Loir-et-Cher, et du maire de Sérignan, M. de Benoit de la Paillonne. Il y a encore de ces sages dans quelques villages lointains du Midi, parce que le Midi est le pays du soleil, du divin enchanteur dont les rayons rebondissent sur les choses pour renaître dans notre esprit en féeriques imaginations, et que le seul sage est celui qui oublie toutes les contingences de la vie pour vivre dans son rêve.

Le génie éclôt tout seul dans ce brillant Midi. Le tambourinaire de Daudet y devint un virtuose du flageolet en écoutant chanter le rossignol ; les cigales ont fait de Mistral le poète vibrant de Mireille ; Henri Fabre, notre sage, est devenu l'un des princes des naturalistes en regardant butiner les abeilles et s'ébattre les papillons sur les fleurs.

Oh ! il ne l'a pas cherché, son principat ; il lui est venu tout seul, comme à feu Léon Dierx, chef de bureau, le titre de prince des poètes. Henri Fabre s'est contenté toute sa vie d'être professeur de lycée, et même professeur un peu tracassé, sous un « ordre moral » quelconque, pour avoir essayé de fonder en Avignon un enseignement secondaire de jeunes filles. Il a mis quarante ans à économiser le prix de la petite maison qui devait suffire aux amis d'Horace, et d'un champ couvert de chardons épineux et de centaurées aux capitules chargés de nectar, d'une *harmas*, comme on dit là-bas. La maison était pour lui, l'harmas pour ses amis les insectes, invités à y vivre comme chez eux, à la seule condition de laisser l'œil curieux du maître pénétrer tous les secrets de leur vie.

Ces secrets, les insectes ne les livrent pas à tout venant ; il faut savoir les questionner et savoir aussi interpréter leurs réponses ; sans quoi l'on devient vite l'innocente victime des plus inextricables quiproquos. Il y a quelques mois un fort aimable homme, certainement très instruit, m'envoyait à titre de document de fort jolies pages qu'il avait simplement intitulées *Récit de ce qui m'est arrivé avec un papillon*. L'été, mon correspondant habite la Bretagne. Un jour il crut s'apercevoir qu'un joli papillon aux ailes noires tachées de blanc et barrées d'écarlate, un Vulcain, comme disent les naturalistes, s'était épris de lui. Dès qu'il arrivait, le papillon venait à sa rencontre, voletait autour de son visage, s'arrêtait sur ses mains, l'accompagnait à la promenade, et toujours posé à la même place, guettait son retour quand il partait en voyage. Le papillon affectionnait aussi quelques personnes de la famille, mais n'avait que dédain pour les étrangers; un beau matin, il amena même une compagne qu'il présenta à ses amis et qui accepta leur hospitalité. Cela dura plusieurs années. Au dernier départ de ses hôtes, le charmant insecte les suivit jusqu'à la gare et vint encore battre des ailes contre les vitres des portières. Pressentait-il sa fin prochaine? On ne le revit plus l'année suivante.

Je n'ai pas osé détruire la poésie de cette histoire, qui demeurera sans doute comme une légende de famille. Je souhaite presque que l'ami du papillon ignore toujours que ce papillon n'était jamais le même, que ses pareils meurent avec les beaux jours et que si, par fortune, ils passent l'hiver, ils n'arrivent guère à l'été suivant. Les papillons de jour sont même très sensibles au froid ; la fraîcheur du soir les endort. A la tombée de la nuit, on les voit se poser sur les fleurs, étendre mollement deux ou trois fois leurs ailes, puis les fermer et demeurer immobiles. On peut alors cueillir les fleurs sur lesquelles ils sommeillent, et emporter chez soi, sans éveiller aucun d'eux, tout un bouquet de papillons. Mais qu'on s'approche du feu d'une cheminée, la tiède température ranime vite les fleurs vivantes, et brusquement le bouquet s'envole. On comprend que des animaux aussi thermométriques ne supportent pas les hivers.

Il semble d'ailleurs que la beauté des formes et l'éclat des couleurs soient, dans le règne animal tout au moins, exclusives des qualités d'ordre cérébral. Aussi Henri Fabre a-t-il abandonné dédaigneusement toute sa vie les somptueux lépidoptères pour s'attacher avec passion aux modestes mouches à quatre ailes, cousines nombreuses et infiniment variées des guêpes et des abeilles que les entomologistes appellent des Hyménoptères, à quelques insidieuses parentes de notre mouche domestique, qui sont pour eux des Diptères, aux gros scarabées, aux araignées, si laides mais si habiles tisseuses, ou même aux hideux scorpions.

Là il a fait ample moisson de faits inattendus, d'actes déconcertants, qui sembleraient des traits de génie de la part de ces menues bestioles, s'ils n'étaient accompagnés le plus souvent d'une inconscience absolue du but vers lequel ils tendent. Les dix volumes de ses *Souvenirs entomologiques* resteront comme l'une des œuvres les plus passionnantes qui aient été écrites sur les mœurs des insectes, et aussi comme l'un des monuments les plus curieux de la psychologie d'un grand observateur de la fin du xix° siècle. L'auteur s'y dépeint tout entier; il nous fait vivre de sa vie mouvementée, au milieu des sujets d'observation qui l'assaillent sans merci. Le monde obsédant des insectes bourdonnant autour de lui tiraille de toutes parts son attention, exaspère sa curiosité; il ne sait auquel entendre. Débordé par l'innombrable bataillon ailé des buveurs de nectar qui, par les beaux jours d'été, envahissent l'harmas, il appelle à la rescousse toute sa maison, ses filles Claire, Aglaé, Anna, son fils Paul, ses ouvriers et surtout son domestique Favier, vieux loustic qui a traîné dans toutes les casernes des colonies, possède mille tours dans son sac, observe son maître d'un œil sceptique et admirateur tout à la fois, l'écoute sans se laisser convaincre, et le scandalise en lui affirmant, sans vouloir en démordre, que la chauve-souris est un rat à qui il a poussé des ailes, la limace un vieil escargot veuf de sa coquille, l'engoulevent un crapaud gourmand de lait qui s'est emplumé pour venir plus facilement, la nuit, téter les chèvres, etc. Les chats, le chien sont quelquefois de la partie, et l'on regrette presque de n'être pas à la portée du robuste vieillard pour répondre à son appel.

Le voilà couché dans le sable quand tout grésille sous les feux du soleil, guettant quelque guêpe qui fouit le sol, notant ses moindres gestes, essayant de saisir ses intentions, de lui faire avouer le secret de ses actes, suivant les travaux des innombrables scarabées qui nettoient la surface du sol de tout ce qui pourrait le souiller : laisses de grands animaux, cadavres décomposés de petits oiseaux, de taupes ou de campagnols ; leur créant des difficultés inattendues et donnant ainsi malicieusement à résoudre des problèmes de sa façon à tous ces menus compagnons de sa vie.

Loin de flâner simplement au soleil, comme on pourrait l'imaginer, tous ces êtres sont, au contraire, extrêmement occupés et remplissent des tâches bien définies dont ils s'acquittent en toute conscience. Ils pensent peu à eux-mêmes ; la vie de chacun d'eux est si courte ! La grande affaire, c'est de préparer la génération qui va suivre. Sous ce rapport, rien n'égale le zèle et la prévoyance des nombreuses espèces de guêpes au costume d'un noir plus ou moins profond, égayé de couleurs claires, ou des sœurs uniformément brunes et velues des abeilles. Toutes préparent, pour leur progéniture, un domicile bien abrité, souvent douillettement ouaté à l'intérieur de duvet emprunté aux plantes, parfois tapissé de pétales de fleurs [1] ou de pièces minutieusement découpées dans les feuilles [2]. Une tige de ronce habilement creusée [3], une galerie pratiquée dans le sol [4], une maisonnette de terre adroitement maçonnée [5] serviront de nid à la couvée en attendant que les parents aient appris à se loger eux-mêmes, comme le font les vraies guêpes, les vraies abeilles et les fourmis. Chaque espèce a sa façon invariable de construire son nid et ne manque jamais de l'approvisionner ; la nature des provisions ne varie pas plus que la forme de nid. Dans la tribu

1. L'*Anthocope* du pavot.
2. La *Mégachile centunculaire*.
3. Les *Osmies*.
4. Les *Andrènes* et les *Anthophores*.
5. Les *Chalicodomes des murailles*, etc.

des abeilles, le nid est toujours approvisionné d'une pâtée de miel et de pollen ; dans celle des guêpes, la provision est faite de gibier. Nos guêpes communes, qui partagent leur domicile avec leur progéniture, la nourrissent au jour le jour de mouches qu'elles viennent capturer jusque sur nos tables ; les autres approvisionnent leur nid une fois pour toutes, déposant auprès de chaque œuf tout ce qui sera nécessaire pour alimenter le jeune jusqu'à son complet développement. Quelques-unes ne chassent que du menu gibier, ce qui est facile, mais nécessite beaucoup d'allées et de venues ; les plus adroites s'adressent à des proies suffisamment volumineuses pour que chacune suffise à une éducation. Ainsi parmi les guêpes, les pompiles emmagasinent de grosses araignées, les tachytes, suivant les espèces, des criquets, des grillons, de jeunes mantes, les *Préga-Diou* des paysans du Midi, voire de grosses courtilières. Ces proies plantureuses sont de capture difficile ; l'insecte déploie dans leur chasse une astuce et une adresse merveilleuses. Jamais il ne les tue ; mortes, elles se décomposeraient, infecteraient le nid et empoisonneraient ses habitants ; il se borne à les paralyser ; de la sorte elles sont hors d'état de nuire et constituent néanmoins une provision de chair fraîche. Quelques coups d'aiguillon toujours en même nombre, parfois un seul[1] appliqué au bon endroit que connaît très bien la guêpe, suffisent pour obtenir ce résultat. Le poison de l'aiguillon est toujours déversé dans les centres nerveux, vraie trouvaille de physiologiste ! Chasseur merveilleux, la guêpe sait distinguer les proies comme un naturaliste, les opérer comme un chirurgien consommé, versé tout à la fois dans la connaissance de l'anatomie et dans l'art de manier les anesthésiques.

Les guêpes, les abeilles, comme d'ailleurs la plu-

---

1. C'est le cas de nos plus belles guêpes, les Scolies.

part des insectes, naissent, passent la plus grande partie de leur vie et atteignent toute leur taille sous la forme de vers à peine dégrossis que l'on nomme des *larves*. Leurs larves vivent dans une réclusion absolue; un repas incessant, servi d'avance une fois pour toutes, est leur unique occupation. Comment sortent-elles de leur étroite et obscure *nursery* tout à la fois rapides aviatrices, chasseresses avisées, expertes connaisseuses de gibier, robustes mineuses, habiles architectes, savantes opératrices, et par-dessus tout mères prévoyantes et dévouées pour une progéniture qu'elles ne connaitront pas, de même qu'elles n'ont pas connu leurs parents? Qui donc leur a appris à chacune son métier, à l'exclusion de tout autre, et leur a distribué les rôles?

C'est là un très gros problème, le problème même de l'origine des choses. Avant tout observateur précis, ingénieux et sagace, Henri Fabre ne veut pas l'aborder, et combien il a raison! Vivant dans un éblouissement perpétuel, au milieu de merveilles que son talent sait faire apparaître, pourquoi irait-il rompre en philosophant le charme d'une aussi splendide féerie? Dans le palais enchanté qu'est devenue l'harmas de Sérignan, il y a trop à voir pour s'arrêter à discuter. Après avoir pénétré les secrets du dévouement maternel, il ne demande pas d'où ils viennent; il se borne à allumer la lampe de la curieuse Psyché pour essayer de pénétrer les voiles des mystères nuptiaux.

Rassurez-vous, mesdames! Grâce à ses observations, on ne pourra plus vous accuser d'avoir inventé la coquetterie. Elle existait aux temps d'une antiquité fabuleuse où se formaient les premières couches de houille. Alors qu'il n'y avait encore ni reptiles, ni oiseaux, ni mammifères, les insectes la pratiquaient, et, bien avant eux, dans le monde encore plus ancien des scorpions, la scorpionne était déjà une fieffée coquette. Si l'on s'en rapporte à ce qui se passe aujourd'hui, elle savait minauder, se défendre et reculer pour paraître plus désirable, et son consentement même était précédé de toute une série d'innocentes démonstrations. De nos jours encore, les deux fiancés, avant de s'unir, exécutent une véritable danse nuptiale. Dressés l'un contre l'autre, ils échangent d'amicales caresses, enroulent et déroulent, sans se blesser, leur queue armée du redoutable crochet venimeux; puis s'abaissent, se placent vis-à-vis l'un de l'autre et se saisissent délicatement par les pinces. Le mâle à reculons entraîne alors sa future, qui le suit, obéissante. Le couple va ainsi au hasard de sa fantaisie, muse, s'arrête, vire de bord, flâne encore... « Ainsi vont, le long des haies, au sortir des vêpres, les promis de village. » Parfois, sans cesser la cordiale étreinte, le mâle fait demi-tour, se range auprès de sa compagne, flatte doucement son dos en promenant sur elle le mobile et dangereux appendice qui termine son corps; le tendre manège dure ainsi des heures et des heures. Enfin la scorpionne séduite se laisse entraîner dans le domicile de son Faust. C'est dans l'ombre propice que s'accomplira le mariage.

En temps ordinaire, les scorpions vagabondent beaucoup la nuit et sont d'une habileté étonnante pour s'échapper. J'en avais un jour rapporté du mont Gros, près de Nice, à Paris une douzaine, enfermés dans une boîte légère à la vérité, mais dûment munie de son couvercle, et j'avais déposé le soir, en arrivant, mon butin sur ma table de travail. Le lendemain tous les scorpions étaient partis sans que j'aie jamais pu savoir comment. Ni dans mon cabinet, ni ailleurs, je n'en ai pu retrouver la moindre trace. Pareille déconvenue est arrivée plusieurs fois à Henri Fabre. Malgré cette activité, en temps ordinaire, les scorpions mangent à peine; si l'on ne peut dire qu'ils vivent de l'air du temps, il semble qu'ils puisent directement leur activité dans la lumière et la chaleur du soleil. Mais au moment de la pariade tout change ; le jeûneur placide et obstiné devient querelleur, gourmand et l'époque des mariages est marquée de festins somptueux. La noce ainsi préparée finit tragiquement. Au temps où, à l'Ecole Normale, Richepin se préparait par l'étude des classiques à les imiter le moins possible, on aimait à y fabriquer des fables-« express » comme celle-ci :

> Le lendemain du mariage,
> Un mari d'humeur volage
> Tua sa femme à son réveil.
> *Moralité* : La nuit porte conseil.

Ainsi font les scorpions ; seulement c'est la femme qui tue le mari, peut-être à la vérité par excès d'amour, car elle dévore ensuite voluptueusement ses restes.

Ces mœurs conjugales sont assez répandues parmi les carnassiers du petit monde qu'observait Henri Fabre. Elles sont couramment pratiquées chez les araignées, les jolis carabes dorés des jardins, les grandes sauterelles vertes qui chantent les soirs d'été à la cime des arbres, etc. Les sveltes et étranges *PregaDiou* les poussent à l'extrême ; elles se marient plusieurs fois, et chaque fois dévorent leur mari ; Henri Fabre a vu le repas cruel commencer au cours même des étreintes conjugales.

Le génie, suivant Buffon, n'est qu'une plus grande aptitude à la patience. Nul n'a eu plus de patience qu'Henri Fabre ; mais sa patience était faite d'une ardeur singulière. Tous les journaux illustrés ont publié son portrait ; le visage comme l'attitude respirent une rare énergie, et ses *Souvenirs* sont écrits d'un style tout plein d'une passion débordante et communicative qui n'admet guère la contradiction, et ne ménage ni les savants de cabinet, ni les philosophes. L'insecte est devenu pour lui un personnage ; il lui parle, l'excite de la voix, attend sa réponse, et peut-être avec un pareil tempérament a-t-il, malgré tous ses efforts, fait passer quelquefois son âme dans la leur, à la façon de l'ami du papillon. Il est presque impossible de l'éviter, à moins de ne voir, comme Descartes et la nouvelle école américaine de Jacques Lœb, dans les animaux inférieurs que des mécaniques admirablement combinées. N'importe! Henri Fabre, malgré ses boutades, n'a jamais eu que des admirateurs. Victor Duruy le fit venir à Paris pour attacher lui-même la croix de la Légion d'honneur à sa boutonnière, et il a été nommé correspondant de l'Institut de France sans avoir franchi le seuil d'aucun académicien. Au contraire, ce sont les académiciens qui sont allés le voir, comme fit aussi jadis le ministre Duruy. Il n'en était ni plus riche, ni plus fier. Je vous l'ai dit : c'était un sage.

Au mois d'avril 1910 eurent lieu deux fêtes scientifiques : l'une à Monaco où, avec toute la pompe d'un appareil princier, on inaugurait le Musée océanographique ; l'autre à Sérignan. La première fut grandiose, la seconde profondément émouvante. Aucun contraste ne pouvait être plus saisissant que celui de ces deux cérémonies, toutes deux destinées à glorifier la science, à consacrer des conquêtes de l'esprit humain, réalisées par les moyens les plus opposés. D'un côté, un prince souverain, maître absolu d'immenses capitaux, qu'il jette pour ainsi dire à la mer pour lui acheter ses secrets ; de l'autre côté, un homme simple, isolé, né petit paysan de l'Aveyron, ayant volontairement conservé toute sa vie le rude aspect des hommes de sa condition première, mais tout illuminé de génie, et qui, par la seule puissance de son inaltérable patience, sans secours, sans argent, sans instruments, est arrivé à remuer, par le retentissement de ses découvertes, tout le monde des philosophes. Henri Fabre n'était plus jeune alors : quatre-vingt-sept ans ! Il est mort à quatre-vingt-dix ans passés. Ses yeux très noirs, toujours étonnamment brillants, voyaient à peine, pour avoir trop regardé ; ses jambes vacillaient; mais le vieillard, coiffé du large feutre villageois, n'avait pas fléchi, et on ne pouvait se défendre d'une émotion profonde à l'aspect de celui qui, selon l'expression d'Edmond Rostand, « nous a fait agenouiller dans l'herbe » pour y admirer, après lui, ces menus dépositaires de fragments de pensées que sont les insectes. J'ai, sous la conduite de son petit-fils, parcouru, chapeau bas, l'harmas, ce grand carré inculte, entouré de murs, tout fleuri des plantes sauvages d'avril, de coronilles et de romarins; j'ai vu en plein air, disposée en place sur une muraille pour recevoir les rayons du soleil, la cage de verre où les affreux scorpions jaunes ont dansé la danse nuptiale et accompli les noces de cannibales que j'ai tout à l'heure contées ; j'ai visité le laboratoire où sont réunies des collections de toutes sortes, fossiles, herbiers, insectes, disposées dans de modestes vitrines de fortune ; j'ai feuilleté les admirables albums, où, avec un talent qu'envieraient les plus grands peintres d'histoire naturelle, Fabre a représenté les champignons du Midi, aux teintes si délicates et si variées ; je me suis arrêté devant les habiles reconstitutions artificielles des nids de scarabées; une balance de précision toute neuve, héritage d'une station agricole départementale disparue, faisait ressortir, par l'éclat métallique trop neuf de ses délicats organes, la simplicité rustique de tout l'appareil qui avait servi aux pénétrantes études du maître.

Il pleuvait le jour de la fête de Sérignan, mais au

moment où le grand vieillard est venu s'asseoir devant sa maison, face à l'harmas, où les musiques pleines de bonne volonté de Sérignan et d'Orange ont salué son apparition, où devant tous les témoins de son existence discrète de villageois, lui fut remise la plaquette dorée dont le revers porte l'image de ses héros, du scarabée au scorpion, le soleil est venu l'envelopper de ses rayons et lui faire une apothéose. On aurait voulu qu'à ce moment quelque cigale chantât, qu'une majestueuse scolie, ces reines des guêpes vînt, toute bourdonnante, frôler de l'aile les murs roses de la maison ; mais si le soleil peut dissiper les nuages, il ne peut modifier l'ordre savant du sémillant cortège de créatures qui se déroule au cours des saisons. Il a fallu se passer des cigales.

Pas tout à fait cependant : Mistral, le prince des Félibres, avait envoyé leur salut à celui qu'on a appelé le « prince des Insectes ». Les princes de Maillane et de Sérignan sont dignes l'un de l'autre, et ce dernier, si bon poète à sa façon, en prose française, que l'auteur de *Chantecler* l'a appellé le « Virgile des insectes », sait aussi chanter en vers exquis, dans la langue de Mireille, les herbes et les vermisseaux. Il a publié chez Roumanille, éditeur *en Avignoun*, les *Oubreto provençalo dou felibre di Tavan* dont se réjouissent les parleurs de langue d'oc.

Malheureusement il suffit, pour ne pas faire fortune, d'être à la fois poète, musicien, peintre, génial observateur et même mathématicien ; ainsi doué, on s'envole tout droit vers l'azur; on ignore les voies terrestres le long desquelles roulent les deniers d'or, pour qui les liquidateurs de toutes sortes et les fournisseurs d'armée, rampant à même le sol, savent tendre de si belles nasses. Les admirables *Souvenirs entomologiques* ont laissé leur auteur tout près du dénuement. Il a cependant travaillé — et longuement — pour la patrie : cinq enfants du premier mariage, trois d'un second, dont une charmante jeune fille de seize ans !

Quoique vieux fonctionnaire de l'Université, J.-H. Fabre n'avait pas de retraite. Si l'Académie des sciences ne lui avait pas décerné à peu près péridioquement le prix Gegner, « destiné à soutenir un savant qui se sera distingué par des travaux sérieux, poursuivis en faveur des progrès des sciences positives », il serait mort sans ressources; tellement qu'au banquet jubilaire de Sérignan M. Gaillard, ancien député de Vaucluse, lui demandait la permission d'ajouter à son titre de prince des Insectes, celui de « prince de l'Impécuniosité ».

La *Vie de J.-H. Fabre, naturaliste* [1] a été contée en un volume très attachant « par un disciple », le Dr G.-V. Legros, médecin à Montrichard, député du Loir-et-Cher, qui professe pour l'ermite de Sérignan une admiration touchante et profonde.

On y suit l'odyssée farouche de ce poète de la nature que rien ne put distraire de l'observation passionnée des insectes, qui part d'une misérable chaumière de Saint-Léons, dans le Rouergue, débute comme instituteur primaire au collège de Carpentras, conquiert de haute lutte baccalauréats, licences et doctorat, professe quelques années la physique au collège d'Ajaccio où il fait la connaissance de Moquin-Tandon, enseigne vingt ans au lycée d'Avignon, où Duruy, frappé de ses découvertes et de sa façon d'enseigner, va le chercher, songeant à en faire le précepteur du prince impérial, et où il devient l'unique ami de Stuart Mill volontairement isolé du monde par un deuil cruel. Il se voit obligé de fuir Avignon que des rancunes cléricales lui ont rendu insupportable pour se retirer à Orange, et finalement, de plus en plus épris de solitude, ne demandant aux hommes que de le laisser en paix

---

1. Un vol. Delagrave, éditeur.

s'adonner à ses observations, se réfugie au pied du mont Ventoux, dans le petit village de Sérignan. Là « délaissant la redingote du professeur pour la veste du paysan, plantant un basilic dans son chapeau haut de forme, puis l'étouffant à coups de pied, il fait nargue à tout son passé [1] ». On a songé un moment à lui offrir un siège à l'Académie des sciences, mais on ne voit pas ce contempteur du « haut de forme » et des hommes arborant le chapeau à plumes et l'épée à poignée de nacre de l'Institut de France; à peine porte-t-il la rosette d'officier de la Légion d'honneur que lui adressa M. Doumergue, ministre de l'Instruction publique, peu après la mémorable fête dont nous évoquons ici le souvenir.

Henri Fabre, à quatre-vingt-dix ans passés, était encore bien portant; c'est une merveille que son fougueux tempérament ait pu triompher des épreuves que son caractère ardent rendait plus poignantes pour lui, et l'on se demandait, en le voyant, s'il est vraiment bien vrai qu'une lame soit, comme le prétend le proverbe, capable d'user son fourreau.

Depuis son enfance son esprit ne cessait de bouillonner. Il s'enthousiasme pour tout ce qu'il apprend, pour tout ce qu'il voit, les hommes exceptés; il anime tout ce qu'il touche; dans sa pensée, les nombres mêmes et les astres deviennent vivants et il les a chantés en un curieux poème plein de verve et de feu :

> Nombre régulateur des effets et des causes,
> Qui donne le comment et le pourquoi des choses,
> Que me veux-tu Nombre imposant?
> . . . .
> L'ordre naît à ta voix, l'ordre et ses harmonies,
> Et ses combinaisons savantes, infinies,
> L'ordre imposant de majesté,

---

1. *La Vie de Fabre*, p. 91.

> L'ordre qui met un frein à la course rapide
> Des tourbillons errant dans les plaines du vide,
> L'ordre, appui de l'immensité !
> Voici du fond du ciel accourus en silence,
> Deux globes courroucés, dévorant la distance,
> Fiers et taciturnes géants ;
> Ils courent, emportés dans leur orbe fatale,
> Choquer front contre front leur masse colossale
> Et s'entr'ouvrir, les flancs béants.
> . . . .
> Vaine crainte ; là-haut dans ces folles arènes,
> Sage régulateur, le Nombre tient les rênes
> De ces indomptables coursiers [1].

Il poétise même les courbes dont la géométrie étudie les propriétés et « qui se déroulent dans son esprit en superbes strophes » : l'ellipse devient la « trajectoire des planètes », avec ses deux foyers amis se renvoyant l'un l'autre une somme égale de rayons vecteurs ; l'hyperbole « aux foyers répulsifs » est la courbe désespérée qui plonge dans l'espace ses tentacules infinis se rapprochant de plus en plus d'une droite, l'asymptote, sans jamais parvenir à l'atteindre ; la parabole « cherche inutilement son deuxième foyer perdu ; c'est la trajectoire de la bombe, c'est la voie de certaines comètes qui viennent un jour visiter notre soleil puis s'enfuient en des profondeurs d'où elles ne reviennent jamais [2] ».

Parle-t-il de chimie, la matière brute elle-même devient vivante ; il conte « les violences du chlore, les noces miraculeuses du phosphore et les magnificences qui accompagnent la naissance des gouttes d'eau ».

Quelle joie ce devait être pour les élèves du lycée d'Avignon que d'assister aux leçons d'un tel professeur, commentant d'une aussi déconcertante façon les moroses programmes du baccalauréat. Fabre faisait d'ailleurs volontiers ses cours en pleine campagne, et

---

1. *La Vie de Fabre*, p. 279 et 283.
2. *Ibid.*, p. 30.

on le voyait souvent de par les routes, le jeudi, emmenant avec lui une joyeuse cohorte attentive aux moindres gestes des abeilles et des papillons.

On redoute, au premier abord, qu'un tel homme n'ait prêté son âme vibrante aux insectes dont il a narré la vie. Il ne leur ménage pas, en effet, les épithètes; après avoir traité d'assassines les herbes parasites qui vivent aux dépens des autres, la clandestine blanche qui « étrangle au bord des eaux la racine des aulnes »; la cuscute « qui n'entend rien au travail » et vit, comme les anarchistes, de reprise individuelle; la « triste orobanche dodue, puissante, effrontée, qui se jette à la gorge du trèfle, l'étouffe, le mange, lui suce le sang »; il traite le dytique, gros scarabée carnassier qui vit dans l'eau, de brigand et de forban des mares, la mante religieuse qui dévore son mari, de « féroce spectre », la grosse araignée des garrigues, la tarentule à ventre noir de « bohémienne qui, nuit et jour, pendant sept mois, trimbale sur son dos sa marmaille »; les tachinaires, mouches carnassières qui s'attaquent aux abeilles et aux guêpes sont « d'effrontés diptères, des bandits vêtus de bure et la tête enveloppée d'un mouchoir rouge, attendant l'heure d'un mauvais coup »; les larves des abeilles sont de « gros poupards rondelets » et celles du grand capricorne qui ronge le bois des vieux chênes « un morceau d'intestin qui chemine en mangeant son chemin ». Il nous dira plus tard un peu brutalement que « l'intestin gouverne le monde », mais il se fait bien vite pardonner cet aphorisme désenchanté en associant l'amour à ce gouvernement; et, dès lors, « une féerie innombrable » emplit la forêt bruissante et déroule nuit et jour mille tableaux merveilleux autour d'un bout de ronce, à l'ombre d'un vieux mur, sur la pente des talus, dans les buissons épais. L'insecte se transfigure pour la cérémonie nuptiale et chaque espèce a son rituel pour déclarer sa flamme.

Au pied des rocailles, la psyché femelle, privée d'ailes, paraît au balcon de son boudoir, aux rayons du soleil caressant, couchée dans la buée nuageuse d'un incomparable édredon; elle attend la visite de l'époux, le gentil bombyx qui, pour la cérémonie, a mis plumets de marabout et manteau de velours noir. Paré de ses plus beaux atours :

> Justaucorps noir mieux lustré que satin
> Et sur la cuisse un galon de carmin ;

« le grillon s'aventure à travers les herbes folles, aux discrètes lueurs du crépuscule, jusqu'au lointain logis de l'aimée », arrive sur l'esplanade sablée, cour d'honneur qui en précède l'entrée, « fait le beau et le fier devant la belle qui feint de se cacher », frise ses antennes, trépigne d'impatience et demeure muet d'émotion. « Dans le feuillage du frêne, l'amant de la cantharide flagelle sa conjointe qui se fait petite et cache la tête dans sa poitrine, la cogne avec ses poings, la fustige de son abdomen, puis, les bras en croix, demeure un instant immobile et frémissant, saisit enfin l'une et l'autre antenne de la convoitée et la force à relever la tête comme un cavalier fièrement cambré sur sa monture et tenant les rênes des deux mains. » Sur les coteaux arides, aux douteux rayons de lune perçant les nuées d'orage, dans l'atmosphère appesantie, les pâles scorpions aux yeux myopes, monstres hideux à la tête informe hasardent leurs figures étranges et, deux par deux, les mains dans les mains, déambulent à pas mesurés à travers les touffes de lavande. Comment dire leur béatitude, leurs extases que nul langage humain ne saurait exprimer ! Puis vient le ver luisant avec son phare. « pareil à une étincelle tombée de la pleine lune, dont la lueur guide l'amant, tandis que, dans le voisinage, la foule des bestioles nocturnes, attardées en leurs affaires, susurre l'épithalame général ».

Aucun naturaliste n'a parlé cette langue pleine d'images et d'émotion, où l'on sent resplendir le soleil du Midi, les vertes frondaisons des forêts, l'éblouissement des ailes métalliques des cétoines, des cantharides, des carabes, des buprestes et même des bousiers, les arabesques de l'aile des papillons rivaux des fleurs, les rayons de l'arc-en-ciel, les jeux de la lumière dans les gouttes de rosée; où vibrent le chant des cigales, le crissement des ailes des sauterelles et des grillons, le souffle du vent dans le feuillage et les mélodies des oiseaux; où se mêlent à toutes ces voix de la nature les tendres accents de l'idylle, le rire narquois de la comédie et les imprécations de la tragédie. Jamais la science n'a été contée avec une telle abondance de vives peintures, une telle richesse d'expressions, une telle souplesse de langage, une telle chaleur, une telle poésie; il n'existe dans aucune littérature aucune œuvre de ce genre, et l'Académie de Stockholm se fût honorée en décernant un de ses prix Nobel de littérature à un savant qui, dans son enthousiaste amour de la nature, oubliant tout ce qui n'était pas elle, a passé sa vie à composer en son honneur un impérissable poème.

Tout dans ce poème est profondément émouvant parce qu'il est fait des émotions que Fabre ressentait lui-même à mesure qu'il avançait dans ses études, parce que les drames qu'il raconte, il les a pour ainsi dire vécus, qu'il en a ressenti toutes les péripéties et que, mieux que personne, il sait qu'ils sont arrivés. Et puis, sur tout cela plane cet autre élément d'émotion : le mystère.

Mystère inquiétant et devant lequel Darwin lui-même demeura troublé. Fabre était, en effet, un adversaire résolu de la doctrine de Darwin d'après laquelle les êtres vivants se seraient modifiés avec le temps, les espèces actuelles n'étant que des transformations de celles qui les ont précédées dans les périodes géologiques antérieures à la nôtre. Sa méthode de travail ne pouvait le conduire à une autre conclusion; il ne croyait guère, en effet, qu'aux choses qu'il avait vues et revues cent fois. S'il observait beaucoup et d'une façon parfaite, il lisait peu et, eût-il beaucoup lu, sa méfiance naturelle des travaux des autres l'aurait empêché de mettre à profit leurs observations. Voyant les espèces d'insectes qu'il pouvait étudier accomplir les mêmes actes de la même façon, les mêmes espèces de guêpes approvisionner par exemple leur nid des mêmes proies variables seulement d'une espèce à l'autre, accomplir ces actes fatalement, inconsciemment, fussent-ils parfaitement inutiles, il devait nécessairement conclure qu'ils étaient suscités par une faculté distincte de l'intelligence, *l'instinct* et que cet instinct était immuable, ce qui est vrai. Il en tirait la conséquence que les espèces douées de cet instinct étaient elles-mêmes immuables, qu'on ne pouvait admettre qu'elles eussent évolué, et que la doctrine construite par Darwin avec une si prestigieuse pénétration, un si grand luxe d'arguments n'était qu'un ballon gonflé que la piqûre d'un aiguillon de guêpe suffirait à vider. Darwin avait la plus grande confiance dans les observations de Fabre; il ne cessa de correspondre avec lui, mais il garda ses idées, espérant que la solution de l'énigme apparaîtrait un jour, la préparant de son mieux, sans se dissimuler la difficulté.

Fabre, de son côté, n'était pas sans ressentir quelque étonnement inquiet. Si l'instinct est immuable, ce ne peut être qu'un présent de Dieu; mais alors comment Dieu a-t-il pu machiner les atroces instincts qui font des femelles des mantes, des sauterelles, des carabes, des araignées, des scorpions autant de Marguerite de Bourgogne? Comment ne maintient-il la vie qu'au prix de tant de batailles, de meurtres, d'assassinats? Fabre imagine alors, pour se tranquilliser, que les êtres sacrifiés ne sont pas des proies véritables, mais des victimes volontaires, obéissant à une sorte de loi du sacrifice. Il demeure étranger à toute religion dogmatique, mais, calmé dès lors, il adore, comme Lamarck, la grande Puissance éternelle dont les arrangements de la matière lui révèlent partout l'empreinte, l'Intelligence infinie qui s'est monnayée en quelque sorte pour créer la petite âme des bêtes, et faire à chacune d'elles ce présent gratuit et magnifique. Ses rites religieux sont ceux « de la messe formidable et splendide où le semeur en haillons, le noble loqueteux, pontife à culotte délabrée, solennel comme un dieu, bénit le sol, plus majestueux que l'évêque en sa gloire, le jour de Pâques ». L'encens de cet office est formé « des parfums qu'exhalent doucement les fleurs ciselées dans leurs encensoirs d'or » et la maîtrise comprend tous les oiseaux, « pinsons et serins, fauvettes et chardonnerets, mignons enfants de chœur chantant et pépiant, brésillant leurs motets à la gloire de Celui qui leur donna une voix et des ailes, le cinquième jour de la genèse » [1].

Nous voilà loin de la science et il semble bien que nous nous élevions, sur l'aile des mouches, jusqu'aux plus hauts sommets de la théodicée. D'autres savants ont autrement conçu les choses; les faits qui ont émerveillé Fabre ne sont inintelligibles que lorsqu'on les maintient isolés, et surtout lorsqu'on admet à *priori* que le monde n'a pas changé depuis l'origine des choses. Or, si on compare entre eux les instincts des insectes appartenant à une série d'espèces voisines, on les voit se compliquer et se perfectionner graduellement comme si ces espèces les avaient acquis peu à peu et s'ils s'étaient développés des plus anciennes aux plus récentes. Il est difficile de com-

1. *La Vie de Fabre*, p. 193.

prendre toutefois que les insectes actuels ne vivant d'ordinaire qu'une saison aient le temps d'acquérir l'expérience indispensable au perfectionnement de leurs instincts. L'hiver séparant chaque génération de la suivante, les parents ne peuvent élever leurs enfants, et fussent-ils capables d'acquérir de l'expérience, ils seraient impuissants à la leur transmettre; pour cette raison le perfectionnement de l'instinct est encore impossible. Mais ces deux impossibilités n'ont qu'une seule et même cause : l'existence des hivers qui limitent la vie de la plupart des insectes à la belle saison et coupent tout lien intellectuel entre deux générations successives. On est donc ramené à cette question : les hivers ont-ils toujours existé? Les géologues répondent : non. Les hivers ne remontent guère au delà du milieu de la période tertiaire; il n'y en avait pas aux temps primaires et secondaires qui représentent un total de plus de trente millions d'années; ils n'existent guère que depuis un ou deux millions d'années. Auparavant les insectes vivaient longtemps, leurs générations se mêlaient; l'expérience et l'éducation étaient possibles comme chez les termites, les abeilles et les fourmis qui ont su se soustraire aux rigueurs des hivers. Les instincts des insectes actuels se réduisent à ce qui s'était fixé dans leur cerveau, de manière à être transmissible par hérédité, avant qu'une saison rigoureuse se fût introduite dans le cycle d'une année; ils sont par cela même devenus immuables, et leur immuabilité, loin d'être un argument contre la doctrine de l'évolution, se tourne en sa faveur puisqu'elle la prévoit et l'explique.

On n'a pas manqué d'exploiter le désaccord entre les idées de Fabre et les théories modernes pour diminuer son œuvre scientifique et la présenter comme n'ayant qu'une valeur essentiellement littéraire. Il convient donc de dégager d'une façon précise les faits nouveaux dont elle a enrichi la Science.

La découverte qui mit en relief le nom de Fabre parmi les naturalistes, est celle des *hypermétamorphoses* de certains insectes voisins des cantharides, les *Sitaris*, assez communs dans le midi de la France et tout de suite reconnaissables à ce que leurs longues ailes dépassent leurs élytres; rien d'autre, au premier abord, ne les signale à l'attention. Qu'est-ce qu'une hypermétamorphose? Tous les insectes, on le sait, passent par trois états : ils naissent sans ailes, *larves* souvent méconnaissables, grandissent et changent plusieurs fois de peau sans changer de forme; une mue nouvelle leur donne des ébauches d'ailes représentées par deux paires de courtes écailles portées par leur thorax; ce sont alors des *nymphes*; encore un changement de peau et l'insecte parfait, l'*imago*, apparaît, avec tous ses attributs : des ailes, des membres finement découpés, une activité incessante et des préoccupations nouvelles, celle surtout d'assurer la subsistance d'une progéniture prochaine. C'est en cela que consistent les *métamorphoses*, communes à tous les insectes. La larve peut, sauf les ailes, ressembler à l'insecte adulte, comme c'est le cas pour les sauterelles; elle peut être réduite à un simple ver sans pattes, ni mâchoires, comme celle des abeilles ou des mouches. Dans le premier cas, la nymphe va, vient, se nourrit, continue à vivre comme la larve, sans aucune modification; elle n'éprouve qu'une demi-métamorphose. Dans le second, elle subit une crise profonde, au cours de laquelle non seulement elle devient presque immobile, mais cesse de manger pendant que tous ses organes se transforment; telle la *chrysalide* bien connue des papillons; la *pupe* des hannetons, des abeilles et des mouches. C'est la *métamorphose com-*

plète, fortement étrange par elle-même. Les insectes dont les premières ailes sont cornées, comme celles des hannetons, et parmi lesquels se rangent les *Sitaris*, ont une forme de pupe déterminée, où l'on aperçoit l'ébauche des ailes et des pattes futures ; la pupe des mouches lui ressemble mais elle est enfermée dans un petit tonneau, dans un tonnelet, comme on dit, sans aucune indication extérieure d'ébauches d'organes, mais nous verrons qu'il y a pupe et pupe. M. Fabre, observant les *Sitaris*, eut l'étonnement de les voir revêtir, au moment de la métamorphose, l'aspect inattendu d'un tonnelet de mouche. Il voulut voir ce qu'il y avait dans cette enveloppe ; il y retrouva la larve sans aucune modification et c'est seulement au bout de quelques jours que cette larve, changeant de peau sans quitter le tonnelet, revêtit la forme ordinaire des nymphes de son ordre. Au bout d'une quinzaine de jours, après une nouvelle mue, le *Sitaris* sortit enfin de son double linceul. Il semblait avoir été, en quelque sorte, deux fois nymphe. C'est à ce phénomène que l'on pourrait dire symétrique des demi-métamorphoses et tout à fait nouveau, que J.-H. Fabre donna le nom d'*hypermétamorphose*.

De ce seul fait les *Sitaris* devenaient particulièrement intéressants. J.-H. Fabre, résolut de les suivre pas à pas dans toute leur évolution ; ils devaient lui procurer de bien autres étonnements. Les *Sitaris* vont déposer leur ponte à l'entrée des terriers que creusent, pour y abriter leurs œufs, des abeilles solitaires, les *Anthophores*, à peine différentes de nos abeilles de ruches. Chaque œuf occupe dans le terrier une logette particulière, où l'abeille prévoyante a déposé d'avance une provision de pollen et de miel suffisante pour nourrir la larve future, jusqu'à sa métamorphose. Quelle relation peut-il exister entre l'abeille et le *Sitaris*? Voici une nouvelle merveille.

Déposés en automne, les œufs des *Sitaris* ne tardent pas à éclore ; mais les larves qui en sortent, grosses comme de petits poux, ne ressemblent en rien à la grosse larve dodue et presque immobile qui s'enfermera plus tard, pour y dormir plus à l'aise, semble-t-il, dans le tonnelet. Ce sont de petits êtres qui n'auraient qu'à grandir pour ressembler à ces hôtes agiles des vieux papiers et des réserves de sucre que tout le monde a vu courir dans les armoires à provisions, et qu'on appelle souvent des *poissons d'argent*, à cause de leur forme et de leur éclat métallique. Ces petits êtres avaient été déjà rencontrés sur des abeilles dont on les croyait parasites ; ils avaient reçu le nom de *triongulins*. Encore un avatar des *Sitaris*. Les triongulins demeurent cachés sous les débris des coques vides de leurs œufs, sans prendre aucune nourriture pendant tout l'hiver ; ils se réveillent au printemps. A ce moment les anthophores ont achevé leur évolution ; les mâles quittent les premiers le terrier préparé par la mère. Cette précocité relative des mâles, J.-H. Fabre ne la perdra pas de vue ; il y accrochera plus tard de nouvelles découvertes ; mais pour le moment, il lui suffit de suivre ces nouveaux venus. Tandis qu'ils s'ébrouent à la porte de leur prison et qu'ils adressent peut-être, comme Brunehild à son réveil, un enthousiaste salut à la splendeur des cieux, les triongulins s'attachent à leurs poils et se laissent emporter sur les fleurs où les nouveau-nés vont faire leur premier festin. Quelques jours, parfois quelques heures encore, ils y seront rejoints par les femelles ; bientôt auront lieu le noces, et les triongulins profiteront du tango nuptial pour passer, sans hésitation aucune, des mâles sur les femelles. Désormais leur sort est assuré, mais la progéniture des anthophores est condamnée. Les anthophores femelles vont creuser leur terrier, préparer leurs cellules, les approvisionner et y pondre. Sur chaque œuf qu'elles déposent descend un triongulin qui se laisse tranquillement mûrer. A peine enfermé, il dévore l'œuf sur lequel il s'est fixé et dont il a tout juste la taille. Ce copieux repas accompli, il change de peau. Mais après cette opération, il a perdu sa sveltesse; c'est désormais un gros ver dodu dont les courtes pattes sont inutilisables. A lui maintenant les provisions accumulées par l'abeille; il les dévore jusqu'au bout, et atteint sa taille définitive. Alors se produisent l'emprisonnement dans le tonnelet et la série des phénomènes précédemment décrits.

Vous jugez quelle patience et quelle perspicacité il a fallu déployer pour arriver à toutes ces constatations. Elles sont déconcertantes; aussi au moment où elles furent faites, elles apparurent comme des prodiges de la vie des insectes; il était impossible de soupçonner que ces prodiges fussent susceptibles d'une explication naturelle. La stupéfaction qu'ils produisirent suscita de nouvelles recherches partout où il était possible de rencontrer des insectes parents des *Sitaris*. Valery-Mayet, Lichtenstein, Beauregard, Künckel d'Herculais en France; Riley, en Amérique, se mirent à l'œuvre, tandis que Fabre lui-même continuait ses recherches; les mylabres, les cantharides, les meloës et les autres insectes vésicants fournirent des résultats analogues. Nous dirons tout à l'heure quelle explication surgit de cette masse de travaux et à quelles applications pratiques ils ont conduit.

Déjà se trouvait posée une question d'ordre général que d'autres faits avaient incité J.-H. Fabre à envisager : celle de la nature de ces facultés des animaux, qui sont considérées comme tenant lieu chez eux de l'intelligence absente et qu'on a réunies sous la dénomination d'*instincts*. Comment les anthophores ont-elles imaginé d'abriter leurs larves qu'elles ne doivent pas connaître et de les approvisionner? Comment les femelles des *Sitaris* ont-elles été amenées à pondre à l'entrée des terriers des anthophores et à détourner au profit de leurs triongulins les provisions enfouies dans ces terriers qu'elles savent reconnaître et où elles n'ont jamais pénétré? Mais pour le moment l'attention de J.-H. Fabre est attirée vers d'autres sujets.

Les espèces d'abeilles sociales ou solitaires sont nombreuses, et il en est de même de celles des guêpes, plus variées encore dans leurs formes sveltes et allongées comme celles des ammophiles et des sphèges, ou lourdes comme celle de la guêpe commune, dans leurs teintes bariolées de noir, de brun, de jaune, de blanc ou de roux. C'est tout un monde qui s'offre à l'exploration du naturaliste. Abeilles et guêpes ont en commun le goût du domicile qu'elles creusent ou bâtissent de mille façons, chacune selon son espèce; elles ont aussi un amour de leur progéniture et une prévoyance qui les conduisent à amasser pour elle des provisions destinées à éviter aux larves toute peine. Mais tandis que les abeilles amassent pacifiquement du miel et du pollen, les guêpes font provision de gibier qu'elles dédaignent d'ailleurs le plus souvent pour elles-mêmes et qui consiste en araignées, grillons, sauterelles, mantes religieuses, buprestes, charançons, abeilles, mouches variées, chenilles, larves de cétoines ou même de ce géant des hannetons, l'Oryctès nasicorne, que les enfants appellent en certains pays le rhinocéros du tan, à cause de la corne que les mâles portent sur la tête. Comme pour les domiciles, chaque espèce a ses proies de prédilection, souvent indifférentes aux larves, mais que la mère ne change guère; chacune aussi a sa façon de faire. La guêpe commune nourrit ses jeunes au jour le jour, à l'aide de mouches qu'elle tue; mais la plupart des autres espèces approvisionnent leurs larves une fois pour toutes. Il faut donc que le gibier ne se décompose pas, et ce fut là une découverte, plus déconcertante que toute autre, ajoutée à tous les faits insoupçonnés avant lui, dont Fabre a émaillé l'histoire des abeilles et des guêpes : les guêpes qui approvisionnent les cellules de leurs larves ne tuent pas leurs proies ; elles les paralysent seulement, et elles obtiennent ce résultat en introduisant, avec leur aiguillon, leur venin dans la chaîne nerveuse ventrale qui sert de moelle épinière aux araignées et aux insectes. C'est déjà d'une belle ingéniosité pour une guêpe; mais il y a plus. La chaîne nerveuse des insectes est formée d'autant de petits centres nerveux que le corps présente d'anneaux ; ces centres sont reliés entre eux et au cerveau par une paire de cordons longitudinaux ; chaque centre régit les mouvements de l'anneau auquel il correspond, et le cerveau coordonne le tout. Les cordons qui unissent les centres moteurs se raccourcissent souvent, si bien que ces centres peuvent arriver à ne former qu'une chaîne très courte et même à se réunir en une seule masse ; c'est ce qu'on observe chez les araignées, les larves des cétoines et des oryctès, les buprestes, les charançons, etc. Les diverses espèces de guêpes approprient leurs coups d'aiguillon à la structure du système nerveux de leur proie. Quand les centres nerveux demeurent logés dans leur segment, profitant de la mollesse de la peau dans l'intervalle des segments, elles enfoncent leur aiguillon successivement dans tous les centres ; c'est ainsi que l'ammophile hérissée immobilise ses chenilles. Quand les ganglions sont réunis en une seule masse, elles s'adressent à cette masse qu'elles paralysent d'un seul coup d'aiguillon, comme le font les plus belles de nos guêpes, les grandes et robustes scolies, pour les larves de cétoines qu'elles vont déterrer au pied des fourmilières ; il faut trois coups d'aiguillon au sphège à ailes jaunes pour immobiliser les grillons qu'il recherche de préférence. L'eumène d'Amédée, comme l'ammophile hérissée, s'adresse à des chenilles ; mais les pattes de ces chenilles, dites arpenteuses, sont réparties en deux groupes, l'un antérieur, l'autre tout à fait postérieur ; l'eumène, approprie encore ses opérations chirurgicales à cette disposition ; il paralyse seulement les pattes de devant, les postérieures étant inoffensives. Qui donc a enseigné l'anatomie à ces humbles guêpes? Qui donc leur a donné des leçons sur la décomposition des corps après la mort, la toxicité pour les larves des produits de cette décomposition, et les moyens d'éviter qu'elle se produise?

Tout cela est sans doute fort mystérieux ; l'homme qui a découvert ces bizarres pratiques aurait fait un Sherlock Holmes de premier ordre. Mais les insectes, c'est bien menu ! Que n'a-t-il, dira-t-on, employé ses merveilleuses facultés d'observation et de patience à de plus vastes sujets ? Eh bien ! nous l'avons vu, ses recherches ont arrêté Darwin ; elles ont failli faire tourner court la grandiose théorie de l'évolution ; tout dans l'histoire des instincts des insectes, dans les faits incontestables découverts par Fabre, et qui paraissent inexplicables par le seul jeu des forces naturelles, ramenait à l'hypothèse d'une création surnaturelle par à-coups, au finalisme d'Aristote et de Cuvier et semblait devoir arrêter toutes les tentatives d'explication. Sans doute Fabre a mis une certaine coquetterie à le faire remarquer ; ce n'est pas sans ironie qu'il montre combien les menus faits qu'il découvre mettent de grains de sable dans les rouages de la grande machine à qui l'on attribue aujourd'hui la construction successive des formes vivantes ; mais les faits précis, incontestables qu'il dénonce posent des problèmes qu'il faut résoudre ; on s'y est appliqué, et les travaux qu'ils ont suscités ont permis à la science d'étendre ses ailes sur des domaines qui pouvaient sembler lui être interdits à jamais.

Ce n'est pas tout. J.-H. Fabre aborde lui aussi les grands problèmes. La naissance précoce des anthophores mâles qu'il a remarquée au cours de ses études sur les hypermétamorphoses est-elle un fait isolé ? Il reprend l'histoire des autres abeilles solitaires, des osmies notamment, qui aménagent, pour pondre, les cavités qu'elles trouvent toutes faites et jusqu'aux coquilles vides d'escargots, et partout il constate une même loi : les pontes des diverses espèces d'abeilles se font généralement en deux séries : la première série ne donne que des femelles, la seconde que des mâles, et voilà le problème des sexes que nous étudierons plus tard, posé tout à fait indépendamment des observations faites par Dzierzon sur les abeilles domestiques. A quoi tient cette répartition des sexes ? Fabre constate d'abord qu'il y a une relation entre la grandeur des cellules où pondent les abeilles solitaires, la quantité des provisions qui y sont contenues et le sexe. Il étend cette dernière observation aux guêpes, et dès lors, par une série d'expériences des mieux conduites, il établit qu'il n'y a aucun rapport entre la grandeur de l'espace où la quantité de la nourriture fournie aux larves et le sexe qu'elles présentent à l'état adulte. Puis il découvre une autre loi. Ces facteurs influencent la taille des larves au point qu'on obtient ainsi à volonté des femelles naines ou des mâles géants. Mais il y a plus : les femelles qui ne creusent pas ou ne construisent pas elles-mêmes les abris de leurs larves savent proportionner les provisions qu'elles accumulent à la grandeur des cavités dont elles disposent, et pondent, suivant que la cavité peut être bien ou mal approvisionnée, des œufs produisant des mâles ou des femelles. Le sexe des œufs ne semble donc pas déterminé dans l'ovaire ; il serait à la disposition des femelles et déterminé seulement au moment de la ponte. L'importance générale de cette proposition, et de celle qui est relative aux rapports de la taille et de l'alimentation n'échappera à personne ; ce sont des portes largement ouvertes sur l'avenir.

Depuis, Dzierzon a démontré, ou à peu près, que les œufs non fécondés des abeilles donnent des mâles ; on peut expliquer le fait que les premiers œufs pondus par les osmies sont femelles et les autres mâles par l'épuisement de la provision des éléments mâles mis en réserve, au moment de l'accouplement, dans une poche que comporte l'appareil reproducteur de toutes les abeilles, de toutes les guêpes et de beaucoup d'autres animaux. Mais il y a des osmies qui font des pontes par séries dont les premiers œufs sont femelles les autres mâles, sans nouvel accouplement entre les séries qui peuvent même ne comprendre que deux œufs ; ce sont là de beaux problèmes posés, et ceux qui les résoudront, comme ceux qui ont proposé des solutions au grand mystère de l'instinct, s'ils en tirent quelque gloire, la devront au génial observateur de Sérignan.

On sait comment Fabre enchaînait les observations et s'élevait par elles jusqu'aux sommets les plus ardus ; on a lu précédemment ses attachantes études de détail sur les mœurs des araignées, des scorpions et d'une foule d'insectes, témoignant d'un labeur immense et d'une inlassable activité.

Sans doute les hommes qui n'estiment que les faits, et n'apprécient que ceux qui les présentent dans une absolue nudité peuvent reprocher à Fabre de ne pas avoir séparé ses innombrables découvertes des émotions qu'elles lui ont fait éprouver, et d'avoir conté avec le même entrain les unes et les autres ; mais la poésie, faite d'émotion, et la réalité s'unissent étroitement dans les plus nobles esprits. Qui sait si Mistral eût été poète si Mireille, quel que fût son vrai nom, n'avait pas vécu ?

CHAPITRE XVI

Le sens de l'orientation.

Résumé. — Difficulté du problème. — Le sens de la direction chez les mollusques et les fourmis. — Les chemins des fourmis; le retour au nid. — Le sens de l'orientation chez les pigeons voyageurs.

Il faut bien le reconnaître, l'interprétation des actes des animaux est chose infiniment délicate et, au cas où il leur aurait prêté un peu de lui-même, Fabre aurait été bien excusable.

Quand on cherche une approbation de sa conduite, on dit souvent à ses amis : « A ma place, qu'auriez-vous pensé, qu'auriez-vous dit, qu'auriez-vous fait ? » On les met alors invariablement dans le plus grand embarras parce que rien n'est plus difficile que de substituer sa conscience à celle d'un autre. La difficulté est bien plus grande encore quand il s'agit de déterminer les causes des agissements d'un être qui n'a pas les mêmes organes que nous, n'éprouve pas les mêmes sensations et n'a pas hérité de ses parents de la même provision de ces conclusions de vieilles expériences que l'on appelle, suivant qu'il s'agit de l'homme ou des animaux, des idées innées ou des instincts. Pour peu qu'on observe les plus vulgaires de ces derniers on s'aperçoit bien vite que leur petite âme est close pour nous; nous ne parvenons à la pénétrer qu'après d'innombrables efforts, des ruses multipliées, des observations mille fois répétées. Elle est faite d'une multitude de compartiments qu'il faut ouvrir un à un, et chaque compartiment est fermé par une serrure à secret dont il est tout d'abord nécessaire de fabriquer la clef.

Les mêmes compartiments se rencontrent, à la vérité, chez les animaux les plus divers; c'est ainsi que beaucoup d'entre eux savent retrouver leur chemin dans des conditions qui nous paraissent des plus mystérieuses.

Des pigeons voyageurs que l'on expédie en chemin de fer, après les avoir endormis au chloroforme, très loin de leur pigeonnier y retournent tout droit, dès qu'on les lâche ; on a vu des chats emportés dans un panier loin de la maison où ils avaient été élevés y revenir en ligne directe et se risquer, pour cela, dans des marécages bourbeux, malgré leur horreur native de l'eau ; on m'a conté qu'une chevrette apprivoisée s'enfuit un beau jour de printemps dans la forêt voisine, s'y choisit un époux et revint au bout de quelques mois dans son ancienne maison, accompagnée de deux faons qu'elle y installa confortablement avec elle, et recommença plusieurs années de suite la même opération ; des mollusques marins voisins des escargots, les Patelles, les Siphonaires, les Calyptrées, savent retrouver le trou qui leur sert d'habitation, la ponte qu'ils ont déposée sous une algue ou attachée à un rocher. Au contraire, on peut voir, après une averse de nuit qui a amolli le sol d'une allée, de longues traces légèrement sinueuses; elles marquent le chemin parcouru par des vers de terre qui ont pendant la nuit quitté leur galerie. Aucune de ces traces ne revient à l'orifice de celle-ci. Là s'arrête par conséquent ce sens du retour, étonnamment développé, par contre, chez nombre d'insectes, en particulier chez les abeilles, les guêpes et les fourmis.

Un ingénieur civil, habile observateur, M. V. Cornetz, en a fait une étude des plus patientes chez les fourmis; le récit de ses observations tient tout un volume et c'est un véritable roman d'aventures. Les fourmis en ont déjà inspiré plus d'un; ce sont des romans véridiques où il n'est conté que des choses arrivées, bien qu'elles demeurent inintelligibles, ce qui est le propre des merveilles auxquelles tous les romans doivent leur charme. Ces menues bestioles ne savent pas seulement se créer un domicile; elles forment des sociétés dans lesquelles elles se prêtent un mutuel appui, des sociétés où il n'est besoin ni de grève ni de syndicats pour obtenir la paix sociale, parce que chacun fait tranquillement son devoir, et se sacrifie toujours sans hésitation au bien commun. Elles ont des métiers, et chaque espèce les exerce à sa façon; les unes maraudent aux alentours de leur ville, rapportant indistinctement tout ce qu'elles trouvent; d'autres récoltent et emmagasinent des graines; quelques-unes savent même cultiver des champs, tandis que d'audacieuses guerrières réduisent en esclavage, à la prussienne, des congénères plus faibles et les obligent à travailler à leur profit. Tous ces métiers, quels qu'ils soient, obligent les fourmis ouvrières à quitter leur demeure, à s'en éloigner jusqu'à des distances considérables. Comment, pour y revenir, retrouvent-elles leur chemin?

On dira : Nous retrouvons bien le nôtre. Mais nous ne sommes pas des fourmis. Nous avons des yeux qui nous permettent de noter les détails de la route, une mémoire qui sait les retenir, et nous n'avons qu'à prendre le contre-pied, comme on dit, de l'aller pour assurer le retour. Or, les yeux des insectes sont très mal faits pour apprécier les détails, et d'assez nombreuses espèces de fourmis sont même complètement aveugles; elles reconnaissent cependant leur route aussi bien que les autres; il faut donc chercher ailleurs. Des observateurs comme Lubbock,

Wasmann, H. Fabre, J. Turner, Forel, Bethe, Henri Piéron se sont appliqués à noter soigneusement tous les détails des courses d'une fourmi, à semer d'obstacles sa route, à déranger les points de repère qu'elle pouvait fournir, de manière à tirer quelques conclusions nettes de la façon dont se comporte le petit animal lorsqu'on le met en présence de quelque imprévu. Chacun, il faut bien le dire, a vu les choses à sa façon, et les explications hypothétiques ont naturellement varié avec la façon de voir. Lubbock[1], qui portait à la fin de sa vie le titre de lord Avebury, concluait de ses observations que les fourmis se laissaient surtout guider par la direction des rayons lumineux; Bethe[2] qu'elles se servaient principalement de leur odorat, qui est très fin, et retournaient chez elles, comme les chiens de chasse, en suivant la piste de leurs compagnes ou leur propre piste; Turner[3] les considérait comme des maladroites rentrant à leur domicile au petit bonheur, reconnaissant son voisinage seulement à quelques points de repère; Henri Piéron[4] était, d'autre part, conduit à leur attribuer une sorte de mémoire des mouvements accomplis, leur permettant de les répéter en sens inverse quand commençait le retour, ce qui fatalement devait les ramener au nid ou dans son voisinage; il pensait d'ailleurs qu'elles pouvaient rectifier leur route en s'aidant, comme nous le faisons nous-mêmes, de toutes les indications que, dans leur trajet d'aller, avaient pu leur fournir leur odorat, leur vue, les obstacles mêmes qui leur avaient imposé un surcroît d'efforts.

Durant une villégiature de deux mois à Aïn-Taya,

1. *Fourmis, abeilles et guêpes*, 2 volumes. Alcan.
2. Devons-nous attribuer aux abeilles et aux fourmis des facultés psychiques? *Archives de physiologie*, 1898.
3. *Journal de la névrologie comparative*, 1907.
4. *L'Évolution de la mémoire*. E. Flammarion, 1910.

en Algérie, en septembre et octobre, M. Cornetz s'est efforcé, par des observations ou des expériences multipliées, de faire un choix entre ces diverses théories ou d'en découvrir une plus satisfaisante s'il était possible; il ne s'est pas flatté d'avoir résolu le problème; il a exposé simplement ce qu'il a vu, et ne cherche, pour le moment, à en tirer que les conclusions les plus immédiates.

Tout d'abord M. Cornetz constate que si les fourmis reviennent à leur nid par un trajet analogue à celui qu'elles ont suivi pour s'en éloigner, les deux trajets ne se superposent jamais exactement. L'excursion d'une fourmi peut aboutir à un point fixe déterminé par la présence d'un centre d'approvisionnement, celui que fournit, par exemple, une boule de platane écrasée, ou bien à un champ d'exploration dans lequel l'insecte semble quêter en tous sens et accomplit une infinité de tours et de détours entrecroisés, à la recherche de sa provende. Dans le premier cas, il revient par un chemin assez direct, mais comme il est chargé, les difficultés qu'il rencontre ne sont plus les mêmes, et il oscille, en quelque sorte, autour de son trajet primitif, décrivant une trajectoire beaucoup plus sinueuse, s'écartant alternativement à droite et à gauche, mais jamais beaucoup, de la direction du nid. Dans le second cas, la complication de ses allées et venues dans le champ qu'il a exploré n'a nullement altéré chez lui la notion de la position de son nid; au bout d'un certain temps, il en reprend le chemin et y revient; non sans s'être livré en route à un plus ou moins grand nombre de capricieux écarts.

Chez les fourmis douées de bons yeux, les lignes de retour sont beaucoup plus sinueuses, les écarts plus considérables que chez les autres; l'animal cède davantage aux sollicitations, aux caprices, si l'on veut, qui le distrayent de sa route; il semble craindre beaucoup moins de s'en écarter ; il est donc bien probable qu'il use des renseignements que sa vue lui fournit, comme aussi, s'il appartient à une espèce douée d'un odorat subtil, il use des renseignements qu'il peut tirer de ce sens. Les espèces à course rapide arrivent à suivre des trajets polygonaux de vaste étendue, sans perdre la notion de la position de leur nid ; elles y reviennent toujours quand elles sont abandonnées à elles-mêmes.

Chose remarquable : une fourmi chargée ne se comporte nullement comme une fourmi en quête. Tous ses efforts tendent à un prompt retour vers le nid : « Une fourmi qui cherche activement, dit M. Cornetz, donne l'impression de quelqu'un d'éveillé, d'assez leste, d'un être susceptible d'actes variés en cas d'attaque, mais une fois chargée elle fait l'effet d'une mécanique, d'un automate ». Les chasseurs heureux se comportent à peu près de même quand leur gibecière leur paraît suffisamment garnie ; eux aussi reviennent au logis automatiquement, pour ainsi dire, par les chemins battus, et ils suivent d'ordinaire les plus courts. Si on arrêtait là l'observation, elle semblerait dénuée de tout intérêt. Mais tout change si l'on intervient.

Dans leurs allées et venues, les fourmis suivent si étroitement certains trajets qu'elles dessinent de véritables routes débarrassées d'herbes et de grains de sable. Naturellement, dès qu'une fourmi chargée rencontre une route de ce genre, elle s'y engage et avance rapidement. Si on l'écarte alors de ce chemin en saisissant avec une pince le fardeau qu'elle porte et, en l'entraînant avec lui pour la poser à quelque distance, quelle que soit la position où on l'abandonne, on la voit s'orienter « comme le ferait une boussole » et suivre un chemin exactement parallèle à celui qu'on l'a forcée de quitter.

M. Piéron avait constaté que, dans ce cas, la

fourmi accomplissait un trajet à peu près d'égale longueur à celui qui dans la route première aurait dû la conduire au nid et que, ce trajet accompli, ne trouvant plus la porte de son domicile elle s'arrêtait interdite et se mettait à errer en tous sens. Il avait été, par suite, conduit à supposer que la fourmi avait, en quelque sorte, le souvenir de la quantité de mouvement accomplie pour s'éloigner du nid, et qu'elle se bornait, au retour, à accomplir cette tâche. Si elle était dans le bon chemin, tout allait bien ; si, pour une cause ou une autre elle en était sortie, elle ne revenait plus à son domicile que par hasard.

Pour M. Cornetz, cette « mémoire musculaire » ou « mémoire de l'effort accompli » n'est pas la seule faculté que possèdent les fourmis. A toutes les facultés de mémoire auxquelles nous avons fait appel, avec M. Piéron, du reste (mémoire visuelle, mémoire olfactive, mémoire tactile, mémoire musculaire), s'ajoutent chez les fourmis deux facultés très nettes : 1° un sens de la direction générale qui les fait s'orienter vers le lieu d'où elles sont parties, même lorsqu'elles en ont été éloignées contre leur volonté par un coup de vent ou par un procédé mécanique quelconque qui leur soit étranger ; 2° un sens des déviations angulaires qui, lorsqu'elles se sont écartées de leur direction suivant un angle déterminé, les y fait revenir par une ligne formant avec elle un angle compensateur, inverse du premier.

Pour ce qui est du premier de ces sens, M. le Dr Camille Viguier, professeur à l'Université d'Alger, en a depuis longtemps signalé l'existence, au cours de recherches sur la faculté d'orientation des pigeons voyageurs. « Ces animaux s'orientent, disait-il, comme s'ils portaient en eux une boussole. » Le commandant Raynaud, qui a dirigé avec tant d'habileté les colombiers militaires, rendus inutiles aujourd'hui par la télégraphie sans fil, avait, de son côté, constaté que ses pigeons possédaient les deux facultés réclamées aujourd'hui pour les fourmis par M. Cornetz. Revenir au colombier après un voyage en chemin de fer ou en voiture à une distance et dans une direction quelconques était pour eux un jeu courant. Par quelle voie aérienne y revenaient-ils? Une intéressante expérience semble indiquer que c'était en vertu de ce sens de la déviation angulaire utilisé un peu autrement, il est vrai, que lorsqu'il s'agit de maintenir une direction générale tout en décrivant une ligne brisée non parcourue déjà.

Il fit transporter en chemin de fer, de Rennes au Havre, un pigeon voyageur. Ce pigeon fut ensuite embarqué à bord d'un paquebot en partance pour New-York et lâché aux îles Scilly ; il revint d'abord au Havre où il fut capturé, puis relâché ; il rentra ensuite, au vol, à Rennes. Là, aucune mémoire musculaire n'intervient, mais deux facultés apparaissent avec évidence, celle de s'orienter et celle d'apprécier les changements de direction. Le pigeon avait suivi au retour exactement la route, inconnue de lui d'ailleurs, qu'il avait suivie à l'aller. Il était revenu conformément à ce que le commandant Raynaud a appelé la loi du contre-pied.

Le commandant avait essayé d'obtenir davantage de ses pigeons. Leur colombier n'était autre chose qu'une voiture dans laquelle ils voyageaient. Leur maître espérait leur apprendre à retrouver la voiture en marche en quelque point qu'ils fussent lâchés. Il fit, un jour, un peu pour moi, l'expérience suivante : son pigeonnier fut conduit à Blois, laissant en arrière des pigeons qui furent lâchés à Tours ; ces pigeons, spécialement entraînés d'ailleurs, regagnèrent à Blois, où ils n'étaient jamais venus, leur pigeonnier mobile. Ici, plus de contre-pied ni d'orientation ; toute explication fait, pour le moment, défaut. Heureusement pour les théoriciens, l'expérience ne réussissait pas toujours.

Il ne faudrait pas croire que la faculté d'orientation fût aussi étrangère à l'homme qu'on pourrait, au premier abord, le supposer. Nous avons, dans nos villes et dans nos campagnes si cultivées, tant de moyens artificiels de retrouver notre chemin, sans même le semer de cailloux blancs, comme le Petit Poucet, que nous n'usons plus guère de nos facultés instinctives et que nous ne remarquons pas les occasions dans lesquelles nous les utilisons encore. Mais, dans les contrées où il n'existe aucun point de repère, ces facultés s'exaltent, au moins chez certains individus, d'une façon miraculeuse. Tout le monde a entendu dire qu'elles étaient extraordinairement développées chez les Peaux-Rouges quand ils étaient encore sauvages et que même elles étaient sujettes à des éclipses qui terrifiaient les malheureux ainsi « désorientés » subitement. M. Cornetz en cite des exemples plus près de nous et plus exactement observés.

Dans son exploration du Gourara, dans la région saharienne, M. Flamand a vu, dans une plaine de sable sans fin, un guide prendre la direction d'un lieu déterminé, invisible, et maintenir sa marche vers lui pendant plusieurs heures sans s'écarter à droite ou à gauche de plus de trois degrés. Le guide de M. Cornetz lui-même pouvait aussi maintenir sa direction, sans aucun repère, pendant plus de 30 kilomètres, s'éloigner en faisant de nombreux crochets à la poursuite des gazelles, revenir sur ses pas, retrouver ses chameaux, camper, dormir et, à son réveil, tout étant désespérément uniforme autour de lui, retrouver instinctivement sa direction, sans réfléchir, sans regarder le soleil, et cet homme ne mesurait la distance que par journée de caravane, n'avait aucune notion de la durée du temps et n'avait jamais pu comprendre ce que c'était qu'une heure. Ce Saharien se comportait, au point de vue de l'orientation, comme une fourmi.

Les routes du ciel sont ouvertes. Dirigeables et aéroplanes les sillonnent en tous sens. Là non plus, quand on est assez haut, quand les nuages viennent masquer la Terre, il n'y a plus de repère. Peut-être verrons-nous renaître chez nos futurs navigateurs aériens ces facultés précieuses d'orientation qui persistent encore à un degré rudimentaire chez nos marins, qui étaient certainement très développées chez nos ancêtres de l'âge de pierre, que nous avons perdues faute de les cultiver, mais dont nous portons encore des germes qu'il n'est pas impossible de ranimer. Toutefois, comme ils ont la boussole, des cartes, des montres et la notion exacte de leur vitesse, pour se diriger, il est douteux qu'ils s'y appliquent.

Il serait intéressant, en attendant, d'étendre les recherches faites sur les fourmis aux termites, qui ont les mêmes instincts de sociabilité et qui voyagent, comme elles, à pied.

CHAPITRE XVII

La vie sociale chez les Termites; nos côtes sud-ouest menacées.

Résumé. — Les termites du Bordelais. — Leurs mœurs. — Les termites de Ceylan. — Recherches de MM. Bugnion et Popoff. Les sexes à volonté.

Les termites sont entrés, à la fin du second Empire, dans la littérature politique. Aux abeilles d'or, symboles du travail fructueux, qui parsemaient le velours du manteau impérial et le papier peint des cours d'assises, à ces abeilles laborieuses, mais armées tout de même d'un aiguillon vengeur, que Victor Hugo conviait à chasser celui qu'il appelait « le tyran »

— Et qu'il soit chassé par les mouches
Puisque les hommes en ont peur... —

un journaliste de talent, comme la presse libérale en comptait tant à cette époque, avait opposé, dans un article retentissant, l'insecte ravageur par excellence, l'insecte perfide qui travaille silencieusement dans l'ombre, ronge sans répit, sans jamais se montrer, en leur laissant tout l'aspect extérieur de la solidité, les charpentes les plus robustes jusqu'à ce qu'elles s'effondrent brusquement, d'un seul coup, ne laissant à leur place qu'un épais nuage de poussière. « Prenez garde ! disait-il à l'empereur. Sous les lames d'or et le lampas cramoisi de votre trône, le termite creuse sans relâche ses galeries; la dorure et les soyeuses draperies ne recouvrent plus du cœur de chêne, mais une fragile dentelle qui s'émiettera au premier choc. » Le journaliste était prophète; mais il y a des termites partout, et l'on peut craindre parfois que la troisième République n'en ait élevé, de ses mains libérales et généreuses, de très sérieuses colonies.

Quoi qu'il en soit, les prototypes réels de ces êtres métaphoriques recommencent à faire parler d'eux, non pas dans nos lointaines colonies, mais à deux pas de nous, dans notre belle France même, dans la Charente-Inférieure tout bonnement et dans les départements limitrophes. Deux naturalistes de la Faculté des sciences de Bordeaux, M. J. Chaine et M. Feytcau, signalent non sans inquiétude l'étendue de leurs ravages et travaille à les limiter dans la mesure du possible[1].

La question n'est pas neuve; mais on s'est endormi sur elle, comme sur tant d'autres, et voici qu'aujourd'hui ce ne sont pas seulement les charpentes qui sont envahies, ce sont les bois sur pied et jusqu'aux menues plantes d'ornement, jusqu'aux herbes. Si l'on n'y prend garde, plusieurs départements de l'Ouest sont menacés de perdre toutes leurs plantations.

Tout le monde a lu des récits de voyages dans les régions chaudes de l'Afrique, de l'Amérique du Sud, de l'Australie où l'illustration représente les monticules hauts de cinq à huit mètres que construisent les termites de ces pays, avec de la terre humectée de leur salive, et qui sont assez solides pour supporter un buffle. Ce sont les équivalents monstrueux des grandes fourmilières que construit dans nos bois la fourmi rousse avec de la terre et des brindilles. Il n'y a que certaines espèces de termites qui élèvent de pareils édifices, tels le termite guerrier d'Afrique

[1]. Comptes rendus de la Société de biologie, vol. LXVIII, pp. 328, 486, 849, 1087; vol. LXIX; p. 416.

étudié par Smeathman et Savage ; le termite de Lespès, d'Amérique ; le termite mordeur d'Australie. La plupart des autres termites sont essentiellement des mineurs qui creusent sans arrêt tantôt le sol, tantôt le bois. Ils s'attaquent même parfois à toutes les substances animales ou végétales et sont devenus, suivant l'expression de Linné, « le plus grand fléau de l'Inde ».

C'est à ce groupe des mineurs qu'appartiennent les deux espèces de termites qui vivent en Europe, le termite à cou jaune (*Calotermes flavicollis*), qui attaque les oliviers en Sardaigne, en Espagne et en Provence, et le termite lucifuge (*Leucotermes lucifugus*), qui exerce ses ravages dans les Landes et la Saintonge. Le termite lucifuge est demeuré longtemps ignoré ; sans doute habita-t-il d'abord seulement la campagne où ses ravages parmi les plantations passaient inaperçus. C'est seulement en 1797, d'après Bobe Moreau qui les a étudiés pendant près de cinquante ans dans la Charente-Inférieure, qu'en démolissant, à Rochefort, une maison demeurée longtemps inhabitée, rue Royale, on s'aperçut que la plus grande partie des bois de charpente, des meubles et de ce qu'ils contenaient avait été détruite par un insecte que l'on croyait importé par les navires, mais qui était probablement indigène. Les maisons voisines furent bientôt envahies, et l'on ne tarda pas à constater de grands dégâts dans les ateliers et magasins de la marine ; Saintes, Tonnay-Charente, Marennes, La Rochelle ont été envahis depuis cette époque. A La Rochelle, c'est surtout à l'arsenal et à la préfecture que ces menus « saboteurs » se sont installés.

Leur travail de destruction s'accomplit entièrement dans l'ombre ; on ne les voit jamais. Ils cheminent dans les poutres, passent dans les planchers, les percent ; s'ils rencontrent le pied d'une table, d'une armoire, d'une commode, d'un meuble de bois quelconque, ils remontent à son intérieur, se répandent dans la table, s'engagent dans les piles de livres ou de papiers qui peuvent se trouver dessus, les perforent dans toute leur épaisseur, en respectant religieusement les surfaces libres. Les meubles, les objets envahis conservent entièrement leur aspect habituel, jusqu'au moment où un choc accidentel les fait écrouler. Les archives qui dorment si bien dans tant de bureaux sont particulièrement visitées par les termites, en raison de la tranquille sécurité qu'ils y trouvent; ils ont bientôt fait de les transformer en un véritable labyrinthe à leur usage.

Il y a quelques années, me trouvant à La Rochelle, j'exprimai le désir de voir des termites. « Des termites, Monsieur? me fut-il répondu presque partout, mais nous ne connaissons pas cela! »

Personne n'avait entendu parler de ces menus ravageurs. Un ami indiscret m'expliqua que l'on n'avouait jamais l'existence des termites dans une maison particulière. C'est un ennemi national dont on ne doit pas parler. Je me fis pressant; on me conseilla, si j'en voulais voir, de m'adresser à la préfecture; le préfet étant fonctionnaire n'a pas de maison à louer; il peut confesser des choses qu'un simple particulier doit pratiquement s'efforcer de taire. La préfecture, depuis l'origine, est en effet demeurée la terre promise des termites. Ils y sont établis partout, et le préfet ne saurait avoir pour eux aucun secret; ils digèrent, quand il dîne, les lambris de sa salle à manger, qu'il faut renouveler tous les trois ans; ils dévorent ses archives, et labourent dans son jardin le cœur même de ses géraniums. Le préfet voulut bien me donner, comme échantillon, un morceau d'une pile de registres dont ils avaient respecté le dos, les tranches et le plat supérieur; aucune découpure de puzzle n'est aussi compliquée que les fantaisistes arabesques limitant les galeries qu'ils avaient impudemment pratiquées dans ce monument paisible du labeur bureaucratique. Dans le jardin, je coupai quelques branches de géranium ; la moelle de chacune d'elles était remplacée par une file de termites si pressés les uns contre les autres qu'ils devaient avoir bien de la peine à revenir en arrière pour rentrer au nid.

Notre termite national est peu difficile sur le choix des plantes vivantes qu'il attaque : les ormeaux, les acacias, les frênes, les marronniers, les peupliers lui sont également bons. Dans une localité de la Charente-Inférieure qu'il a particulièrement étudiée, en 1908, M. Chaine a constaté qu'un cinquième de ces arbres étaient atteints ; jusqu'à présent, les tilleuls, les érables, les platanes semblent avoir été respectés ; mais on ne voit pas bien pourquoi, et il est infiniment probable qu'il ne s'agit pas ici d'une immunité mais d'un heureux accident. Ailleurs, en effet, les arbres fruitiers ne sont pas plus indemnes que les autres : les poiriers, les pommiers, les cerisiers, les châtaigniers, les figuiers, la vigne succombent en nombre sous les mandibules du vorace insecte, qui a également attaqué l'aubépine, les lilas, les lauriers-roses, le jasmin du Japon et surtout les rosiers. Il se contente même des herbes, et s'il préfère les géraniums, sans doute à cause de leur moelle abondante, il s'adresse aussi aux héliotropes, aux œillets, aux giroflées, aux anthémis, aux bégonias, aux balisiers, aux céréales, ronge même les tubercules ou les racines des dahlias, des carottes, voire la tige des choux et des artichauts, qu'il vide presque entièrement ; il ne néglige pas non plus les fruits.

Nous sommes donc en présence d'un destructeur universel de toutes les cultures d'autant plus dangereux que le mal n'apparaît que lorsqu'il est irrémédiable. Un arbre atteint peut présenter longtemps toutes les apparences de la vigueur ; le bois est, en effet, une substance morte qui soutient la plante, mais n'est pas indispensable à sa vie ; le tronc d'un châtaignier peut être presque entièrement évidé sans que l'arbre cesse de produire de belles récoltes; mais on lui demande surtout des châtaignes, et le dommage est autrement grand lorsqu'il s'agit d'arbres qu'on ne cultive que pour leur bois, que l'on croit sains et qu'on a la douloureuse surprise de trouver perforés en tous sens, presque réduits à leur écorce au moment de les exploiter.

Les termites ne demeurent pas toujours à l'intérieur des troncs ; assez souvent ils percent l'écorce et cheminent au dehors ; mais aussi bien sur le tronc des arbres que sur la surface des meubles ou sur les murs des maisons, ils ne voyagent jamais que tout à fait à couvert, dans des tunnels de la grosseur d'une plume d'oie, qu'ils construisent à mesure qu'ils avancent et qui sont faits de leurs excréments. Cette singulière matière première, à laquelle conviendrait peut-être mieux le nom de matière ultime, joue d'ailleurs un grand rôle dans l'industrie des termites; ils en tapissent scrupuleusement, comme d'une sorte de ripolin, toutes les parois libres de leur habitation. Ne leur en faisons pas un trop grand grief : les habitants de l'île de Batz, en face de Roscoff, ne revêtent-ils pas leurs maisons de bouse de vache qui sèche en été et qui devient en hiver leur combustible habituel?

Les galeries externes des termites sont assez difficiles à reconnaître parce qu'elles ont la même teinte que l'écorce. M. Chaine s'est attaché à rechercher les symptômes auxquels on peut distinguer un arbre atteint, afin de préserver les autres si cela est possible. Sur les arbres définitivement perdus, les feuilles jaunissent, se flétrissent rameau par rameau et se dessèchent; les fruits se ratatinent et tombent avant d'être mûrs, et l'arbre meurt au bout de deux ou trois ans, souvent dans l'année même où les feuilles et les fruits ont présenté, pour la première fois, cette éphémère durée. Quelquefois l'arbre se rompt d'ailleurs brusquement avant d'avoir présenté aucun signe de maladie.

Jusqu'ici tout ce qu'on a essayé — et l'on a presque tout essayé — contre les termites est demeuré impuissant. Aussi M. Chaine cherche-t-il actuellement à prévenir plutôt qu'à arrêter l'envahissement de ces animaux; il semble qu'il touche au but.

L'envahissement des plantes, quelles qu'elles soient, commence toujours par les parties souterraines ou par les parties de l'écorce voisines du sol ; les branches mortes, les blessures favorisent l'invasion. Des observations multipliées sur la façon dont elle se produit conduiront vraisemblablement à la découverte d'un moyen efficace de défense. Il faut s'en préoccuper très sérieusement. Le climat de la Saintonge n'est pas tellement différent du climat moyen de la France qu'il n'y ait lieu de redouter l'extension d'un mal qui, comme toutes les épidémies, cheminé d'abord sourdement sans qu'on y prenne garde, puis tout à coup prend de désastreuses proportions partout où il a couvé. Ne recommençons pas l'aventure du phylloxera ; veillons quand il en est encore temps.

Les psychologues regretteront peut-être cette guerre aux termites; il est en effet peu d'insectes plus intéressants. D'abord ils remontent à une haute antiquité; des animaux analogues mais vivant solitaires comptent, avec les scorpions, les éphémères, les libellules, les cancrelats, les phasmes, parmi les plus anciens animaux terrestres que les paléontologistes aient découverts ; quelques-uns de leurs ancêtres semblent avoir eu six ailes, dont on retrouve un reste même chez les larves d'une espèce actuelle (*Arrhinotermes flavus*), au lieu de quatre, comme c'est le cas des insectes actuels ; enfin et surtout ils égalent probablement en intelligence les fourmis elles-mêmes.

Comme elles, ils vivent en sociétés nombreuses, et dans ces sociétés, il y a une reine, un roi, des soldats, des sujets. Seuls le roi et la reine ont des ailes, et encore pendant leur jeunesse seulement; les soldats et les ouvriers en sont dépourvus. La jeune reine est un insecte svelte, agile, qui peut atteindre, chez les termites belliqueux, la plus grande espèce connue jusqu'à 18 millimètres de long et 50 millimètres d'envergure; les rois sont un peu plus petits; les soldats ne dépassent pas 10 millimètres de long; les ouvriers n'arrivent qu'à la moitié de cette taille. Les soldats ont pour caractère distinctif l'énormité de leur tête presque aussi grande que le reste du corps et armée de longues mandibules qu'ils ouvrent, menaçantes, à la moindre alerte. Ils sont d'ailleurs, dans leur attitude de combat, plus grotesques que dangereux; en effet, ils n'ont pas d'yeux et ne possèdent aucun venin. Chez quelques espèces[1] récemment étudiées à Ceylan par MM. Bugnion et Popoff, la colère fait seulement sourdre sur leur tête une gouttelette d'un liquide qui se coagule à la façon du caoutchouc, mais qui n'est terrible que pour les fourmis.

Les ouvriers et les soldats ont, comme les sujets du roi d'Yvetot, cent raisons, dont une seule suffit, au reste, de considérer leur roi comme leur père. Chaque colonie, si nombreuse soit-elle, a été entièrement engendrée par un seul roi et une seule reine qui habitent ensemble une vaste chambre d'où ils ne peuvent sortir et où ils sont de la part de leurs descendants l'objet de soins touchants. Mais depuis qu'ils ont accompli ensemble le vol unique et de faible durée qui a constitué leur fête nuptiale, le roi et la reine ont bien changé; tous deux ont perdu leurs ailes, et la gracieuse reine est devenue une énorme matrone dont l'abdomen opaque, jaunâtre, gonflé

1. *Coptotermes ceylonicus* et *Gestroi; Arrhinotermes flavus.*

d'œufs et marqué de fossettes régulièrement disposées, a tout à fait l'aspect et les dimensions des petites pommes de terre du printemps. Cette femelle obèse passe son temps à pondre ; mais elle y met un entrain vertigineux : un œuf par seconde, plus de quatre-vingt mille œufs en un jour ! Et cela, paraît-il, dure toute l'année ; dans ce laps de temps la reine pourrait se créer un peuple de près de trois millions de sujets. On juge par là de la rapidité avec laquelle les termites envahiraient un pays, s'il n'y avait parmi eux une mortalité énorme et si tous devenaient aptes à se reproduire.

Il n'en est heureusement pas ainsi. Des larves délicates, semblables à de petites fourmis blanches qui sortent des œufs, un premier groupe, déjà reconnaissable à la naissance, fournit les soldats, qui demeurent célibataires, et sont toujours stériles ; un second groupe fournit les individus sexués ; mais il y a relativement peu d'élus. Tous les individus de ce second groupe, à partir d'un certain âge, travaillent à la fois à la construction du nid, à l'alimentation de leurs cadets, à celle de la reine qu'ils entourent de prévenances, beaucoup moindres pour le roi. Ils se nourrissent de tout ce qu'ils trouvent, mais principalement de bois, qu'ils semblent avoir quelque peine à digérer.

D'après MM. Bugnion et Popoff[1], ils ont besoin d'être aidés dans cette opération par des infusoires dont leur intestin est rempli. Ces infusoires commencent à digérer le bois et sont ensuite digérés eux-mêmes par leur hôte avec tout ce qu'ils contiennent.

Dans cette société, qui se recommande aux méditations des socialistes, les adolescents travaillent seuls ; les jeunes enfants s'appliquent uniquement à grandir, et les adultes, dès qu'ils ont revêtu la robe de majo-

1. Bulletin de la Société zoologique de France, 15 décembre 1910, p. 113.

rité, ont déjà leur retraite; ils ne s'occupent plus que de se reproduire et se font nourrir par les ouvriers, c'est-à-dire par la jeunesse qui assume courageusement, vaillante et infatigable, toutes les charges.

Voilà un idéal propre à faire rêver les « hommes conscients », de l'avenir : être pouponné, allaité jusqu'à dix ans; travailler de dix à vingt; vivre à partir de vingt ans, défrayé de tout, dans le paradis de Mahomet, quel rêve! Et comme les « trois huit » et les retraites à quarante-cinq ans sont enfoncés!

D'ailleurs tous les ouvriers ne sont pas élevés au rang de chef de famille; il y a du déchet... heureusement! On ne sait pas encore à quoi tient cette injustice.

La question est liée sans doute à celle, plus générale, de la détermination des sexes, attaquée simultanément de divers côtés, et qui se lie elle-même, nous l'avons vu, à celle de la parthénogénèse pour les abeilles, les guêpes et les animaux voisins. Nous sommes ainsi conduits à les examiner l'une et l'autre.

CHAPITRE XVIII

La question des sexes.

Résumé. — La parthénogénèse naturelle et la parthénogénèse expérimentale. — Recherches de Lœb, Viguier, Delage, Bataillon. — Pourquoi la fécondation est nécessaire. — Causes déterminantes du sexe. — Parthénogénèse mâle. — Essais de détermination du sexe dans l'espèce humaine. — Caractères généraux et essentiels des sexes dans les deux règnes. — Le sexe et les sécrétions internes. — Les caractères sexuels secondaires. — Les changements de sexe chez les végétaux. — L'hermaphrodisme; ses causes.

Au moment où un peu partout, en Europe et en Amérique, un vent d'indépendance sinon de révolte souffle à travers tant de cervelles féminines, une petite armée de naturalistes s'évertue à démontrer que chez les animaux tout au moins, les mâles sont parfaitement superflus, et qu'il suffit, pour les remplacer, de faire subir aux œufs quelques préparations mécaniques, physiques ou chimiques, des plus simples d'ailleurs. Les œufs ainsi traités se mettent à évoluer sans avoir besoin d'aucune permission masculine. Rien ne saurait être plus humiliant pour l'amour-propre du sexe fort, plus réconfortant pour les ambitions des suffragettes et autres « féministes » que l'on appelle du reste bien improprement ainsi puisque leur rêve le plus cher est de supplanter les hommes. Aussi Camille Saint-Saëns, l'illustre auteur de *Samson et Dalila*, trouve-t-il plus juste de les appeler des « hominisles. »

Heureusement la chose est demeurée à peu près inaperçue en dehors des laboratoires ; les philosophes n'ont pas encore songé à en tirer parti pour proposer quelque rénovation sociale ; les milieux où l'on prêche l'émancipation féminine ne se sont pas émus, et les hommes, confiants dans leur propre valeur, se sont contentés de sourire malicieusement dans leur barbe. Est-il sage de venir troubler cette quiétude ? La science prétend que la vérité ne peut être mauvaise, même quand elle ne paraît pas bonne à dire, et qu'elle a le devoir de ne jamais la céler : ce serait déjà notre excuse ; mais, puisqu'il en faut toujours venir là, peut-être vaut-il mieux la révéler dans une période de calme, quand on peut l'envisager froidement, que de la clamer au milieu de la tempête.

En ce qui concerne le grave sujet qui va nous occuper, les savants tournent autour de lui depuis 1838. Plus tard, en 1847, un naturaliste français, Duméril, croit avoir vu des œufs non fécondés de ver à soie se développer sous l'action de la lumière. Après lui de nombreux naturalistes s'évertuent à taquiner des œufs, pour ainsi dire, en les soumettant aux actions les plus diverses, s'attaquant indifféremment aux œufs fécondés et aux œufs vierges. On les secoue, on les fait voyager en chemin de fer, on les plonge quelques instants dans de l'eau de mer sursalée ou additionnée de sels divers, même de strychnine. Après les avoir ainsi tourmentés, on les reporte dans l'eau de mer naturelle et on examine curieusement ce qui leur arrive. Quand on ne les a pas tués du coup, il se produit, en effet, toutes sortes de choses qu'il est assez difficile d'accommoder. Comme les chercheurs n'ont pas la foi, qu'ils ne savent même pas trop ce qu'ils cherchent, ils abandonnent en général leurs observations sans conclure. Cependant peu à peu s'accrédite l'idée que l'œuf n'est pas insensible aux actions venues du dehors, que ces actions peuvent modifier la marche de son développement, que peut-être le phénomène de la fécondation, source unique de la vie, n'est ni aussi mystérieux ni aussi nécessaire que nous le représente d'ordinaire notre ignorante imagination.

Jusqu'en 1900 les résultats demeurent néanmoins fort médiocres. A ce moment arrive tout à coup de Berkeley, sur les côtes de Californie, la sensationnelle nouvelle qu'un naturaliste bien connu, Jacques Lœb, avait réussi à obtenir le développement des œufs de certains oursins sans le concours de l'élément mâle, tout simplement en mélangeant à une certaine quantité d'eau de mer une égale quantité d'une solution de chlorure de magnésium dont il donnait la formule.

Lœb annonçait le fait avec une émotion communicative ; les horizons qu'ouvrait sa découverte étaient illimités. Puisque l'opération réussissait pour un animal, pourquoi ne réussirait-elle pas pour tous, pour l'homme lui-même, à la condition d'en modifier les détails ? C'était la mainmise sur l'un des phénomènes les plus essentiellement vitaux. C'était l'homme égalé presque au Créateur. C'était aussi la faillite du sexe masculin, et le bouleversement en perspective de nos sociétés humaines.

Il y a seulement un demi-siècle, les résultats annoncés par Lœb eussent été accueillis avec une parfaite incrédulité. L'état actuel de l'esprit des savants leur préparait, au contraire, le plus grand succès parmi eux. On ne considère plus aujourd'hui la vie comme une force tout à fait distincte de celles qui régissent et transforment la matière inerte ; à l'exemple de Lamarck on admet que tout ce qui se passe dans les corps vivants est du domaine de la mécanique, de la physique, de la chimie. Quelque inattendu que cela puisse paraître, quelque hardie que soit une pareille hypothèse, pourquoi n'en serait-il pas de même de la fécondation ?

Loin de contester la découverte de Lœb ou de lui

opposer la question préalable, on ne songe qu'à la vérifier et à l'étendre. On essaye ses solutions sur d'autres animaux, on varie ses procédés à l'infini ; les résultats de toutes ces recherches, passionnément poursuivies encore à l'heure qu'il est, ont été condensés et discutés dans un mémoire des plus instructifs de M. H. Daudin[1], l'un des traducteurs des leçons de Lœb sur la *Dynamique dans les phénomènes de la vie*[2].

De ce savant travail se dégage déjà une première conclusion rassurante. Les expérimentateurs n'ont guère réussi, jusqu'à présent, qu'en se tenant à distance respectueuse de l'espèce humaine. Ils n'ont même obtenu d'embryons quelque peu avancés que chez un petit nombre d'animaux inférieurs : des étoiles de mer, des oursins, quelques vers ; partout ailleurs le développement, souvent altéré dans sa marche, s'est arrêté à ses débuts. D'autre part, les œufs des espèces qui ont donné les meilleurs résultats ont la plus grande prédisposition au développement spontané sans fécondation, à la *parthénogénèse*, comme disent les naturalistes. Une espèce d'oursin très voisine de celle étudiée par Lœb en Californie, vit dans la Méditerranée ; par des expériences très précises, un des naturalistes français dont les observations sont le plus scrupuleuses et les conclusions le plus sûres, M. le professeur Viguier, de l'Ecole supérieure des sciences d'Alger, a constaté que les œufs de cette espèce formaient des embryons sans qu'aucune fécondation fût nécessaire, et que les solutions de Lœb gênaient plutôt leur développement spontané. Un élève de Lœb a confirmé à Naples les affirmations du Dr Viguier.

1. H. Daudin. *Travaux et problèmes relatifs à la parthénogenèse artificielle* (*Bulletin scientifique de la France et de la Belgique*, 6 nov. 1909).
2. Bibliothèque scientifique internationale, F. Alcan, éditeur.

Cette bonne volonté de certains œufs explique le nombre déconcertant des procédés au moyen desquels on peut remplacer dans une certaine mesure l'élément masculin : une agitation un peu vive, le froid, le chaud, la lumière, divers chlorures minéraux, surtout ceux des métaux alcalins ou terreux, certains acides, certains alcalis faibles tels que l'ammoniaque, de nombreux composés organiques tels que la strychnine, la nicotine, le tannin, le sucre, etc., se montrent efficaces. Ils sont vraiment trop, et leur action est trop inconstante pour qu'on puisse espérer une solution générale et prochaine des problèmes qu'ils posent.

C'est qu'ici les biologistes travaillent, en réalité, au hasard et sans aucune méthode sur quelque chose dont ils ignorent complètement la constitution réelle : l'œuf. L'œuf n'est pas, en effet, une chose simple, un petit grumeau de gelée, comme on le dit familièrement. Le blanc et le jaune des gros œufs de poule ne sont que des aliments inertes, préparés pour un petit corps minuscule, la seule partie vivante, mais bien vivante de l'œuf, la seule qui subsiste dans l'œuf humain, dans celui des animaux inférieurs, dans celui des plantes, car les plantes ont des œufs cachés dans les ovules de leur pistil, comme les animaux; et cette partie vivante, l'œuf véritable, est un assemblage de substances dont le nombre, la composition chimique, les propriétés psychologiques sont, à l'heure actuelle, complètement inconnus, malgré tous les efforts d'analyse des embryologistes. On en a distingué quelques-unes, on leur a donné des noms; voilà tout. L'une d'entre elles se reconnaît pourtant facilement en raison de la rapidité avec laquelle elle se colore sous l'action du carmin, de l'hématoxyline extraite du bois de campêche et de diverses autres teintures. On lui donne, pour cette raison, le nom de *chromatine*, et l'on sait que cette chromatine est scrupuleusement dosée non seulement dans tous les œufs, mais dans tous les éléments qui composent les corps vivants, éléments qu'on nomme des cellules et dont les éléments reproducteurs mâles ou femelles ne sont eux-mêmes qu'une forme particulière. Elle réside dans de petits corps généralement en forme d'U ou d'Y, les *chromosomes*, dont le nombre varie, d'une espèce animale ou végétale à l'autre, de deux à une centaine, mais demeure constant dans toutes les cellules de tous les individus d'une même espèce. Chose curieuse, le nombre de ces petits corps diminue brusquement de moitié dans les éléments reproducteurs, aussi bien des animaux que des végétaux; c'est ce qu'on appelle la *réduction chromatique*. On s'explique par cette réduction la nécessité de la fusion de deux de ces éléments pour constituer un élément apte à se développer : un *œuf fécondé*.

La chromatine et les substances, peut-être dosées comme elle, auxquelles elle est associée dans un œuf vierge sont également vivantes; elles ont à leur disposition des aliments inertes qu'elles digèrent, et qui constituent le jaune de l'œuf quand ils sont en grande quantité; peut-être se digèrent-elles entre elles, produisant dans l'un et l'autre cas, des substances qui peuvent favoriser ou entraver les fonctions vitales de leurs coassociées et surtout celles de la chromatine qui paraît être la substance directrice. Il semble bien, en tout cas, que ces substances sont, dans un œuf vierge, strictement équilibrées, et que tout ce qui en dérange l'équilibre détermine dans cet œuf des mouvements qui peuvent aller jusqu'à la mise en train de son développement.

Pour tâcher de sortir de cette obscurité, M. Yves Delage, l'éminent professeur de la Sorbonne, s'est appliquer à dégager de toutes ces données incohérentes des procédés qui, sur des espèces déterminées, donnent des résultats constants. Pour la commune étoile de mer des côtes de Bretagne[1], il a réussi grâce au vulgaire sparklet avec lequel on fabrique si facilement l'eau de Seltz et qui est d'un usage courant dans les cafés. En y substituant l'eau de mer à l'eau pure, il a obtenu un liquide chargé d'acide carbonique. Des œufs vierges d'étoile de mer, plongés un certain temps dans ce liquide puis replacés dans l'eau de mer naturelle donnent presque tous naissance à des larves parfaitement constituées. Si ce procédé était d'une application générale, une asphyxie incomplète par l'acide carbonique serait une excellente préparation à la maternité. L'acide carbonique, c'est le gaz qui fait pétiller le champagne et les boissons mousseuses. Il n'y a cependant pas à s'émouvoir — cela est arrivé, paraît-il — des conséquences que pourrait avoir l'abus de ces boissons. L'acide carbonique absorbé avec elles ne pénètre qu'en faible quantité dans le sang, seul capable de le porter dans l'intimité de l'organisme.

M. Yves Delage, en opérant sur les œufs de l'oursin commun de nos côtes[2] a obtenu des résultats meilleurs encore en plongeant momentanément ces œufs dans une solution de tannin et d'ammoniaque. Les larves sans père nées de la sorte se sont trouvé si vigoureuses que M. Delage a réussi à les conduire jusqu'à l'état d'oursins parfaits.

Ce n'est pas une petite affaire que d'élever de telles larves. Les larves d'oursins sont, en effet, fort différentes des oursins adultes; menues, transparentes comme du cristal, elles ressemblent à des métronomes de pianistes dont les arêtes se prolongeraient en quatre longs pieds. Pour devenir adultes, elles se transforment si profondément que leur côté gauche devient le ventre de l'oursin et leur côté droit son

1. *Asterias glacialis.*
2. *Paracentrotus lividus.*

dos. Les périodes de transformation sont toujours difficiles à traverser; les animaux n'échappent pas à cette règle. M. Delage a dû élever ses larves dans de l'eau de mer prise au large, et les nourrir de minuscules organismes flottants, recueillis loin des côtes, à l'aide de filets fins, traînant à l'arrière d'un bateau à la dérive. Tant de soins ont été couronnés de succès : quelques larves se sont muées en oursins qui ont continué à vivre en mangeant des algues, et l'un de ces derniers est même arrivé à l'état adulte. C'était un mâle.

Ici apparaît une face de la question, elle aussi rassurante pour notre sexe. Les œufs d'un assez grand nombre d'animaux, en tête desquels il faut placer les abeilles, ont la faculté de se développer toujours, qu'ils soient ou non fécondés; mais les œufs vierges donnent naissance à des mâles, les œufs fécondés produisent seuls des femelles. Les pucerons et divers autres petits animaux offrent quelque chose d'analogue. Les pucerons se nourrissent, comme on le sait, de la sève des végétaux. Ceux qui sortent, au printemps, des œufs pondus en automne sont du sexe féminin; leurs œufs se développent sans fécondation et donnent aussi naissance à des femelles dont les œufs jouissent de la même propriété; les générations se succèdent dans les mêmes conditions durant toute la belle saison, tant que la sève est abondante. A mesure que l'automne s'avance, la sève devient plus rare, les œufs sont moins bien nourris; ils conservent leur faculté de développement, mais comme ceux des abeilles, à moins d'être fécondés, ils ne donnent plus naissance qu'à des mâles. C'est la revanche du sexe masculin. On peut se jouer de lui durant un certain temps, mais à son heure il revient et s'impose : le petit oursin de M. Delage est dans la règle. Malheusement il est seul jusqu'ici; il n'en est pas moins intéressant.

S'il est avéré que tout œuf vierge produit nécessairement un individu du sexe masculin, quelque artifice qu'on ait employé pour le faire évoluer, ces artifices sont impuissants à créer des lignées nouvelles et la suppression des mâles serait quand même la fin du monde. Les efforts des biologistes pour remplacer notre sexe d'une façon plutôt humiliante par quelques grammes d'une substance chimique ou même par quelques secousses convenablement appliquées à un œuf n'ont pas de quoi nous effrayer, et ces savants ne s'illusionnent pas eux-mêmes sur leur portée. Ils savent bien qu'un mode de reproduction qui depuis des millions d'années est commun à tous les végétaux, à tous les animaux, n'est pas de ceux que des expériences de laboratoire, si intéressantes soient-elles, sont susceptibles de remplacer. S'il n'avait pas une utilité de premier ordre, il y a longtemps que les procédés plus simples que découvrent aujourd'hui les expérimentateurs auraient été réalisés naturellement, et l'auraient remplacé. Quel dommage!

* *

Les expériences de Lœb, celles de MM. Delage, Viguier, Bataillon et autres, ne furent pas cependant sans susciter parmi les plus exaltées des suffragettes de France les espérances les plus cruelles pour le sexe masculin. « Je vous félicite, écrivait l'une d'elles, à M. Delage, d'avoir enfin délivré la femme de la honteuse sujétion qui l'oblige d'avoir recours à l'homme pour devenir mère. » Honteuse sujétion! Rien que cela! Mais, sans y mettre aucune vanité masculine, je crois bien qu'il y a beaucoup de femmes qui ne font pas fi à ce point de la sujétion autour de laquelle la bienveillante nature a disposé tant de pièges alléchants. Sans quoi, il y a longtemps que les couturières et couturiers, modistes, bijoutiers et même constructeurs d' « autos » auraient fait faillite, et qu'un collier de perles n'atteindrait plus le prix de celui qui s'évapora naguère entre Paris et Londres.

M. Yves Delage, avec la collaboration de Mlle Marie Goldsmith, secrétaire de l'*Année biologique*, a publié dans cette même *Bibliothèque de philosophie scientifique*, un livre qui expose savamment toute la question, remet les choses exactement au point [1] et coupera les ailes, sans toutefois leur fermer complètement l'avenir, à de féroces espérances.

Le nombre des animaux qui sont normalement susceptibles de se reproduire sans fécondation — c'est ce qu'on appelle la *parthénogénèse* — est assez considérable, mais cette faculté est limitée à des formes inférieures et souvent très petites : les pucerons, les daphnies ou *puces d'eau*, nourriture des alevins, les rotifères, célèbres par leur faculté de revivre après avoir été desséchés. La parthénogénèse est ici intermittente ; mais elle peut, chez d'autres espèces, devenir continue et définitive ; parfois elle est capricieuse. Un crustacé d'assez grande taille, l'*Artemia salina*, qui vit dans les marais salants, est constamment parthénogénétique dans la lagune de Capo d'Istria ; elle est soumise à la règle générale de la fécondation dans celle de Cagliari. De même certains oursins, les *Arbacia*, sont parthénogénétiques dans la Méditerranée ; ils ne le sont pas sur les côtes de Californie. C'est une indication que la parthénogénèse peut être sous la dépendance des circonstances extérieures.

Les abeilles ont, elles aussi, une reproduction parthénogénétique qui a été mise en évidence par le chanoine Dzierzon en 1845. Les abeilles fécondées, les reines, gardent dans une poche spéciale, en rapport avec leur oviducte, les éléments fécondateurs qu'elles ont reçus au cours de ce qu'on appelle leur

---

1. YVES DELAGE et MARIE GOLDSMITH. *La parthénogénèse naturelle et expérimentale*. Ernest Flammarion, éditeur.

vol nuptial. D'autre part les ouvrières, dans chaque rayon de miel, fabriquent des cellules ou des alvéoles de trois grandeurs ; les plus grandes, peu nombreuses, destinées aux reines futures, les moyennes aux mâles, les plus petites aux ouvrières. La reine revenue à la ruche laisse arriver des éléments mâles sur les œufs qu'elle pond dans les cellules royales et dans les cellules d'ouvrières ; elle en prive les œufs des cellules masculines et ceux-ci évoluent par conséquent parthénogénétiquement. Les mâles des guêpes et des fourmis, au moins pour certaines espèces, paraissent provenir également d'œufs non fécondés. Les ouvrières sont généralement infécondes ; mais quand dans une ruche la reine vient à manquer, un certain nombre d'entre elles se mettent à pondre. Ce retour aux fonctions de leur sexe n'est pas une affaire de volonté. M. Marchal a montré que, dans ce cas, les jeunes ouvrières gardent dans leur jabot la pâtée qu'elles destinaient aux larves qui font défaut par suite de l'absence de ponte de la reine ; elles résorbent cette pâtée, s'assimilant ainsi un excès de nourriture qui détermine l'évolution complète de leur appareil génital. Comme elles ne sont pas fécondées, tous leurs œufs sont parthénogénétiques et ne donnent naissance qu'à des mâles.

Dans tous ces exemples, la parthénogénèse est un mode normal de reproduction ; elle peut être aussi accidentelle. Dans les élevages de vers à soie, dès 1838, Hérold avait constaté, on l'a vu, que dans la ponte des femelles non fécondées quelques œufs se développent néanmoins. D'autres papillons de nuit, des charançons, le ténébrion meunier dont la larve est le ver de farine ; un grand orthoptère sans ailes, du midi de la France, le *Bacillus gallicus*, bien connu dans les campagnes sous le nom de *Bâton du diable*, diverses étoiles de mer sont aussi capables de se reproduire accidentellement sans fécondation. On ignore les conditions dans lesquelles cette parthénogénèse peut se produire naturellement; mais dès 1886, Tichomirow avait indiqué qu'on pouvait l'obtenir artificiellement, pour des œufs vierges de ver à soie, simplement en les frottant entre deux morceaux de drap, ou encore en les soumettant pendant 90 secondes à l'action de l'acide sulfurique concentré. Kellog, en 1907, remplaça la friction entre deux lames de drap par le brossage; O. Hertwig, puis A.-C. Mathews réussirent la même opération sur les œufs d'étoile de mer par le secouage, en 1901; en 1902, H. Fischer appliqua le même procédé avec succès à des vers marins, et J.-H. Mac Clendon put substituer la « centrifugation », c'est-à-dire une rotation rapide, au secouage : c'était la valse remplaçant le tango. Jusqu'ici, ces façons de se trémousser n'ont pas produit les mêmes résultats parmi les danseuses; mais M. Bataillon, de Nancy, fait déjà développer des œufs de grenouille en les piquant simplement avec une fine aiguille.

Les agents physiques peuvent, comme les agents mécaniques, déterminer la parthénogénèse. En 1847, Boursier réussit à rendre parthénogénétique une femelle de ver à soie en la soumettant pendant plusieurs heures aux rayons du soleil, et la réalité de ces résultats a été confirmée en 1907 par Kellog; une élévation de température, des alternatives de chaud et de froid, une légère dessiccation peuvent provoquer un commencement de développement de certains œufs non fécondés.

Ces divers résultats ont été obtenus indépendamment de toute idée théorique. Il n'en est pas de même des succès d'élevage parthénogénétique qu'ont réalisés Lœb en Amérique, Yves Delage en France. Ces savants, au moins dans leurs dernières expériences, se sont laissé guider par des conceptions empruntées à la physique la plus moderne. Pour faire comprendre les idées de Lœb et les siennes M. Delage est obligé d'exposer les lois qui régissent les modifications provoquées dans la tension de vapeur d'un liquide à une température donnée, son point d'ébullition et celui de congélation, par l'attraction qu'exercent sur ses molécules, celles d'une substance qu'il tient en dissolution; de définir les solutions normales et la concentration moléculaire, la pression osmotique, l'état du composé dans une solution, les ions, les cathions et les anions, les molécules, les granules qu'elles forment dans les substances à l'état colloïdal; de faire intervenir leurs charges électriques, de distinguer l'acidité et l'alcalinité, etc. Tout cet appareil est aujourd'hui nécessaire quand on veut essayer d'expliquer les phénomènes vitaux qui s'accomplissent dans l'intimité des éléments anatomiques, des cellules constituant les êtres organisés. Dans son beau livre *Electronisation et biologie*, M. Alchalme en a fait une application à l'action si curieuse et si générale des ferments. Mais il faut bien le dire, ce rébarbatif arsenal, s'il a déterminé la direction des recherches de M. Lœb et de M. Delage, demeure encore insuffisant — à moins qu'il ne soit trop compliqué — pour l'explication des résultats. En somme Lœb obtient le développement des œufs vierges en faisant agir sur eux des substances qui sont en réalité des poisons, mais qui commencent par déterminer la formation autour d'eux d'une membrane analogue à celle qui se produit après la pénétration de l'élément mâle à son intérieur. Si on arrête leur action à ce moment, qu'on fasse ensuite agir sur l'œuf une solution de certains sels plus riche en molécules, dans un volume donné, que l'eau de mer et qui agissent en déterminant des oxydations, l'œuf transporté dans de l'eau de mer pure se développe normalement. L'acide butyrique est la substance de choix pour la formation, indispensable avant tout, selon Lœb, de la membrane; les chlorures de sodium, de potassium, de calcium, de magnésium peuvent servir à rendre la solution plus concentrée que l'eau de mer.

M. Delage creuse plus profondément la nature du phénomène; au fond toute la vie cellulaire, y compris l'accroissement et la multiplication des cellules, consiste essentiellement en réactions chimiques qui amènent des coagulations et des liquéfactions alternatives des substances constituantes de l'œuf, phénomènes qui sont trahis par les singulières figures que l'on voit apparaître dans l'œuf, au moment où il commence son évolution. Les acides sont coagulants, les alcalis liquéfiants ; en faisant agir successivement les premiers et les seconds, M. Delage a obtenu des résultats d'une remarquable précision. Les meilleurs ont été réalisés en plaçant des œufs d'oursin dans l'eau de mer sucrée additionnée de quelques gouttes d'une solution faible de tannin ; après cinq ou six minutes on ajoute goutte à goutte à la solution assez d'ammoniaque pour neutraliser le tannin et donner à la liqueur une faible alcalinité; au bout d'une heure, on transporte les œufs, préalablement lavés, dans l'eau de mer naturelle où leur développement s'accomplit d'une façon tout à fait normale. Jusqu'à présent, la parthénogénèse des oursins, si elle a donné des oursins bien constitués, n'a donné, nous l'avons vu, que des mâles.

J'ai des raisons de penser qu'il en sera toujours ainsi. C'est qu'en effet le sexe des œufs paraît être déterminé par la présence, dans leur noyau, d'une plus ou en moins grande quantité de *chromatine*. La chromatine signalée plus haut, mais qu'il convient d'étudier ici plus complètement, se présente, à l'état de repos de l'œuf, sous la forme de granulations enrobées dans une substance difficilement colorable qu'on appelle la *linine*, et qui forme un réseau présent dans le noyau de toutes le cellules vivantes. Quand ces cellules sont en voie de division, ce réseau se transforme en un ruban régulièrement ondulé dont chaque feston ne tarde pas à se séparer des autres et à devenir indépendant et forme alors un *chromosome*. Il semble que dans chaque élément vivant la chromatine doive être en proportion déterminée pour que cet élément soit capable de se nourrir, de grandir et de se multiplier.

Or, il y a d'assez nombreux animaux qui possèdent deux sortes d'éléments mâles, tels le cancrelat des cuisines, une punaise sans ailes, fort commune, que ses belles couleurs rouge et noire ont fait nommer *Pyrrhocoris*, c'est-à-dire punaise de feu, etc. Ces deux sortes d'éléments se distinguent parce que les uns ont un chromosome de plus que les autres. Les œufs fécondés par ceux qui ont les plus nombreux chromosomes donnent naissance à des femelles, les autres à des mâles.

Chez la mouche domestique, le ténébrion meunier dont nous avons déjà parlé, les éléments mâles ont tous le même nombre de chromosomes, mais il y a des éléments dont tous les chromosomes sont égaux, d'autres où un chromosome est plus gros que ses voisins. Les œufs fécondés par ces derniers donnent naissance à des femelles, les autres à des mâles. On pourrait multiplier ces exemples, desquels il résulte que le sexe féminin est déterminé par la quantité plus grande de chromatine que contiennent les œufs ou par une meilleure qualité de cette substance. Dans les œufs artificiellement parthénogénétiques la quantité de chromatine est réduite de moitié; ces œufs sont dans des conditions initiales de développement pires que les œufs mâles dont nous venons de parler. Logiquement on doit conclure qu'ils ne peuvent donner que des individus mâles et par conséquent la génération parthénogénétique artificielle est arrêtée dès la première lignée. D'autre part, il semble résulter d'expériences anciennes de Balbiani que la fonction de la chromatine soit d'assurer, tout au moins de régulariser les phénomènes de transformation en substance vivante des substances inertes de réserve accumulées dans les œufs, telles que la lécithine. M. Delage lui-même a empêché de mourir des fragments détachés d'un œuf et privés de leur noyau, c'est-à-dire de chromatine, en y introduisant un autre noyau, sous forme d'un élément mâle. C'est, en somme, à cette interprétation que se rattachent les physiologistes comme R.-S. Lillie qui ont fait intervenir dans l'explication de la parthénogénèse expérimentale les données mêmes qui servent à expliquer les phénomènes de nutrition.

M. Delage ne semble pas loin de se rallier à leur opinion. Dans un œuf non fécondé, la fonction de la chromatine est empêchée parce qu'elle est confinée à l'intérieur de la vésicule qui délimite le noyau. Pour amorcer l'évolution de l'œuf, il s'agit d'abord de rompre la délicate paroi membraneuse de cette vésicule ou de la rendre perméable. C'est sans doute pourquoi les procédés mécaniques, la simple piqûre de M. Bataillon, la déshydratation réussissent aussi bien que les procédés chimiques. Ces derniers ont l'avantage de préparer, d'exciter, s'ils sont bien choisis, l'action de la chromatine ou même de faciliter sa propre nutrition. L'action d'un élément mâle d'une autre espèce ou d'un élément altéré, à demi-mort, empoisonné par l'alcool, par exemple, suffit parfois à déclancher l'action de la chromatine ; il est mis de côté, détruit ou rejeté dès que cette opération commence. Inversement un noyau mâle bien actif peut se substituer à un noyau d'œuf en mauvais état. Il y a alors, en réalité, parthénogénèse *femelle* dans le premier cas, *mâle* dans le second. « Ainsi, conclut M. Delage, il n'est pas impossible qu'il existe dans l'espèce humaine des individus parthénogénétiques, produits de parthénogénèse mâle ou femelle, que peut-être nous croisons dans la rue sans nous douter de l'extraordinaire irrégularité de leur origine. »

Etant donné l'action délétère de l'alcool sur les spermatozoïdes, la punition paradoxale des ivrognes pourrait donc être qu'ils n'auraient aucun droit à revendiquer la propriété de leurs propres enfants.

*
* *

Si l'on ne peut espérer de si tôt la disparition du sexe masculin, peut-on penser que la science fournira un jour prochain le moyen de procréer à volonté les deux sexes?

M. le sénateur Léon Labbé, l'illustre chirurgien que l'on sait, a porté devant l'Académie des sciences cette brûlante question. Il a développé devant ses confrères un travail du Dr Robinson — souhaitons que ce nom d'illustre naufragé ne soit pas de mauvais présage, — d'après lequel la détermination du sexe d'un embryon serait liée au degré d'activité des capsules surrénales de la mère. Cela ne vous dit rien? Expliquons-nous.

Chez l'homme et chez tous les vertébrés terrestres : on trouve, immédiatement au-dessus de chaque rein, un corps assez volumineux, abondamment pourvu de vaisseaux, et ressemblant à une glande par là, comme aussi par sa structure. C'est le corps, qu'en raison de sa position, on désigne sous le nom de *capsule surrénale*. Les glandes sont, en général, munies d'un canal qui porte au dehors le liquide qu'elles sécrètent; celle-ci n'en a pas, et on supposait autrefois qu'elle ne sécrétait rien du tout, qu'elle n'était qu'une représentation tout à fait inerte de quelque vieil organe devenu inutile, déchu de toute fonction, tombé à l'état de rudiment. La capsule surrénale n'est pas le seul organe qui se présente avec ce caractère énigmatique : la glande pinéale ou *épiphyse*, cachée entre les hémisphères cérébraux et le cervelet, à la face supérieure du cerveau; le corps pituitaire ou *hypophyse*, suspendu à sa face inférieure; le corps thyroïde situé en avant du larynx et qui, lorsqu'il se gonfle démesurément, forme le goitre; le thymus, qui, chez les jeunes animaux, descend au-devant du cou jusqu'aux poumons et que l'on mange sous le nom de ris de veau, se trouvent dans les mêmes conditions et ont été longtemps considérés comme des glandes sans fonction. Mais depuis les recherches de Claude Bernard sur le foie et de Brown-Séquard sur diverses glandes, les choses ont complètement changé de face. On attribue aujourd'hui au corps pituitaire une influence considérable sur le développement du squelette, et par conséquent de la taille; les misérables géants que l'on montre dans les baraques foraines et qui ont si souvent des jambes déjetées en dehors, incapables de les soutenir, sont des victimes de leur corps pituitaire. Les altérations du corps thyroïde sont plus fâcheuses encore : certaines d'entre elles amènent le crétinisme, d'autres déterminent des battements du cœur, une agitation qui ne permet aucun repos et une saillie des yeux hors de leur orbite qui donne au malade la plus impressionnante physionomie. Le thymus a une action certaine sur le développement des os. Les lésions des capsules surrénales provoquent une faiblesse générale et une pigmentation de la peau caractéristiques de la *maladie bronzée*, décrite par Addison en 1855. On n'a pas encore découvert de fonction à la glande pinéale, mais elle semble avoir été en rapport avec un groupe d'yeux médians ouverts sur la face supérieure du crâne que les mammifères, les oiseaux et la plupart des poissons auraient perdus, mais qui existent encore chez les lamproies ainsi que diverses espèces de lézards. Ces yeux seraient des *yeux thermiques* plus impressionnés par la chaleur que par la lumière. Toutes ces glandes déversent directement dans le sang des substances d'une grande activité, capables, par son intermédiaire, d'agir sur les organes les plus divers; elles pourraient même combiner leur action de telle sorte que l'altération de l'une d'entre elles entrainerait des modifications dans toutes les autres. Cette fabrication de substances qui sont déversées dans le sang ne leur est pas particulière. Le fonctionnement de tous les organes amène la formation de substances de déchet analogues qui sont, elles aussi, emmagasinées dans le sang. Le cerveau, les muscles, les glandes ordinaires elles-mêmes lui abandonnent incessamment des substances utiles, comme le sucre, ou nuisibles comme l'urée, qui l'une et l'autre proviennent du foie. Parmi les malheureuses femmes qui volent dans les grands magasins, beaucoup sont victimes d'une sorte d'ivresse déterminée chez elles par une sécrétion interne qui accompagne la suractivité momentanée de certaines glandes caractéristiques de leur sexe. Il faut les plaindre et tenter de les guérir d'une maladie dont elles ne sont pas toujours responsables.

L'une des substances que produisent les capsules surrénales a été isolée, analysée et étudiée en détail; elle est presque entrée dans la médication courante sous le nom d'*adrénaline*, et c'est elle que M. Jules Regnauld et M. Robinson font intervenir dans la détermination des sexes. Au cours d'une grossesse, une femme présente-t-elle à un haut degré ces taches foncées du visage que l'on appelle le *masque;* est-elle atteinte de vomissements incoërcibles, de fatigue intense, d'amaigrissement, de vertiges, de battements du cœur, ces troubles graves de la santé présageraient la naissance d'une fille. En cela, MM. Regnauld et Robinson sont d'accord avec une vieille croyance populaire; mais ils attribuent cet état maladif à un mauvais fonctionnement des capsules surrénales. Ils l'ont guéri par des injections d'adrénaline ou par l'administration quotidienne de deux cachets de 20 centigrammes de tissu de substance surrénale. Les deux femmes traitées par M. le D{^{r}} Jules Regnauld aussi bien que les quinze clientes du D{^{r}} Robinson n'en ont pas moins toutes donné naissance à des filles. On ne peut supposer que ce résultat soit, dans ce cas, le fait de l'adrénaline; et il n'y a pas à craindre ou à espérer que l'administration de cette substance au cours d'une grossesse puisse amener la transformation en garçonnet de la fillette en perspective; mais en s'y prenant à temps, ne pourrait-on pas corriger la prédisposition à procréer des filles que l'insuffisance de l'activité de leurs capsules surrénales impose à certaines femmes, et en leur fournissant un supplément d'adrénaline, obtenir d'elles des garçons? M. Robinson invite ses confrères à le rechercher. Le sujet en vaut la peine.

Ce n'est pas la première fois que cette question de la production artificielle des sexes est abordée par les physiologistes. En 1898, le professeur Schenk, de Vienne, avait annoncé qu'il était parvenu à organiser un régime alimentaire grâce auquel un ménage pouvait être assuré d'équilibrer à son gré, dans sa descendance immédiate, les filles et les garçons. Conformément à une croyance très répandue d'ailleurs, il pensait que le sexe des enfants était l'inverse de celui des deux parents qui était le plus vigoureux. On ne parlait de rien de moins que de l'envoyer dans les cours souveraines, menacées d'une invasion de filles, pour assurer la naissance d'un nombre raisonnable d'héritiers mâles du trône. Etait-il lui-même bien convaincu? On l'a entendu, à Berlin, menacer une plantureuse dame, contre qui il était fort en colère, de n'avoir jamais que des filles; c'est, paraît-il, une malédiction en Prusse. Une pareille menace laissa les auditeurs inquiets sur l'estime que Schenk faisait lui-même de son procédé. Et puis, quelles seraient les conséquences d'un tel succès, au cas où il viendrait à s'affirmer? La surabondance des filles à marier ou leur rareté entraînerait nécessairement de graves perturbations dans nos mœurs et peut-être rendrait nécessaires des changements dans notre organisation sociale. Comment pourrait-on parer à une disproportion numérique voulue des deux sexes, disproportion qui viendrait ajouter une cause nouvelle à celles qui déterminent déjà, chez les peuples trop prévoyants et trop savants, une diminution de la natalité? N'est-il pas préférable de demeurer dans l'heureuse ignorance qui laisse le hasard composer nos familles conformément à des lois naturelles qu'il serait dangereux sans doute de transgresser ?

Notre curiosité est trop grande pour que l'on puisse espérer que cette considération arrêtera les chercheurs, et l'on peut être assuré que celui qui deviendrait le maître de faire apparaître à son gré filles et garçons serait bientôt le roi des milliardaires. Ce mal cohabite encore avec l'Espérance au fond de la boîte de Pandore. En sortira-t-il un jour ? C'est probable ; mais alors l'adrénaline ne serait qu'une solution très particulière de la question, qui, étant beaucoup plus haute, en demande une plus générale. Les végétaux sont, en effet, sexués aussi bien que les animaux, et, chez les animaux inférieurs, les sexes sont tout aussi bien séparés que chez les plus élevés. Ils se produisent chez eux sans qu'on ait à faire intervenir l'adrénaline; cette merveilleuse substance n'agirait donc que comme un moyen très spécial de mettre en action une cause plus générale, qui est, à n'en pas douter, la plus ou moins grande activité de la nutrition.

Or, dans les deux règnes, les deux sexes se présentent, à ce point de vue, avec la même caractéristique. Le sexe masculin est, pour ainsi dire, le sexe de famine ou de dilapidation ; le sexe féminin le sexe d'abondance ou d'économie. Les preuves abondent à l'appui de ces deux définitions. Il y a un assez grand nombre de plantes chez qui les sexes sont séparés, les saules, les peupliers, le chanvre, le houblon, les palmiers en sont des exemples bien connus. Il a suffi de transplanter certains pieds de ces plantes unisexuées pour changer leur sexe. Ceci n'est évidemment pas à la portée des animaux ; il n'y a aucun exemple qu'un animal ait changé de sexe au cours de son existence, et surtout à la suite d'un déménagement. On n'a aucune raison de penser qu'un pareil changement vienne jamais constituer, dans l'espèce humaine, un cas de divorce. Mais, d'autre part, il est bien certain que ce n'est pas non plus un simple déplacement qui a modifié le sexe des plantes dont il s'agit ; il est probable qu'elles ont souffert au cours de leur transplantation, ou qu'elles se sont trouvées, une fois transplantées, dans des conditions nouvelles d'alimentation.

De belles expériences de M. Blaringhem sur le maïs ont nettement établi cette influence de l'alimentation. La tige du maïs se termine, comme on sait, par un panache de fleurs mâles, tandis qu'elle produit latéralement des épis femelles. Par des pratiques précises, M. Blaringhem a pu changer le sexe d'un grand nombre de fleurs dans les épis des deux sexes, et il a été amené par des observations répétées à conclure que toute pénurie dans l'alimentation était favorable au développement du sexe masculin, tandis qu'une alimentation intensive était favorable au développement du sexe féminin. Il ne semble pas que ce soit l'avis de M. Robinson. Après avoir rappelé que d'après le physiologiste O. Schwarz, de Vienne, l'adrénaline favorise la fermentation du sucre et augmente la quantité de graisse contenue dans le sang, il considère comme

« des êtres infériorisés par leur capsule surrénale » les femmes qui ne donnent naissance qu'à des filles.

« Infériorisés », c'est bientôt dit, mais c'est là un mot tout à la fois vague et peu galant qu'il est nécessaire de commenter. Les mères de filles sont trop fières, en général, de leur avoir donné naissance pour se considérer comme inférieures aux mères de garçons. Elles ont aussi leur noblesse. Toute l'histoire du règne animal nous montre, en effet, que là comme chez les plantes de M. Blaringhem, le sexe masculin est toujours lié soit à une inaptitude à se nourrir, soit à une suractivité de multiplication de certains éléments superficiels, amenant un véritable gaspillage des réserves nutritives que les aliments pourraient fournir.

De curieux animaux microscopiques, les rotifères, de petits crustacés : les daphnies ou puces d'eau dont il a déjà été question, des insectes : les pucerons, les cochenilles, ont la singulière faculté de produire pendant une longue suite de générations des œufs qui se développent sans avoir besoin d'être fécondés. Quand ils traversent une température favorable à leur maximum d'activité ou quand leur alimentation devient moins riche, ces animaux ne pondent plus que des œufs d'où naissent des mâles incapables de produire de nouveaux descendants ; les œufs des abeilles peuvent aussi se développer sans être fécondés, mais alors ils ne produisent également que des mâles ; la fécondation en leur apportant un supplément de substance chromatique, en les perfectionnant par conséquent, en fait des œufs aptes à produire des femelles. Chez presque tous les animaux inférieurs les mâles sont des êtres dont la faiblesse s'accuse sous les formes les plus variées. Tantôt ils sont tellement petits qu'on les a pris longtemps pour de minuscules parasites des femelles ; tantôt ils ne prennent aucune nourriture, comme c'est heureusement le cas pour ceux des moustiques ; tantôt la durée de leur vie est très brève par rapport à celle des femelles, comme on le voit chez les abeilles, les fourmis et probablement la plupart des insectes. Ils demeurent, en général, plus petits que les femelles et sont assez souvent, chez les espèces carnassières, tués et mangés par elles, comme l'a décrit Henri Fabre d'une façon si émouvante pour les terribles mantes religieuses. Chez les espèces dont le genre de vie s'est modifié de manière à rendre plus aléatoire l'alimentation, le sexe masculin a généralement sombré ; les femelles ont, de leur côté, subi une déchéance d'un degré, qui a compensé heureusement la disparition des mâles : pendant la première période de leur vie, celle où elles emploient encore à leur croissance une partie des aliments qu'elles absorbent, elle revêtent le sexe inférieur, le sexe masculin ; quand, leur croissance étant achevée, les aliments peuvent être utilisés presque en totalité par les éléments reproducteurs, ceux-ci grossissent, accumulent des réserves dans leur substance, et des œufs relativement volumineux remplacent alors les minuscules éléments mâles. De la sorte, les animaux inférieurs assez nombreux qui ont passé de la vie libre à la vie sédentaire, en se fixant aux corps solides sous-marins ; ceux qui ont passé de la mer, si riche en aliments de toutes sortes, aux eaux douces où l'alimentation est plus aléatoire ; ceux qui, de parasites, ont voulu essayer à nouveau de la liberté, sont devenus hermaphrodites. Les frères marins des vers de terre, des sangsues et des escargots ont les sexes séparés; les vers de terre, les sangsues et les escargots sont, au contraire, hermaphrodites.

Mais direz-vous, sont-ils inférieurs par rapport aux femelles, ces papillons mâles aux ailes magnifiquement colorées, aux teintes azurées et changeantes, qui dans toutes les collections d'amateurs contrastent avec l'ornementation modeste de papillons de l'autre sexe? Est-ce que Chantecler aurait tant ému la faisane s'il n'avait étalé sa voix puissante, évoquant le Soleil, sa crête empourprée, son camail aux mille couleurs et ses orgueilleuses faucilles? Cette voix, cette crête, ces plumes chatoyantes ne sont-elles pas des preuves de supériorité? Est-ce que la crinière qui donne au lion tant de majesté, les bois qui rendent si redoutable le front des cerfs ne sont pas des signes de la puissance du sexe masculin? Est-ce que les rossignols et les autres oiseaux chanteurs égrenant leurs notes auprès du nid de leur muette compagne, l'oiseau de paradis tout empanaché, l'oiseau-mouche miroitant au soleil ne compensent pas largement par leurs talents artistiques ou leur somptueuse parure, exclusivement réservés au sexe masculin, la faiblesse et la déchéance de ce dernier chez les animaux inférieurs, et n'y a-t-il pas là une contradiction, défiant toute définition générale du sexe que nous appelons le sexe fort? Nullement. Les écailles diaprées qui rendent si éclatantes les ailes des papillons mâles, les magnifiques ornements des faisans, des coqs, des paons, des argus, des oiseaux de paradis, des colibris, des oiseaux-mouches et de tant d'autres, les orgueilleuses plumes que les femmes empruntent aux ailes des autruches, les délicates aigrettes que leur fourniront le dos des hérons blancs pour orner leurs chapeaux, la crinière des lions, les bois des cerfs, la barbe même des hommes sont des parties mortes, tout à fait inutiles pour l'organisme lui-même, et constituent un véritable gaspillage de matière vivante. L'oiseau qui chante use de même, dans sa chanson, une part des réserves nutritives que la femelle emmagasine dans sa propre substance ou dans ses œufs, et ce que nous prenons pour de la force et de la beauté, c'est de l'activité incessamment dépensée soit en mouvement, soit en multiplication d'éléments inutiles.

Le sexe masculin est donc bien le sexe qui se nourrit mal ou dépense trop ; le sexe féminin celui dont la nutrition est intensive et les dépenses inutiles réduites au minimum. C'est dans cette direction qu'il faut chercher, si l'on veut découvrir le secret de la production des sexes à volonté, et il serait facile mais un peu long de démontrer que les caractères physiques et psychiques de la femme elle-même rentrent dans cette formule[1].

Malheureusement, même dans cette voie, le succès n'est pas certain, parce que l'hérédité a peut-être créé des mécanismes sur lesquels nous n'avons aucune action. A certains succès partiels incontestables, on peut opposer des observations qui semblent indiquer que le sexe est déjà déterminé dans l'œuf fécondé. Il y aurait même, avant la fécondation, des œufs mâles et des œufs femelles différant par des caractères déterminés. Mais ce n'est pas une raison pour nous décourager. La transmutation des métaux, que l'on tenait récemment encore pour folie, paraît aujourd'hui prochaine ; la recherche de la détermination artificielle des sexes est chose incomparablement plus raisonnable, et le moins qu'on puisse attendre d'expériences bien conduites, si l'on n'y réussit pas, c'est de préciser pourquoi la solution du problème est hors de notre portée.

1. EDMOND PERRIER. *La Parure*, lecture à la séance publique annuelle des cinq Académies. 25 octobre 1903. — *La Femme dans la Nature et l'évolution du sexe féminin.*

CHAPITRE XIX

Féminisme rationnel. La question de l'origine des sexes et de leur psychologie.

Résumé. — Philosophie et biologie. — La solidarité des deux sexes. — La femme et son pouvoir. — L'égoïsme masculin. — La famille, le vieux code et les mœurs nouvelles. — Le danger social du travail féminin. — Caractère inéluctable de la psychologie féminine. — Le divorce. — Le bonheur fils de l'éducation. — Le rôle social de la femme suivant le *Progrès féminin*. — La femme isolée.

La définition que nous venons de donner des deux sexes peut-elle avoir des conséquences morales ?

La vieille psychologie des philosophes s'en va. Cette psychologie était ce qu'on pourrait appeler une science d'intérieur. On rentrait en soi-même, on s'écoutait penser, on notait soigneusement le murmure du fleuve des idées s'écoulant sans trêve, se refoulant les unes les autres en ondes paisibles, en vagues tumultueuses ou en remous violents, et de cette chanson de l'esprit où les claires mélodies n'étaient pas toujours dominantes, on avait fait une sorte de science toute particulière à l'homme. Les animaux ne comptaient pas : de la pensée ils n'avaient que l'apparence. Pour Descartes comme pour Buffon, ils n'étaient guère que de merveilleux automates, admirablement adaptés au milieu dans lequel ils devaient vivre, incapables de modifier leur façon d'agir dans un autre milieu. On inventa, nous l'avons vu, le mot d'*instinct* pour désigner ce qui, chez eux, avait l'apparence de l'intelligence, et l'on s'efforça de démontrer qu'instinct et intelligence étaient choses absolument sans rapport.

Aujourd'hui tout est retourné. L'instinct et l'intelligence ont la même origine, ne font qu'un; l'instinct est l'œuvre devenue héréditaire d'une intelligence arrêtée dans son développement. Etudier les mobiles des actes des animaux, c'est au propre, étudier les origines de nos propres sentiments, de nos pensées, de nos conceptions. La biologie arrive ainsi à prendre place à côté de la philosophie, sinon à la supplanter; on lui demande les bases de notre organisation sociale que l'on demandait jadis à cette dernière. Les faits biologiques se précisent; il faut s'adresser à eux si l'on veut traiter notamment d'une façon logique cette grosse question de la place respective des deux sexes dans une société bien organisée. C'est la méthode qu'a employée Mme Anna Lampérière, dans un livre qui est une bonne œuvre et qui s'appelle *la Femme et son pouvoir*.

Mme Lampérière ne songe nullement à « hominiser », pour ainsi dire la femme, comme dit si justement le maître Saint-Saëns. Elle déplore sans doute qu'après avoir donné à l'homme une liberté absolue, après avoir un peu platoniquement placé la femme sous sa protection, le Code civil ne se soit guère préoccupé de ce qu'elle devient quand cette protection lui fait défaut; mais elle ne voit pas là matière à insurrection, et elle se demande s'il ne serait pas possible de combler la lacune du Code en organisant entre l'homme et la femme une étroite solidarité.

Mais de plus elle s'est efforcée de grouper dans une œuvre d'apostolat, le *Progrès féminin*, toutes les bonnes volontés disposées à faire effort pour resserrer les liens de la solidarité qui, dans une société rationnellement ordonnée, devraient étroitement unir les deux termes du couple humain. C'est justement à desserrer ces liens que s'emploient actuellement ceux qui prétendent prendre en main la cause de la femme. Il faut, disent-ils, assurer à la femme son indépendance ; soit, mais pour quoi faire ? Ils répondent sans hésiter : Pour la faire travailler. Autant dire pour débarrasser les hommes de tout souci de famille. Grand merci ! ne manqueront pas de s'écrier toutes les femmes sensées ; et il n'est pas de biologiste qui ne leur donne raison.

La vie n'est ni un roman, ni une pièce de théâtre où l'imagination puisse se donner libre carrière, créer et dénouer à sa guise des situations compliquées qui ne se rencontrent que très exceptionnellement ; elle est faite de réalités, banales peut-être à certains yeux, mais qui s'imposent et auxquelles toute société, pour durer, doit accommoder ses coutumes et ses lois. L'une de ces réalités, c'est la famille comprenant le père, la mère, les enfants, — la famille dont la tâche sociale est de créer des enfants et de les élever de telle façon qu'ils deviennent des êtres robustes, à l'esprit droit et ouvert, capables de développer toute l'activité dont un organisme humain est susceptible. Dans une famille normale, le père gagne la vie des siens par son travail ; la mère veille à la santé de son compagnon, à son bien-être, à la santé, à l'éducation morale et intellectuelle de sa nichée.

C'est entendu, et il semble que cela n'ait pas besoin d'être redit. Il faut cependant le redire, parce que tout le prétendu progrès de nos mœurs actuelles va à l'encontre de ces notions si simples. On pense accroître le bien-être du ménage en poussant la femme au travail qui assurerait son indépendance ; on se trompe. La femme qui travaille en concurrence avec l'homme, remarque Mme Lampérière, est à tous les points de vue un danger social ; elle détermine l'abaissement des salaires, diminue la valeur productive de l'homme qui est mal soigné, diminue la valeur future de ses enfants dont l'hygiène et l'éducation souffrent de ce qu'elle est occupée d'autre chose, diminue sa propre valeur en raréfiant et rendant aléatoire sa maternité, diminue la puissance d'acquisition des gains de son mari parce qu'elle est obligée d'en employer une partie à la rémunération de mercenaires coûteux, chargés d'un travail qu'elle pourrait faire plus utilement et plus économiquement elle-même. Malgré les apparences, le travail de la femme est donc une mauvaise opération, tant au point de vue social qu'au point de vue financier.

Dans cette opération, mauvaise pour les autres, la femme ne saurait trouver aucun avantage réel pour elle-même. Elle est fatalement destinée à être écrasée. Ce n'est pas seulement, en effet, par quelques détails de forme ou d'organisation qu'elle diffère de l'homme. Chez tous les êtres vivants, — et l'espèce humaine ne saurait échapper à une loi aussi générale, — chacun des sexes a une orientation biologique qui lui est propre et qui se révèle tout aussi bien dans les menus éléments dont l'union prépare la formation d'un être nouveau, que dans les plus compliqués et les plus puissants des organismes porteurs de ces éléments.

L'élément mâle est menu, agile, réduit au minimum de ce qui est nécessaire pour vivre et se mouvoir; l'élément femelle, volumineux et sédentaire, est une sorte de grenier d'abondance qui met en jeu le « tropisme » alimentaire de son partenaire affamé, l'attire à lui, le noie pour ainsi dire dans sa masse, mais acquiert de lui le pouvoir d'évoluer qui lui manquait jusque là.

De même, dans tout le règne animal, les individus du sexe masculin sont caractérisés — nous le répétons — soit par une incapacité de s'alimenter qui les condamne à demeurer de véritables nains relativement à leur conjointe, soit par une inaptitude étonnante à constituer dans leur organisme des réserves alimentaires. Ce qui pourrait être mis en réserve est dépensé en activité assez souvent inutile, comme le chant des cigales, des grillons et des sauterelles, ou employé à produire chez les papillons de brillantes couleurs, chez certains oiseaux des panaches de plumes étincelantes, chez beaucoup d'insectes des excroissances diversement placées, des membres excessifs, chez les mammifères des crinières, des cornes, etc. L'activité, la force de l'homme, rentrent dans cette formule.

Partout, au contraire, le sexe féminin est celui du calme, de la tranquillité, de la dépense physiologique minimum. De là les dimensions énormes acquises par les femelles dans beaucoup de formes animales inférieures, la simplicité de leur costume et la tendance de leurs tissus à se charger de graisse dans les formes supérieures. De là aussi la délicatesse du teint de la femme, le timbre infantile de sa voix, sa faiblesse musculaire, ses formes arrondies. Son organisme demeure, pour ainsi dire, au seuil de l'adolescence, afin de ne pas épuiser les réserves d'aliments destinées à sa race.

Notre espèce est donc soumise, en ce qui concerne les sexes, aux mêmes règles que toutes les autres. Or, chez tous les animaux la psychologie féminine est nettement différente de celle du sexe masculin. On doit conclure qu'il en est de même dans l'espèce humaine et que la mentalité des femmes ne saurait être identique à celle des hommes ; c'est encore une affirmation qui semble superflue, mais qu'il est nécessaire de répéter, tant on a essayé de la faire disparaître, tant les femmes, avec quelques hommes plutôt snobs comme complices, ont protesté contre elle. Beaucoup en ont fait une question d'amour-propre ; deux mentalités différentes peuvent cependant avoir une égale valeur ; le corps de la femme ne regagne-t-il pas lui-même en grâce et en beauté ce qui lui manque en force et en vigueur?

En raison de ces différences mentales et corporelles, la femme ne saurait être soumise à la même discipline que l'homme, et son travail ne saurait être de même qualité. Il est d'ailleurs périodiquement troublé par des accidents de santé qui, d'après les calculs du Dr Manouvrier, réduisent de dix années, au total, la durée de l'activité réelle de la femme, sans compter les périodes de grossesse et d'allaitement. Pendant ces dix années employées à préparer la venue de l'enfant ou assurer sa formation, et pendant celles qui sont consacrées à le mettre en état d'agir, la femme est entièrement asservie à la perpétuation de sa race, fonction qui ne réclame de l'homme aucun sacrifice. Il y aurait là une profonde injustice, si l'homme ne payait à la femme sa dette en la délivrant de tous les soucis matériels étrangers à la maternité, et en la couvrant de sa protection. Le Code n'a trouvé d'autre moyen d'assurer le payement de cette dette qu'en plaçant l'épouse sous la domination de l'époux.

L'école du progrès féministe ne se montre pas enthousiaste de la solution. Elle ne préconise pas cependant son abandon; elle ne demande même pas que des lois nouvelles organisent la famille plus conformément au rôle biologique des deux conjoints; elle compte sur une éducation des jeunes gens appropriée à leur sexe, pour inspirer à chacun le sentiment de son rôle et créer, entre les deux époux, une inaltérable entente, basée sur un mutuel dévouement. Verrons-nous cet âge d'or? Rien ne nous empêche, du moins, de travailler de notre mieux à nous en rapprocher. Nos éducateurs n'y ont guère songé jusqu'ici; mais s'ils veulent créer une morale laïque, basée sur la science, il faudra bien qu'ils s'appliquent à en répandre, sinon à en justifier les principes.

En attendant, Mme Lampérière trace de la femme parfaite l'image la plus haute, la plus noble qu'il soit possible de concevoir. Elle n'est pas seulement, dans la maison, l'ange bienfaisant qui veille sur tous, qui soutient et réconforte son mari dans l'âpre lutte pour la vie, qui écarte de lui les soucis importuns, assure l'avenir par la bonne ordonnance de ses dépenses, par ses économies; c'est aussi celle qui, par sa condescendance enjouée, son esprit de sacrifice, son indulgence, sa droiture, fait régner la paix autour d'elle; celle qui, par son ordre, son bon goût, son esprit, son souci de rassembler chez elle tout ce qui peut charmer, sait rendre la maison agréable, l'ouvre aux amis, y retient « le maitre », puisqu'il faut l'appeler ainsi, et le protège contre les tentations du cercle, du cabaret ou de la Bourse.

Rien n'est plus séduisant que cette évocation d'un paradis terrestre par lequel la femme nous rendrait, partout où elle se trouve, celui qu'elle nous fit perdre. Malheureusement il y a des hommes réfractaires même aux joies si séduisantes d'un tel paradis. Sans parler des femmes de luxe et d'égoïsme, il y a aussi des Eves dangereuses qui continuent à écouter le serpent, quand elles ne l'évoquent pas. Mme Lampérière les dépeint en femme expérimentée : « Le mari, dit-elle, a une valeur propre, commerciale, industrielle, artistique, scientifique, peu importe. Si la femme ne la comprend pas, y demeure indifférente ou même la détruit comme à plaisir, le mari est inférorisé par sa femme; la société et lui-même sont également frustrés. D'admirables qu'elles pourraient être, cette incompréhension rend certaines femmes désastreuses; elles se font tendres ou exigeantes au moment où le mari aurait besoin d'agir pour que son travail soit efficace; toujours à contre-temps, elles sont exaspérantes, irritantes, et le mariage, par leur faute, se brise... Chacun réclame ce fameux « droit au bonheur » qui semble bien un parfait égoïsme, et l'égoïsme est le contre-pied du bonheur; le seul bonheur, dans l'union affectueuse, c'est de tout donner à l'être que l'on considère comme le plus intelligent et le meilleur de tous, puisqu'on l'a choisi. »

Voilà certes de sages et hautes pensées. Ce n'est pas parce qu'elles sont très répandues qu'on a jugé une loi sur le divorce nécessaire. Aussi bien, et c'est un point sur lequel Mme Lampérière revient sans cesse, le bonheur n'est pas affaire de législation, mais d'éducation, et rien n'est plus important, à ses yeux, que l'éducation de la femme. Elle réclame fort justement que, par une réciproque naturelle, les devoirs de l'homme envers la femme fassent partie de l'éducation, même primaire, des garçons.

Reste le grand cheval de bataille — si j'ose m'exprimer ainsi dans le cas actuel — des féministes : la femme isolée. Le nombre des femmes est, en France, d'environ cinq cent mille unités supérieur à celui des hommes. Avec la meilleure bonne volonté on ne peut donc marier toutes les filles, et il faut tenir compte, en plus, des mauvaises volontés, qu'augmente la propagande des vieilles demoiselles orgueilleuses ou des désabusées, apôtres de la création d'un troisième sexe, d'un sexe neutre, stérile, comme en ont inventé les abeilles, les fourmis et les termites. Les couvents ont abrité longtemps beaucoup de ces délaissées, de ces isolées, si vous préférez. Au Sénat de l'Empire, le président Bonjean disait de ces lieux de repos : « Il faut un asile pour les cœurs blessés qui ne demandent, pour mourir, qu'un peu d'ombre et de silence. » Les vieilles filles ne peuvent plus, aujourd'hui, rêver dans les couvents aux étoiles, bien que celles-ci aient refusé de s'éteindre. Il y a d'ailleurs des isolées de toutes les religions, et si l'association permet de réaliser de plus grandes choses que l'action solitaire, elle n'implique pas nécessairement la vie en commun. La femme isolée de la famille, dit excellemment Mme Lampérière, n'est pas isolée de la société, et si elle a compris son rôle social, elle y trouvera facilement l'emploi d'une activité bienfaisante, ce qui est le commencement, tout au moins, d'une consolation. Le rôle qu'elle aurait joué dans sa famille, si elle avait réussi à en avoir une, elle peut l'étendre à tout ce qui a été déshérité comme elle.

A défaut de maternité réelle, elle pourra exercer une maternité indirecte mais effective, et même eût-elle à se confiner dans cette fonction d'institutrice dans laquelle elle peut trouver si facilement l'illusion de la maternité, combien magnifique sera son rôle, si elle le veut! Toutes les mères, hélas! ne sont pas des éducatrices. Heureusement les plus frivoles, les plus égoïstes abandonnent volontiers ce rôle pour le confier à des maisons où l'éducation se fait en commun. C'est là qu'une femme d'esprit élevé, de dévouement sans limites, d'intelligence déliée, toujours en éveil, pénétrée de ces principes biologiques qui déterminent nettement le rôle social de chaque sexe, peut marquer de l'empreinte indélébile de ses hautes vertus de jeunes âmes pour qui s'ouvrent à peine des horizons nouveaux, et devenir une mère bienfaisante dont la famille se multiplie et se renouvelle sans cesse, dont l'action devient par cela même plus étendue, plus profonde, plus heureuse.

D'autre part, la charité vers laquelle est entraînée toute femme dont les sentiments n'ont pas été altérés par un souci trop grand de sa propre personne, n'est-elle pas une extension de son instinct maternel qui embrasse dans un même élan d'assistance les vieillards, les infirmes, les orphelins, les abandonnés de toute sorte? Et à défaut de tout cela, il lui reste son rôle esthétique : une « armée du Salut » composée de femmes artistes, élégantes, instruites et lettrées qui aurait certainement une action plus efficace que celle qui parcourt nos rues au grand dommage de nos yeux. A elles et à toutes de s'unir pour se protéger mutuellement et assurer le règne de leurs sœurs par la bonté et par la beauté.

Tout cela est très bien pensé; mais il y a les « Meta Holdenis », les « Evangélistes », et on a peur...

Mme Lampérière pense que l'éducation en réduirait le nombre et qu'on s'habituerait peu à peu à ne plus craindre l'isolée non résignée ou propagandiste. L'éducation nous préparerait donc une cité future idéale; mais pour que cette éducation porte ses fruits, il faut qu'on s'entende sur ses bases; qu'on soit résolu à lui donner une allure franchement en rapport avec les constitutions physiologiques inéluctables de chaque sexe et le rôle social qui en découle pour lui.

Ce ne saurait être l'œuvre d'un jour ni d'un seul homme. L'hécatombe sans précédent de jeunes gens qu'a faite la guerre impie et sans merci déclarée au monde civilisé par l'Allemagne, va rendre le problème du sort de la femme isolée plus angoissant que jamais. L'heure des mesquines persécutions politiques ou religieuses est passée. C'est seulement à l'unanimité des bonnes volontés, en se plaçant en face des réalités douloureuses auxquelles il faudra pourvoir, et en reléguant tout ce qui n'est pas elles au second plan, que nous pourrons atténuer les conséquences de la plus formidable rupture d'équilibre dont une société humaine ait jamais souffert. Le souffle irrésistible de la force des choses balayera tous ceux qui ne l'auront pas compris.

FIN

TABLE DES MATIÈRES

Pages

Chapitre I. — La planète Mars et le Paradis perdu. . 5

Résumé. — *Les mésaventures des canaux de Mars. — L'autosuggestion et l'observation. — Les conditions de la vie dans Mars. — Les habitants de Mars. — Les lois biologiques et la reconstitution des Martiens. — La période secondaire ; contours des continents et des mers à cette époque. — La vie durant la période secondaire. — Analogie de cette époque avec la phase que traverse actuellement la planète Vénus.*

Chapitre II. — La conquête des pôles 26

Résumé. — *Le différend Cook et Peary, et le pôle Nord. — Les conquérants du pôle antarctique. — Amundsen et Scott. — Antithèse des deux pôles. — Le tétraèdre terrestre. — Les anciens explorateurs des régions antarctiques. — Les expéditions du Dr Jean Charcot. — Les espèces bipolaires. — Les pingouins et les manchots ; leur disparition prochaine. — L'exploration méthodique des régions antarctiques. — Le sort du Pourquoi-Pas ?*

Chapitre III. — Les mystères de l'Antiquité : le Ciel ; la Libye et la Mer. 43

Résumé. — *La chimie des étoiles ; l'unité matérielle de l'Univers. — La faune de l'Afrique centrale. — Les madrépores africains. — Splendeur des îles de corail. — Les animaux immortels. — Les Polypes qui ne mangent pas. — Alexandre Agassiz. — Fin de la légende de l'affaissement du Pacifique. — Les récifs de la Floride et la durée de la période géologique actuelle.*

Chapitre IV. — La Mer. 61

Résumé. — *Les divinités de la mer. — Le Plancton, le Soleil et le Parlement. — Le bleu des animaux de haute mer. — Le rouge, le violet et le noir des abîmes. — Les animaux lumineux. — Le roman de Lili Villepreux. — L'Argonaute. — Les explorations sous-marines. — L'Institut océanographique du prince de Monaco. — La migration vers les abîmes.*

CHAPITRE V. — **L'ancienneté de l'homme**   98

> RÉSUMÉ. — *Découverte des premiers fossiles humains. — L'homme fossile de la Chapelle-aux-Saints. — L'homme de Néanderthal. — Les ancêtres de l'Homme. — Les grottes à parois gravées de la Dordogne. — Les Eyzies, Laugerie-Basse, les Combarelles, etc. — La frise de Laussel, les fresques de Cogul.*

CHAPITRE VI. — **La protection des animaux sauvages** .   118

> RÉSUMÉ. — *Les espèces d'animaux détruites par l'Homme. — Les espèces en voie de disparition. — Les parcs de réserve en Russie. — Les castors. — Les parcs nationaux à l'étranger. — La destruction prochaine des éléphants d'Afrique. — Un photographe héroïque. — Une proposition monstrueuse des hygiénistes. — L'okapi. — La destruction des baleines. — Essais de protection.*

CHAPITRE VII. — **Mouches, Microbes et Maladies**   145

> RÉSUMÉ. — *Mouches inoculatrices des maladies. — Les maladies à trypanosomes; la maladie du sommeil. — Contagions et épidémies. — L'ultra-microscope et les microbes invisibles. — La cinématographie des microbes. — Le fusil cinématographique de Marey. — Application du cinématographe à l'embryogénie. — La peur des microbes. — Les deux maladies vermineuses des moutons : douve et strongle.*

CHAPITRE VIII. — **Les algues méphitiques et les algues auxiliaires.**   173

> RÉSUMÉ. — *Les fortes saveurs. — Le « goût de vase » des poissons. — La couleur des huîtres de Marennes. — Les associations mutuelles d'animaux et de végétaux. — La symbiose des convolutes et des algues. — Une théorie de la constitution des organismes.*

CHAPITRE IX. — **Les harmonies de la Nature.**   182

> RÉSUMÉ. — *La candeur de Bernardin de Saint-Pierre. — Cuvier, Aristote et les harmonies de la Nature. — Les services des Coccinelles. — Les hémerobes et le lion des pucerons. — Le piège du fourmilion. — Une chenille carnassière. — Les rapports et les adaptations réciproques des organismes. — La fécondation des fleurs par les insectes. — Adaptations réciproques de la forme des fleurs et de celle des insectes. — Création par les mouches d'une variété de figuiers. — L'influence des chats sur le nombre des graines de trèfle. — Les sacculines et le parasitisme. — Un œuf miraculeux.*

TABLE DES MATIÈRES 359

Pages

CHAPITRE X. — **Indifférence ou hostilité des Insectes et des Fleurs.** 202

RÉSUMÉ. — *Les théories et les faces diverses des choses. — Avocats et gens de science. — Dispositions qui assurent la fécondation croisée chez les fleurs ; ses effets. — Les mouvements des étamines. — Les insectes mangeurs de pollen. — Les insectes perceurs de fleurs. — Les papillons frugivores. — Les plantes carnivores. — Les fleurs-pièges.*

CHAPITRE XI. — **Les Parasites.** 212

RÉSUMÉ. — *Origine des parasites. — Leur déchéance. — L'astuce des Roubaudia. — A parasite parasite et demi. — Les Roubaudia contre leurs parasites. — Le parasitisme en cascade. — Les merveilles du parasitisme. — Les larves emboîtées. — La multiplication des jumeaux dans l'œuf.*

CHAPITRE XII. — **L'Horticulture.** 220

RÉSUMÉ. — *Autour de la pomme de terre. — Parmentier. — Le Sphinx tête-de-mort et la Phtorimée. — Origine de la pomme de terre. — Les miracles de l'horticulture et la génétique. — Les champignons adjuvants. — La chute des fleurs.*

CHAPITRE XIII. — **Les foies gras et la théorie de l'espèce.** 241

RÉSUMÉ. — *L'oie de Toulouse et l'oie d'Embden. — Histoire d'oies. — Hugo de Vries et les variations brusques des plantes. — Production expérimentale du fanon des oies de Toulouse chez les poules. — Les poules carnivores de M. Houssay et les aigles. — Le transformisme du poète. — Les mœurs étranges des perroquets de la Nouvelle-Zélande. — Le plaidoyer de Maissiat en faveur de l'ours et les circonstances atténuantes.*

CHAPITRE XIV. — **L'intelligence et l'instinct chez les animaux.** 251

RÉSUMÉ. — *Histoire d'une corneille, d'un chat, de deux chiennes et d'un carouge. — Une chienne sage-femme. — Intelligence des chiens. — Les instincts qui s'éteignent. — Les chiens qui parlent. — Les chevaux calculateurs d'Elberfeld. — Déception.*

CHAPITRE XV. — **Henri Fabre et le monde des insectes.** 270

RÉSUMÉ. — *Henri Fabre entomologiste. — Histoire touchante d'un papillon de jour. — Les souvenirs entomologiques de Fabre. — La philosophie. — Les idées de Favier. — Les guêpes et les abeilles. — La danse nuptiale des scorpions. — Comme Marguerite de Bourgogne. —*

La fête de Sérignan. — *Poète, musicien, peintre, naturaliste.* — *Les poésies de Fabre.* — *L'ami du professeur.* — *Le mystère de l'Instinct.* — *Les travaux d'un observateur.*

Chapitre XVI. — **Le sens de l'orientation**. 300

Résumé. — *Difficulté du problème.* — *Le sens de la direction chez les mollusques et les fourmis.* — *Les chemins des fourmis; le retour au nid.* — *Le sens de l'orientation chez les pigeons voyageurs.*

Chapitre XVII. — **La vie sociale chez les Termites; nos côtes sud-ouest menacées** 310

Résumé. — *Les termites du Bordelais.* — *Leurs mœurs.* — *Les termites de Ceylan.* — *Recherches de MM. Brugnion et Popoff.* — *Les sexes à volonté.*

Chapitre XVIII. — **La question des sexes**. 320

Résumé. — *La parthénogénèse naturelle et la parthénogénèse expérimentale.* — *Recherches de Lœb, Viguier, Delage, Bataillon.* — *Pourquoi la fécondation est nécessaire.* — *Causes déterminantes du sexe.* — *Parthénogénèse mâle.* — *Essais de détermination du sexe dans l'espèce humaine.* — *Caractères généraux et essentiels des sexes dans les deux règnes.* — *Le sexe et les sécrétions internes.* — *Les caractères sexuels secondaires.* — *Les changements de sexe chez les végétaux.* — *L'hermaphrodisme; ses causes.*

Chapitre XIX. — **Féminisme rationnel. La question de l'origine des sexes et de leur psychologie** 346

Résumé. — *Philosophie et biologie.* — *La solidarité des deux sexes.* — *La femme et son pouvoir.* — *L'égoïsme masculin.* — *La famille, le vieux code et les mœurs nouvelles.* — *Le danger social du travail féminin.* — *Caractère inéluctable de la psychologie féminine.* — *Le divorce.* — *Le bonheur fils de l'éducation.* — *Le rôle social de la femme suivant le Progrès féminin.* — *La femme isolée.*

1962. — Paris. — Imp. Hemmerlé et Cⁱᵉ. 3-16.

PSYCHOLOGIE ET PHILOSOPHIE

AVENEL (Vicomte Georges d'). **Le Nivellement des Jouissances.**
BALDENSPERGER (F.), chargé de cours à la Sorbonne. **La Littérature.**
BERGSON, POINCARÉ, Ch. GIDE, Etc., **Le Matérialisme actuel** (6e mille).
BINET (A.), directeur de Laboratoire à la Sorbonne. **L'Ame et le Corps** (9e mille).
BINET (A.). **Les idées modernes sur les enfants** (13e mille).
BOHN (Dr G.). **La Naissance de l'intelligence** (40 figures) (6e mille).
BOUTROUX (E.), de l'Institut. **Science et Religion** (16e mille).
COLSON (C.), de l'Institut. **Organisme économique et Désordre social.**
CRUET (J.), avocat à la cr d'appel. **La Vie du Droit et l'impuissance des Lois** (5e m.).
DAUZAT (Albert), docteur ès lettres. **La Philosophie du Langage.**
DROMARD (Dr G.). **Le Rêve et l'Action.**
DWELSHAUVERS (Georges), professeur à l'Université de Bruxelles. **L'Inconscient.**
GUIGNEBERT (C.), chargé de cours à la Sorbonne. **L'Evolution des Dogmes** (6e m.).
HACHET-SOUPLET (P.), directeur de l'Institut de Psychologie. **La Genèse des Instincts.**
HANOTAUX (Gabriel), de l'Académie française. **La Démocratie et le Travail.**
JAMES (William), de l'Institut. **Philosophie de l'Expérience** (8e mille).
JAMES (William). **Le Pragmatisme** (6e m.).
JAMES (William). **La Volonté de Croire.**
JANET (Dr Pierre), de l'Institut, professeur au Collège de France. **Les Névroses** (8e m.).
LE BON (Dr Gustave). **Psychologie de l'Education** (18e mille).
LE BON (Dr Gustave). **La Psychologie politique** (11e mille).
LE BON (Dr Gustave). **Les Opinions et les Croyances** (9e mille).
LE BON (Dr Gustave). **La Vie des Vérités** (7e mille).
LE BON (Dr Gustave). **Enseignements Psychologiques de la Guerre Européenne.** (17e mille).
LE DANTEC. **L'Athéisme** (14e mille).
LE DANTEC. **Science et Conscience** (8e m.)
LE DANTEC. **L'Egoïsme** (8e mille).
LE DANTEC. **La Science de la Vie** (6e m.).
LEGRAND (Dr M.-A.). **La Longévité.**
LOMBROSO. **Hypnotisme et Spiritisme** (7e mille).
MACH (E.). **La Connaissance et l'Erreur** (5e mille).
MAXWELL (Dr J.). **Le Crime et la Société** (5e mille).
PICARD (Edmond). **Le Droit pur** (e mille).
PIÉRON (H.), Mtre de Conf à l'Ecole des Htes-Etudes. **L'Evolution de la Mémoire** (4e mil.
REY (Abel), professeur agrégé de Philosophie. **La Philosophie moderne** (9e mille).
VASCHIDE (Dr). **Le Sommeil et les Rêves** (5e mille).
VILLEY (Pierre), professeur agrégé de l'Université. **Le Monde des Aveugles.**

HISTOIRE

ALEXINSKY (Grégoire), ancien député à la Douma. **La Russie moderne** (6e mille).
AURIAC (Jules d'). **La Nationalité française, sa formation.**
AVENEL (Vicomte Georges d'). **Découvertes d'Histoire sociale** (6e mille).
BIOTTOT (Colonel). **Les Grands Inspirés devant la Science. Jeanne d'Arc.**
BLOCH (G.), professeur à la Sorbonne. **La République romaine.**
BORGHÈSE (Prince G.). **L'Italie moderne.**
BOUCHÉ-LECLERCQ (A.), de l'Institut. **L'Intolérance religieuse et la politique.**
BRUYSSEL (E. van), consul général de Belgique. **La Vie sociale** (6e mille).
CAZAMIAN (Louis), mtre de Conférences à la Sorbonne. **L'Angleterre moderne** (6e m.)
CHARRIAUT (H.). **La Belgique moderne** (7e mille).
CHARRIAUT (Henri) et M.-L. AMICI-GROSSI. **L'Italie en guerre.**
COLIN (J.), Lt-Colonel. **Les Transformations de la Guerre** (6e mille).
COLIN (J.) Lt-Colonel. **Les Grandes Batailles de l'Histoire.** De l'antiquité à 1913. (6e m.)
CROISET (A.), membre de l'Institut. **Les Démocraties antiques** (8e mille).
DIEHL (Charles), membre de l'Institut. **Une République patricienne. Venise.** (5e m.)
GARCIA-CALDERON (F.). **Les Démocraties latines de l'Amérique** (5e mille).
GENNEP. **Formation des Légendes** (5e m.)
HARMAND (J.), ambassadeur. **Domination et Colonisation.**
HILL, ancien ambassadeur. **L'Etat moderne.**
LE BON (Dr Gustave). **La Révolution Française et la Psychologie des Révolutions** (10e mille).
LICHTENBERGER (H.), professeur adjoint à la Sorbonne. **L'Allemagne moderne** (12e m.).
LUCHAIRE (Julien). Directeur de l'Institut Français de Florence. **Les Démocraties Italiennes.**
MEYNIER (Commandant G.), pr à l'École militaire de Saint-Cyr. **L'Afrique noire** (5e mille).
MICHELS (Robert). Professeur à l'Université de Turin. **Les Partis Politiques.**
NAUDEAU (Ludovic). **Le Japon moderne, son Evolution** (10e mille).
OLLIVIER (E.), de l'Académie française. **Philosophie d'une Guerre (1870)** (6e mille).
OSTWALD (W.), professeur à l'Université de Leipzig. **Les Grands Hommes.**
PIRENNE (H.), Prof à l'Université de Gand. **Les Démocraties des Pays-Bas.**
ROZ (Firmin). **L'Energie américaine** (7e m.)

www.ingramcontent.com/pod-product-compliance
Lightning Source LLC
Chambersburg PA
CBHW050550170426
43201CB00011B/1638